福建省茶产业发展报告

(2020)

ANNUAL DEVELOPMENT REPORTS ON FUJIAN’S TEA INDUSTRY(2020)

福建省政协农业和农村委员会
闽江师范高等专科学校 编
福建茶文化经济研究中心

海峡出版发行集团 | 福建人民出版社
THE STRAITS PUBLISHING & DISTRIBUTING GROUP | FUJIAN PEOPLE'S PUBLISHING HOUSE

图书在版编目（CIP）数据

福建省茶产业发展报告. 2020 / 福建省政协农业和农村委员会，闽江师范高等专科学校，福建茶文化经济研究中心编. --福州：福建人民出版社，2020.12

ISBN 978-7-211-08593-4

Ⅰ.①福… Ⅱ.①福… ②闽… ③福… Ⅲ.①茶业—产业发展—研究报告—福建—2020 Ⅳ.①F326.12

中国版本图书馆 CIP 数据核字（2020）第 264095 号

福建省茶产业发展报告（2020）

FUJIANSHENG CHACHANYE FAZHAN BAOGAO

编　　者： 福建省政协农业和农村委员会　闽江师范高等专科学校
福建茶文化经济研究中心
责任编辑： 何水儿
出版发行： 福建人民出版社　　**电　　话：** 0591-87533169(发行部)
网　　址： http://www.fjpph.com　　**电子邮箱：** fjpph7211@126.com
地　　址： 福州市东水路 76 号　　**邮政编码：** 350001
经　　销： 福建新华发行（集团）有限责任公司
印　　刷： 福州德安彩色印刷有限公司
地　　址： 福州市金山浦上工业区 B 区 42 幢
开　　本： 787 毫米×1092 毫米　1/16
印　　张： 20.25
字　　数： 289 千字
版　　次： 2020 年 12 月第 1 版　　2020 年 12 月第 1 次印刷
书　　号： ISBN 978-7-211-08593-4
定　　价： 60.00 元

编委会

标杆越千年　福茶有新篇（代序）

茶杯里泡久了，自然会生发出一些奇想，比如茶是什么，福建茶又是什么……我们发现，一个人对茶的态度框定了身边的茶友，一个茶企老总对茶的认识决定了企业的绩效，甚至生死。那么一个省呢，一个茶行业呢？

有人把茶当作饮料，有人把茶当作文化，有人把茶当作载体，本无高下是非之别，但多年后一定泾渭分明。

福建茶是什么，茶人各有各的答案，而我们渐渐趋向于两个字——标杆。标杆说来好理解，就是榜样，是标准，是共同的认知，是先行先试等等。回溯千年茶史，闽茶受之无愧。

福建地理、地貌、气候、土壤等特质蕴育了一个天然的大茶园，每一座城市大自然几乎都给予了一款值得自信满满的名茶。甚至可以说，茶香氤氲开来，是对福建最好的简介。从史上看，世界上其他国家对茶的第一印象都直接或间接来自中国，甚至准确点说，是来自福建。在农耕文明与海洋文明的交错点上，在漫长的中外商贸与文化交流史上，闽茶创造了一个个巅峰。

宋大中祥符（1008—1016）初，江苏常州人周绛知建州。这位喜好茶的知州到了建州才深深明白什么是茶。建州茶之奇令其眼界大开，感触良多：“这么好的茶，陆羽《茶经》为什么视而不见呢？”于是，提笔撰《补茶经》，留下“天下之茶建为最”的美誉。其后，建州茶被不断推崇，文士高歌“建溪官茶天下绝”，皇帝定调“龙团凤饼，名冠天下”，一时登峰造极。元代以降，武夷茶兴，而武夷茶曾是中国茶的代名词。明清之时，红茶、乌龙茶、白茶、茉莉花茶等先后在福建问世。福州港、厦门港、三都澳等大小口岸见证了闽茶香飘海外的岁月。福建先贤碧海掣鲸，在狂涛海啸中开拓的同时也源源不断地将茶文化传至域外。

这绝对不是自我标榜，兄弟省市的方志资料也为闽茶的辉煌做了很好的注脚。例如，湖南沅江县志（嘉庆十三年）中的《沅江棹歌》曰：“钗头细茗趁春雷，品似闽中九曲来。”直白道来，就是沅江茶在邑外充作武夷茶贩卖，显然，沅江并不是一个个案。海南定安县志（光绪四年）载，南闾岭茶，“味清甘……味匹武夷”。广西贺县志（1934 年）载：“茶之叶制茗，不异武夷。”遍览等身之茶史料，数百年来，闽茶是第一标杆（第二是龙井茶）。

南京国民政府时期，为挽救当时茶业困顿，复兴华茶，闽省与赣、皖、浙等省积极落实中央政府举措，其中之一就是进行茶业调查。吴觉农在崇安主政茶叶研究所时期，身体力行，在极其困难的情况下，积极开展茶树育种，进行品种观察、单本选择、武夷名丛观察、土质调查分析等研究，推出了诸多至今无人能企及的成果，比如王泽农的《武夷岩茶土壤》，林馥泉的《武夷茶叶之生产制造及运销》，廖存仁的《武夷岩茶》，陈舜年、徐锡堃等人的《武夷山的茶与风景》以及吴觉农亲自撰就的《整理武夷茶区计划书》等。这些成果弥足珍贵，至今仍是闽茶研究的经典。同时期，《福建之茶》《福建茶业统计》《邵武建阳崇安三县茶业调查》《三年来福安茶业的改良》等一批很接地气的茶书陆续问世，为福建茶业提供了第一手资料。如今每每摩挲这些史料，第一感觉竟是汗颜无地。那时的茶业调查之艰难是当今晚辈们无法想象的，比如，不少茶农是没有“亩”的概念的，只在房前屋后种一片，甚至几株，所以留下了不少“株”的计量单位。再如，道路崎岖不用说，盗匪出没更是无常，笔者浏览过一份水路行程图，其上密密麻麻地标注着盗匪出没地。时任省主席陈仪曾为之感动，借《闽茶季刊》创刊之际题签：“茶业是福建最重要的特产，其品质的优良久为中外人士所交口称赞。我们应该尽量地蕃植他改良他发展他的特色，使他的地位更巩固，对于人类的贡献更增进。我们鼓励从业人员的要言是业精于勤，精益求精。”“业精于勤，精益求精”，毋宁说是要言，倒不如定位为福建茶人精神标杆更恰当。

精神永无尽头，茶香依旧氤氲，福建茶业普查的传统在时光中赓续。在新时代，福建茶业引领中国茶产业的风向标。在良种培育、生态茶园建设、茶叶标准制定、品牌塑造、销售网络铺设、文化提炼等诸多领域有着强大的感染力。国有史，邑有志。福建茶人又率先推出了中国茶产业蓝皮书、世界茶产业蓝皮书系列，率先占据了茶产业评价的制高点。近期，福建省政协农业和农村委员会、闽江师范高等专科学校与福建茶文化经济研究中心锦上添花，推出了反映福建茶产业发展状况的《福建省茶产业发展报告（2020）》。

全书内容厚实，一是对福建茶产业整体发展内因、成效、存在问题及应对策略进行分析归总；二是对宁德、泉州、南平、三明、漳州、龙岩、福州、厦门、莆田茶产区进行深度剖析；三是对安溪、福安、福鼎、武夷山、漳平、华安、大田等县市的特色茶产业深入发展进行对策研究；四是对福建省部分农业产业化国家级重点龙头茶企进行典型分析；五是对福建省茶产业发展中出现的新情况、新趋势和新问题做了较为深入的思考，如会展赛事、茶叶深加工、智慧农业在茶行业的实践、新冠疫情对福建茶叶出口影响等。

纵览《福建省茶产业发展报告（2020）》，觉得特点鲜明，涉猎面广，数据翔实可靠。作者对福建茶业生产加工、绿色发展、质量安全、茶业竞争力、市场拓展等进行充分挖掘，整理，分析，搜集了第一手资料，如重点龙头企业总资产、产量、加工能力、年销售量与销售额、企业规模等，基本反映了福建茶产业生机盎然的气象。比如，国家茶叶标准化技术委员会白茶、红茶和全国电子业务标准化技术委员会茶叶电子商务工作组先后落户宁德；武夷山龙头茶企策划建设“走茶道、鉴茶树、学制茶、观茶艺、赏斗茶、品茶宴、看印象、住茶宿”多形式于一体的茶事空间；大田县规划“国家茶叶公园”；为探索智慧农业在茶行业的应用，安溪桃源依托国家政策支持、资源环境和技术人才优势，利用大数据、云计算、物联网、移动互联等现代信息技术，在茶叶全产业链领域开展数字农业试点，推进茶庄园智慧化建设，打造我国农业智慧化的茶庄园示范样板等等，读后令人振奋。

作者对各个茶区的剖析切中肯綮，提出的对策建议切实可行，有些正是福建茶产业发展中正迫在眉睫的议题，如南平市严格控制茶山开垦，出台保护生态环境科学营造生态茶园的文件，全面禁止在坡度25度以上的陡坡地以及水土流失严重、生态脆弱的地区新开垦茶园，不少茶区按照“头戴帽、腰束带、脚穿鞋”的要求，加强生态茶园建设等。再如，宁德市茶园面积福建第一，但茶企总体实力偏弱，小微企业居多；福安富春茶城和福鼎点头茶叶交易市场等茶叶初级交易市场规模、配套功能、配套设施、配套服务等软硬件条件都与标准化的茶产业产品交易集散中心相去甚远。再如，体量小的龙岩茶产业发展中茶专业人才匮乏的短板异常明显，龙头企业的带动作用也有限，因此科学种茶、提升加工水平就为对症下药之举。还值得大书特书的是，多年来茶产业在福建不少县市的脱贫攻坚中发挥了支柱作用。譬如安溪，由一个国家级贫困县脱胎换骨，一跃而为国家经济发展百强县，这在过去恐怕是想都不敢想的，如今却是活生生的现实。将来，如何再接再厉，按照习近平总书记3月22日考察武夷山星村镇燕子窠时所指出的，把“茶文化茶产业茶科技”统筹起来作为乡村振兴的支柱产业虽任重道远，但前景可期。因此，该书对福建政府茶业管理层面监控茶产业动向、有针对性地制定茶产业政策，企业与消费者了解茶业动态具有参考价值。

诚然，报告也有不足，概而论之，偏重于茶叶种植生产，而对流通、消费着墨疏淡，如福州、厦门是重要的茶叶流通中转地与消费区，茶叶店遍布大街小巷，福建百姓的生活更是一日不可无茶，可惜书中没怎么提及福建省的茶叶消费、茶叶衍生品、新茶饮、作为销售渠道终端的茶店以及茶叶电商的发展情况，是为缺憾，希望在后续的报告中有所弥补。杜甫有言，文章千古事，得失寸心知。“知”，不在于知己“所知”，贵在知己“所不知”。如此，文章才可千古，否则多流于低水平重复而贻笑后世。另外，在大数据时代，珍稀的数据不要沉淀在纸质图书中，要让其“活”起来，时实化，动态化，以指导茶业经济健康发展，指导茶业在乡村振兴中的支柱作用的发挥等，这才能体现出发展报告的最大价值。如何把茶文化、产业、科技融合起来，是未来茶业经济研究的蓝海。在此方面，浙江等省似乎走在了福建前列：首个“国际茶日”系列活动，浙江省是三个牵头组织者之一；杭州是我国首先立法设立“全民饮茶日”的城市，多年致力于打造“中国茶都”目标；杭州“茶叶＋电商”率先闯出了名堂，产生了像艺福堂这样成功的案例……

千年茶业变迁的不断鞭策，激励着福建先贤在茶史上树立了一座座标杆，当今茶人有义务守护，更要主动作为与担当，把这一枚枚金字招牌擦拭得更靓丽、更耀眼。从这一角度看，《福建省茶产业发展报告（2020）》的出版无疑是刀口向内，自我警醒。

“百岁老人谈旧事，一庭新绿煮春茶。”在春茶上市时节，在福建省茶产业发展报告问世之际，在茶香妙墨中，让我们一起在春茶鲜香、春光曼妙中思考福建茶业的高质量发展，思考福建茶产业的未来，更思考我们这一代茶人将为后世树立一个怎样的标杆……

编委会

2021 年 3 月于福州

摘　要

清新福建，多彩闽茶。

福建既是中国茶叶大省，也是茶叶强省，是全国重要的茶区之一。2019 年，福建省茶叶产量、单产、茶树良种推广率、全产业链产值、出口额增速等五项指标均居全国第一，其中毛茶产量 44 万吨、毛茶产值 235 亿元、茶叶全产业链产值近 1200 亿元。目前，全省茶叶类农业产业化国家级重点龙头企业 13 家，省级重点龙头企业 155 家、约占省级以上龙头企业总数的 20%，中国驰名商标 34 个，茶叶龙头企业和品牌建设水平居全国前列。

新时代，福建更是将茶产业作为区域特色优势产业加以推动。同时，茶产业在农业农村经济发展和脱贫攻坚中占有举足轻重的地位，福建省、市各级政府陆续推出系列茶产业发展政策与茶事活动。

本书对近年福建省茶产业发展状况进行了全面梳理，对福建茶产业发展状况进行分析与研判，对各主要茶产区的发展现状、发展特色及未来规划进行了汇总，对福建重点茶企进行剖析。

第一部分福建省茶产业发展报告：对福建茶产业整体发展内因、成效、存在问题及应对策略进行分析和总结。

第二部分福建省茶产区发展报告：对福建省宁德市、泉州市、南平市、三明市、漳州市、龙岩市、福州市、厦门市、莆田市九个茶产区进行发展现状与对策研究。

第三部分福建省特色茶产业发展报告：对福建省安溪县、福安市、福鼎市、武夷山市、漳平市、华安县、大田县、政和县、永春县、平和县主要产茶县（市）进行发展现状与对策研究。

第四部分福建省重点龙头企业发展案例：对福建省茶叶企业发展情

况进行翔实分析，并对部分农业产业化国家级重点龙头企业进行个案剖析。

第五部分福建省茶产业专题报告：对福建省茶产业发展中出现的一些新情况、新趋势和新问题做了较为深入的分析。

总体来看，本书不仅对福建茶产业发展进行宏观描述，对福建茶产业发展经验、存在问题进行分析与总结，也对福建茶产业未来发展提出了建议。

关键词：福建省　茶叶　茶产业

Abstract

Fresh Fujian, colorful Fujian tea.

Fujian province is well-known for its tea industry across the nation and also one of the most important tea production areas in China. In 2019, Fujian ranked first in the country in terms of quantity of output, unit yield, tea plan superior seed promotion rate, output value of the whole industrial chain and export growth rate, among which its gross tea output was 440,000 tons, gross tea output value was 23. 5 billion yuan, and the output value of the whole tea industrial chain was nearly 120 billion yuan. At present, in Fujian province, there are 13 national key leading enterprises and 155 provincial key leading enterprises in regard to tea agricultural industrialization, accounting for about 20% of the total number of leading above-provincial-level enterprises. There are 34 well-known China trademarks related to Fujian tea, and thus numbers of tea leading enterprises and brand construction achievements are first class level across the nation.

In the new era, Fujian province has highlighted and promoted tea industry as an advantageous industry with regional characteristics. At the same time, tea industry plays a pivotal role in agricultural and rural economic development and poverty alleviation. Fujian governments at provincial and municipal levels have successively launched a series of important tea policies and tea celebration events.

This book combs comprehensively the development of tea industry in Fujian province in recent years, analyses the overall development of tea industry in Fujian province, summarizes present situation of main tea production areas, developing characteristic and future planning, and analyses typical tea enterprises as well. It mainly summarizes and analyzes the development of Fujian tea industry in recent years from the following aspects:

The first part is report of Fujian tea industry development. It analyzes and summarizes the internal causes, achievements, existing problems and countermeasures of the overall development of Fujian tea industry.

The second part is report of about tea production areas in Fujian province. It is about the development status and countermeasures of tea producing areas in nine Fujian cities, namely, Ningde, Quanzhou, Nanping, Sanming, Zhangzhou, Longyan, Fuzhou, Xiamen and Putian.

The third part is report of the characteristic tea industries of Fujian Province. It looks into the development status and countermeasures of the main tea-producing counties (cities) in Anxi County, Fuan City, Fuding City, Wuyishan City, Zhangping City, Hua'an County, Datian County, Zhenghe County, Yongchun County and Pinghe County of Fujian Province.

The fourth part is the development cases of the key enterprises in Fujian Province. In this part, the development of tea enterprises in Fujian Province is analyzed in detail, and case studies about some national key leading enterprises in regard to agricultural industrialization are conducted.

The fifth part is the special report of Fujian Province: It makes a more in-depth analysis of a new situation, new trend and new problems in the development of tea industry in Fujian Province.

This book is not only a practical reference book for the tea industry, but also an important publication for relevant research institutions, tea production enterprises and tea lovers to have a deep observation into tea industry in Fujian Province.

Keywords: Fujian province; Tea; Tea industry

目　录

第一部分　福建省茶产业发展报告

第二部分　福建省茶产区发展报告

第三部分　福建省特色茶产业发展报告

第四部分　福建省重点龙头茶企发展案例

第五部分　福建省茶产业专题报告

第一部分　福建省茶产业发展报告

对2018年以来福建省茶产业发展成效进行总结，对茶叶种植、生产、加工、销售与流通、文化经济与教育五大领域的发展情况进行系统梳理与分析，结合福建省茶产业出现的智慧茶业新现象和新问题展开分析，在此基础上提出了福建省茶产业发展的对策与建议。

一、福建省茶产业发展概述

茶产业是福建重要的特色优势产业，在农业农村经济发展和脱贫攻坚中占有举足轻重的地位。为实现福建省委省政府高质量发展落实赶超要求，福建茶业坚持以绿色发展为导向，以提升品质、打响品牌为重点，着力创新体制机制，全力推进茶产业高质量发展。2018年，福建茶业实现了“五项全国第一”：全省茶叶无性系良种推广面积达96%，单位面积产量1980千克/公顷，毛茶产量41.8万吨，毛茶产值236亿元，茶叶全产业链产值1035亿元。2019年，福建茶叶产量、单产、茶树良种推广率、全产业链产值、出口额增速等五项指标均居全国第一，其中毛茶产量44万吨、毛茶产值235亿元、茶叶全产业链产值近1200亿元。目前，全省茶叶类农业产业化国家级重点龙头企业13家，省级重点龙头企业155家、约占省级以上龙头企业总数的20%，中国驰名商标34个，茶叶龙头企业和品牌建设水平居全国前列。

福建茶产业持续、稳步发展，地位与作用日渐凸显，已成为农业发展中最具活力的产业之一，同时也极大地带动了与茶产业密切相关的产品加工、营销贸易、产品包装、物流运输、餐饮旅游等第二、三产业的发展，增加了农村劳动力就业、创业、兴业机会，全省涉茶人数超过

300万，约占全省人口的1/10。随着茶产业的提升，茶产业总体效益日益攀升，农民收入尤其是茶区农民收入显著增加。40个茶叶主产县农村居民人均可支配收入中，茶叶收入占比为35%，安溪、武夷山、福鼎等重点产茶大县（市）可达50%以上，茶叶成为农民，特别是山区农民增收致富的重要渠道，成为全省农村经济社会发展的有力支撑。2018年，福建率先实现了茶产业全产业链产值突破千亿元大关，得到农业农村部和福建省委省政府的充分肯定。

（一）践行茶产业绿色发展理念

1. 出台推进产业发展政策

2018年5月，在农业农村部和福建省指导下，福建省出台《福建省人民政府办公厅关于推进绿色发展质量兴茶八条措施的通知》（以下简称质量兴茶“八条措施”）（闽政办〔2018〕44号），从茶产业发展思路、建设生态茶园、推进科学种茶、推行清洁加工、强化科技支撑、保障质量安全、提升茶叶品牌、加强政策扶持等方面出台具体措施，推动茶产业由增产导向向提质导向转变，促进福建茶产业高质量发展。

2. 强化落实

福建省农业农村厅逐条分解细化质量兴茶“八条措施”工作任务，部署具体措施，并将其作为全省农业系统延伸绩效考核的重要指标，做到任务到县、措施到位、技术到园、责任到人。各茶叶主产县（市、区）全部成立了由主要领导担任组长的茶产业发展领导小组，出台了质量兴茶“八条措施”的贯彻实施意见，扎实推动当地茶产业健康可持续发展。

3. 大力宣传引导

在农业农村部举办的2018年质量兴农万里行活动启动仪式上，福建省20家茶叶龙头企业代表现场宣读《福建省茶叶产业绿色发展宣言》并签名，承诺践行“质量兴农、绿色兴农、品牌强农”倡议，安溪、武夷山、福安等茶叶主产区也纷纷组织了公开承诺活动，宣言的发布在全省茶业界引起了强烈反响，得到了3500多家茶叶企业、合作社积极响应，绿色发展理念日益深入人心。

（二）保障绿色优质产品供给

1. 实行“减量化”工程

在持续建设生态茶园的基础上，通过实施《福建省化肥使用量零增长减量化专项行动》（闽农土〔2017〕196号），在茶园全面推广有机肥替代化肥；实施《福建省农药使用量零增长减量化专项行动》，全力推进茶树病虫害绿色防控替代使用化学农药，全程推动专业化茶树病虫害统防统治模式替代家家户户分散式防治模式。目前，福建全省生态茶园面积占70%以上。

图1-1 星村标准化示范茶园（陈美中摄）

2. 推广新型防控技术

福建省农业农村厅聘请中国工程院陈宗懋院士担任福建茶产业绿色发展首席顾问，依托中国农业科学院茶叶研究所强大的科研力量，为全省茶叶绿色生产提供技术指导。武夷山、福安、永春等推广陈宗懋团队最新的茶树害虫性诱剂、天敌友好型LED杀虫灯、茶树害虫数字化粘虫色板、水溶性农药速测卡等茶园有害生物综合防治成果，辐射带动面积达 2 万公顷，取得良好的防治成效。

3. 强化科技服务

福建省各级农业（茶业）主管部门组织有关专家深入茶区，举办讲座，开展技术培训，指导各地按照《福建茶叶绿色发展技术规程》，通过采用生态调控、农艺改良、物理防控、生物防治等措施，在全国率先倡导茶园不使用化学农药。目前，全省不用化学农药绿色示范茶园超过 6.67 万公顷。

（三）确保茶叶质量安全

1. 严格投入品监管

依托福建省级农资监管信息平台，福建省大力推动落实农业投入品经营诚信档案和购销台账制度，严格执行茶树限用农药定点经营、实名购买制度。目前，全省 5397 家农资经营企业被纳入农资监管信息平台，全省农资监管信息化水平不断提升。

2. 建立可追溯体系

全省加快推进茶叶产品“一品一码”全过程追溯体系建设，已有 2943 家生产主体进入省农产品质量安全追溯监管信息平台，实行源头赋码、标识销售。同时，全省率先将“安溪铁观音”“福鼎白茶”区域公用品牌产品纳入追溯管理，并将农产品质量安全追溯与农业项目安排、农产品品牌评定等挂钩，实行一票否决会审制度，切实做到“生产有记录、信息可查询、流向可跟踪、产品可召回、质量有保障”。

3. 强化执法检查

福建省持续开展以茶叶为重点的农资打假专项治理和放心农资下乡进村活动，在农产品质量安全专项整治方案中，部署开展茶叶农残超标专项整治行动，加大茶叶产品抽检力度，严厉打击违法使用禁限用农药的行为。安溪、武夷山、寿宁等重点茶产区都建立了茶园违规使用农药有奖举报制度，推进茶叶主体严格自律、相互监督。

（四）增强产业竞争力和发展后劲

1. 组建技术团队

组建福建省茶业科技联盟，强化省农业农村厅、福建农林大学、省农科院科技力量整合，强化科技服务。继续开展福建省现代茶产业技术体系建设，重点针对福建省茶产业发展过程中遇到的难点热点问题进行研究，重点对茶叶加工技术创新研究与应用、茶叶质量安全控制关键技术研究与示范等领域开展了技术创新与集成推广，有效促进福建茶业科技成果转化。

2. 保护优异资源

福建省率先在全省范围内开展茶树优异种质资源原地保护。2008年以来，实施福建省茶树优异种质资源保护与利用工程，先后在35个县（市、区）建立茶树种质资源圃5个、保护茶树种质资源点57个。项目的实施，促进了茶树优质资源的利用和开发，为福建省茶产业的可持续发展提供有力保障。

3. 推广优新品种

福建省拥有审（认）定的国家级茶树良种26个、省级良种18个。目前，全省正大力推广高香型和制优率高、适制性好的茶树品种，合理搭配早、中、晚芽品种，使福建省的茶树品种布局与各产区的地理气候、产业基础、加工茶类、市场取向协调一致。据统计，全省金观音、金牡丹、黄观音等茶树优新品种种植面积达1万公顷，全省茶树品种结构日趋合理。

4. 提升加工能力

依托福建省现代茶业项目省级资金项目，扶持300多家茶叶龙头企业购置茶叶初、精制加工不落地机械化自动化生产线、自动化萎凋室及其系统、茶叶色选机等生产加工设备，大大提高了福建省茶叶生产加工能力与水平，促进了传统茶产业向现代茶产业的转变。

（五）大力拓展国内外市场

1. 实施品牌战略

品牌战略是茶产业发展的核心战略，品牌化的不断提速，促进了各种品牌要素资源进一步集中。福建省持续开展“清新福建，多彩闽茶”主题宣传，不断提升福建茶叶品牌的知名度和影响力，积极组织茶叶企业参加中国国际茶叶博览会等专业展会。2017 年“安溪铁观音”“武夷岩茶”被评为中国茶叶十大区域公用品牌，“福鼎白茶”被评为中国茶叶优秀区域公用品牌；2018 年有 11 个闽茶产品荣获中国国际茶叶博览会金奖。在中央电视台黄金时间重磅推出政和白茶、寿宁高山茶、松溪绿茶公益广告，在东南卫视滚动播出安溪铁观音、武夷岩茶等区域公用品牌和茶叶品牌企业形象宣传片，引起热烈反响。福建名茶还在“茶叙外交”中频频亮相。中联部、外交部、中宣部福建主题推介活动，茶叶成为“清新福建”的一张亮丽名片。

2. 拓展国际市场

按照“政府搭台，企业唱戏”的原则，2016 年以来，福建省在全国率先组织重点茶叶企业赴“一带一路”沿线国家开展“闽茶海丝行”经贸活动，先后赴德国、波兰、捷克、英国、西班牙、法国、希腊、俄罗斯、匈牙利、新加坡、马来西亚、印度尼西亚、哈萨克斯坦等 13 个国家和香港特别行政区，通过参加国际茶展、举办专场推介等多种形式，突出展示了福建茶叶悠久历史、丰富茶类、多样茶品和优良生态、质量安全的良好形象，宣传推介福建茶产业与茶品牌，签订合同 33 亿元，设立 12 个闽茶文化推广中心，取得了显著的茶叶经贸成果，促进了茶文化对外交流。

3. 推进产业融合

各茶叶主产区将当地旅游资源与茶产业相结合，开发茶文化旅游，推出茶园生态游、茶乡体验游、茶保健旅游、茶事修学游等茶文化旅游线路，扶持建设了安溪华祥苑茶庄园、福鼎品品香白茶庄园、武夷山香江茗苑等一批茶庄园，培育了以武夷山“印象大红袍”为代表的一批以茶为主题的旅游体验项目，并率先在全国制定了省地方标准 DB35/T 1657-2019《茶庄园建设指南》，有效推动福建茶产业及各产业间的融合发展，不断丰富茶叶生产、茶艺表演、茶文化交流等旅游活动。茶产业作为福建乡村振兴的增长点，作为福建现代特色农业的亮点，作用不断凸显。

图 1-2　安溪华祥苑珠塔茶庄园（华祥苑茶业股份有限公司供图）

二、福建省茶产业发展现状

2018 年 11 月，福建省委实施乡村振兴战略领导小组对外发布《关于加快实施乡村振兴战略十条措施的通知》（闽委发〔2018〕1 号），就加快推进乡村产业、人才、文化、生态和组织振兴，建设美丽、文明、善治乡村，提出 10 条具体举措。在发展特色现代农业方面，福建省提出做强做优做大茶叶、蔬菜、水果、畜禽、水产、林竹、花卉苗木等 7 个优势特色产业，到 2022 年实现 10 个产业全产业链产值均超千亿元。

为实现茶业全产业链跨越千亿元目标，福建省政府于 2018 年 5 月出台质量兴茶“八条措施”，推进茶产业加快发展。

质量兴茶“八条措施”提出，完善发展规划，促进绿色布局，适当增加乌龙茶、红茶、白茶比例，稳定茉莉花茶生产，大力开发名优茶和特色茶。坚持生态保护优先的原则，推进产业与生态相协调。同时，优化农艺措施，推行清洁加工，实施质量追溯。力争到2022年，全省推广有机肥茶园面积超过90%，茶园绿色防控全覆盖，茶叶初制加工厂全部完成升级改造。加快茶产业发展核心技术的研究与推广，大力推进茶叶大数据的研究和应用，应用物联网技术建设智慧茶业。

（一）茶叶种植

1. 茶叶种植现状

（1）2018年茶叶种植情况。

2018年，福建省茶园面积21.09万公顷，当年新植面积0.36万公顷，茶叶采摘面积19.92万公顷，茶叶总产量41.83万吨，毛茶总产值236亿元。

以福州市和宁德市为主的闽东茶区，茶园面积为7.01万公顷，占福建省茶园面积的33.23%；采摘面积6.57万公顷，占全省采摘面积的32.97%；当年新植面积0.14万公顷，占全省新植面积的38.14%；茶叶产量14万吨，占福建省茶叶产量的33.48%。

龙岩市为闽西茶区，茶园面积1.21万公顷，占福建省茶园面积的5.74%；茶叶采摘面积1.12万公顷，占全省采摘面积的5.64%；当年新植面积0.03万公顷，占全省新植面积的7.4%；茶叶产量2.2万吨，占福建省茶叶产量的5.27%。

以厦门市、莆田市、泉州市、漳州市为主的闽南茶区，茶园面积为7.11万公顷，占比33.72%；茶叶采摘面积6.78万公顷，占全省采摘面积的34.02%；当年新植面积0.08万公顷，占全省新植面积的22.01%；茶叶产量14.07万吨，占福建省茶叶产量的33.63%。

南平市为闽北茶区，茶园面积为3.82万公顷，占福建省茶园面积的18.09%；茶叶采摘面积3.63万公顷，占全省采摘面积的18.19%；当年新植面积0.1万公顷，占全省新植面积的28.80%；茶叶产量7.24万吨，占福建省茶叶产量的17.32%。

三明市为闽中茶区，茶园面积为1.94万公顷，占福建省茶园面积的9.22%；茶叶采摘面积1.83万公顷，占全省采摘面积的9.17%；当年新植面积0.01万公顷，占全省新植面积的3.63%；茶叶产量4.31万吨，占福建省茶叶产量的10.29%。

表1-1 2018年福建省茶园面积、产量、产值

产区	地区	茶园面积（公顷）	全省占比（%）	采摘面积（公顷）	全省占比（%）	当年新植面积（公顷）	全省占比（%）	产量（吨）	全省占比（%）	产值（亿元）
总计		210892		199219		3608		418337		236
闽东	福州市	11144	5.28	10171	5.10	234	6.49	40257	9.62	
	宁德市	58927	27.94	55514	27.87	1142	31.65	99834	23.86	
闽西	龙岩市	12106	5.74	11243	5.64	267	7.40	22028	5.27	
闽南	厦门市	778	0.37	761	0.38	0	0	1452	0.35	
	莆田市	1212	0.57	1140	0.57	73	2.02	4235	1.01	
	泉州市	52410	24.85	51872	26.04	171	4.74	83585	19.98	
	漳州市	16709	7.92	14008	7.03	550	15.24	51433	12.29	
闽北	南平市	38158	18.09	36239	18.19	1039	28.80	72449	17.32	
闽中	三明市	19448	9.22	18271	9.17	131	3.63	43064	10.29	

数据来源：福建省种植业技术推广总站、中国茶叶流通协会。

（2）2019年茶叶种植业生产情况。

2019年，福建省茶园面积21.98万公顷，茶叶采摘面积20.33万公顷，当年新植面积0.43万公顷，茶叶总产量43.99万吨，毛茶总产值235亿元。

以福州市和宁德市为主的闽东茶区茶园面积为7.33万公顷，占福建省茶园面积的33.35%；茶叶采摘面积6.53万公顷，占全省采摘面积的32.12%；当年新植面积0.19万公顷，占全省新植面积的43.00%；茶叶产量14.67万吨，占福建省茶叶产量的33.35%。

龙岩市是闽西茶区主产市，茶园面积1.29万公顷，占福建省茶园面积的5.86%；茶叶采摘面积1.21万公顷，占全省采摘面积的

5.94%；当年新植面积 0.02 万公顷，占全省新植面积的 4.6%；茶叶产量 2.32 万吨，占福建省茶叶产量的 5.28%。

以厦门市、莆田市、泉州市、漳州市为主的闽南茶区茶园面积为 7.28 万公顷，占福建省茶园面积的 33.08%，其中采摘面积 6.90 万公顷，占全省采摘面积的 33.92%；当年新植面积 0.07 万公顷，占全省新植面积的 15.38%；茶叶产量 14.84 万吨，占福建省茶叶产量的 33.73%。

南平市为闽北茶区茶产业主产市，茶园面积 3.98 万公顷，占比 18.12%；采摘面积 3.75 万公顷，占全省采摘面积的 18.45%；当年新植面积 0.09 万公顷，占全省新植面积的 21.11%，产量 7.55 万吨，占比 17.17%。

三明市为闽中茶区主产市，茶园面积达 2.11 万公顷，占比 9.59%；采摘面积 1.95 万公顷，占全省采摘面积的 9.57%；当年新植面积 0.07 万公顷，占全省新植面积的 15.91%；茶叶产量 4.61 万吨，占福建省茶叶产量的 10.48%。

表 1-2　2019 年福建省茶园面积、产量、产值

产区	地区	茶园面积（公顷）	全省占比（%）	采摘面积（公顷）	全省占比（%）	当年新植面积（公顷）	全省占比（%）	产量（吨）	全省占比（%）	产值（亿元）
总计		219806		203318		4330		439931		235
闽东	福州市	11358	5.17	10397	5.11	217	5.01	42399	9.64	
	宁德市	61938	28.18	54900	27.00	1645	37.97	104293	23.71	
闽西	龙岩市	12884	5.86	12085	5.94	199	4.60	23234	5.28	
闽南	厦门市	1058	0.48	784	0.39	4	0.09	1577	0.36	
	莆田市	923	0.42	883	0.43	10	0.23	3721	0.85	
	泉州市	52665	23.96	52277	25.71	277	6.40	87134	19.81	
	漳州市	18073	8.22	15027	7.39	375	8.66	55932	12.71	
闽北	南平市	39832	18.12	37509	18.45	914	21.11	75537	17.17	
闽中	三明市	21075	9.59	19456	9.57	689	15.91	46104	10.48	

数据来源：福建省种植业技术推广总站、中国茶叶流通协会。

（3）2018—2019 年各县（市、区）茶叶生产情况。

据统计，福建省五大主要产茶区共 71 个县（市、区）。近年来，在福建省委省政府高度重视下，福建省茶产业发展步伐加快，稳步提升，产业基础规模不断增大，影响力逐年提升。2018—2019 年，福建省各县（市、区）茶园面积、茶叶产量逐年递增。

表 1-3　2018—2019 年福建省各县（市、区）茶叶生产情况

年份		2018		2019	
产区	地区	茶园面积（公顷）	产量（吨）	茶园面积（公顷）	产量（吨）
福州市	晋安区	987	2212	934	2157
	福清市	183	356	221	452
	长乐区	61	133	61	141
	闽侯县	1077	1525	1153	1686
	连江县	2054	12160	2090	12498
	罗源县	2855	7270	2888	7753
	闽清县	1343	2932	1393	3284
	永泰县	2584	13669	2618	14428
厦门市	集美区	4	3	4	4
	同安区	769	1437	1049	1560
	翔安区	5	12	5	13
莆田市	荔城区	300	824	6	19
	城厢区	35	43	35	41
	涵江区	117	689	124	733
	仙游县	760	2679	759	2928
三明市	梅列区	18	20	18	20
	三元区	156	488	169	520
	永安市	1375	2027	1539	2176
	明溪县	1025	3108	1116	3335
	清流县	1880	2199	1880	2288

续表

年份		2018		2019	
	宁化县	2462	4894	2543	5340
	大田县*	5622	12132	6352	12831
	尤溪县*	4189	11502	4604	12453
	沙县	995	3699	1004	3908
	将乐县	287	647	372	721
	泰宁县	1053	766	1087	852
	建宁县	386	1582	394	1660
泉州市	丰泽区	14	2	20	3
	洛江区	92	93	92	90
	泉港区	63	417	76	422
	南安市	1485	1064	1493	1166
	惠安县	58	38	51	39
	安溪县*	43987	71236	44022	73428
	永春县*	5099	9314	5168	10446
	德化县	1611	1421	1743	1540
漳州市	芗城区	64	127	64	158
	龙文区	25	8	25	267
	龙海市	260	152	234	145
	云霄县	462	1323	551	1474
	漳浦县	236	310	237	310
	诏安县	3054	11277	3488	13055
	长泰县	964	2972	943	2776
	南靖县	2443	7082	2538	7344
	平和县	3155	9969	3423	11683
	华安县*	6048	18213	6570	18720

续表

年份		2018		2019	
南平市	延平区	69	158	75	172
	建阳区*	4937	5800	5353	5924
	邵武市	2388	9151	2415	9257
	武夷山市*	11369	19481	11775	20782
	建瓯市*	6821	15319	7204	16348
	顺昌县	141	230	147	244
	浦城县	2012	1851	2065	1886
	光泽县	1931	1348	1929	1321
	松溪县	2660	6954	2800	7310
	政和县*	5829	12157	6069	12293
龙岩市	新罗区	470	975	477	1065
	漳平市*	7380	11943	7456	12450
	长汀县	629	1858	964	1835
	永定县	474	1557	663	1626
	上杭县	864	1536	965	1721
	武平县	1497	2883	1551	3153
	连城县	794	1276	808	1384
宁德市	蕉城区*	6254	10866	6255	10306
	福安市*	15463	24006	16476	25117
	福鼎市*	14138	26998	14476	29172
	霞浦县*	4650	6761	4986	7035
	古田县	950	910	975	935
	屏南县	439	510	487	584
	寿宁县*	9516	18389	10608	19074
	周宁县*	4557	6393	4709	6819
	柘荣县	2959	5001	2965	5251

数据来源：福建省统计年鉴；标“*”县（市、区）为茶园面积达3400公顷以上的重点产茶县。

2. 茶树品种现状

(1) 茶树品种资源收集与保护利用。

福建省茶树品种资源圃（福安）、安溪县茶科所品种资源圃、武夷山市茶科所资源圃、武夷山龟岩种植园资源圃、武夷星茶树品种园、闽台乌龙茶品种园（漳平），现有的这 6 个迁地保护茶树品种资源圃共保存了白鸡冠、坦洋菜茶、奇曲、蕉城野生大茶树等地方茶树种质资源和审定（认定、鉴定）茶树品种以及杂交创新品系与育种材料 7200 多个。其中福建省茶树品种资源圃保存数超过 6000 个，是中国乌龙茶种质资源保存中心。

图 1-3　武夷星种质资源圃（武夷星茶业有限公司供图）

(2) 茶树品种对茶类生产的贡献。

福建绝大多数茶树品种具有多茶类适制特点，可生产的茶类涉及乌龙茶、绿茶、红茶、白茶等，对于满足茶叶市场多元化需求发挥了不可替代的作用。据最新测算，福建茶树品种对乌龙茶、绿茶、红茶、白茶和其他茶类产量的贡献率分别为 52%、31%、11%、5%和 1%，总产量达 38.8 万吨。可根据茶叶市场需求和消费导向，充分发挥品种的多茶类适制优势，灵活调整优化相应茶类生产比例，以提高抗市场风险能力。

（3）茶树品种未来发展趋势。

福建现有地方茶树品种或通过有性群体种单株筛选育成品种，具有较丰富的遗传多样性，且区域栽培优势明显，已成为当前福建区域性主栽品种；通过杂交育成的茶树品种大多以高产、优质、高香为主，多茶类适制性较强，制优率高，受亲本选择和遗传背景的影响，产品存在一定的同质化现象。今后应加强基因资源多样、丰富的野生或半野生类型茶树种质资源的保护和核心种质筛选应用，进一步明确育种目标与重点，特别是通过远缘杂交创新和优异基因源应用，扩大茶树育种材料变异范围和选择谱，为多元化、个性化特色茶树品种选育奠定基础。[2] 例如，光泽县司前乡干坑一带遍布自然生长繁殖的小叶种茶树，属于野生有性群体种，茶树叶形细小各异，叶质肥厚，大多呈橄榄形，叶片长4～6厘米，四周锯齿粗稀而均匀，色泽铁青油亮闪光。干坑村常年云雾缭绕，阳光稀薄，竹荫下、树林里、山涧旁、石缝中，随处可见散乱生长的茶树。目前，光泽县划定干坑小种茶树保护区约6公顷，干坑小种茶树已被列为福建省茶树优异种质资源（编号：闽HQ0012）。

（二）茶叶生产发展现状

福建茶树优良品种数量、良种普及率、名茶、特种茶等均列“世界之冠”。随着茶产量、产值的提升发展，茶产业总体效益也日益攀升。经过不断优化，福建渐渐形成了以闽南、闽北乌龙茶区，闽东绿（红、白）茶区以及闽西北多茶类产区格局。同时，各地大力发展具有突出优势的茶类。

1. 茶类结构生产现状

目前，福建已经逐渐形成以铁观音为主要代表的闽南乌龙茶茶产区；以武夷岩茶为代表的闽北茶产区，以闽东烘青、福鼎白茶、天山绿茶、坦洋工夫等多品类为代表的闽东多茶类茶产区；以武平绿茶，尤溪绿茶、红茶、乌龙茶，松溪绿茶、红茶，政和白茶、政和工夫等为代表的闽西北多茶类茶产区。这些茶叶产区通过发展各自独具特色的茶叶产品，在一定程度上形成了具有地理集中性、产业链互补性和产品间竞争性的产业集聚，成为各地区的优势产业之一。

2018 年，福建省毛茶总产值 236 亿元，同比增长 8.69%，茶叶总产量 41.83 万吨，占全国茶叶总产量的 15.38%。其中乌龙茶、绿茶、红茶、白茶分别占总产量的 51.60%、30.16%、11.72%、6.17%，茶类总体格局不变，但乌龙茶、绿茶和白茶的占比较 2017 年上升，红茶占比微下降。

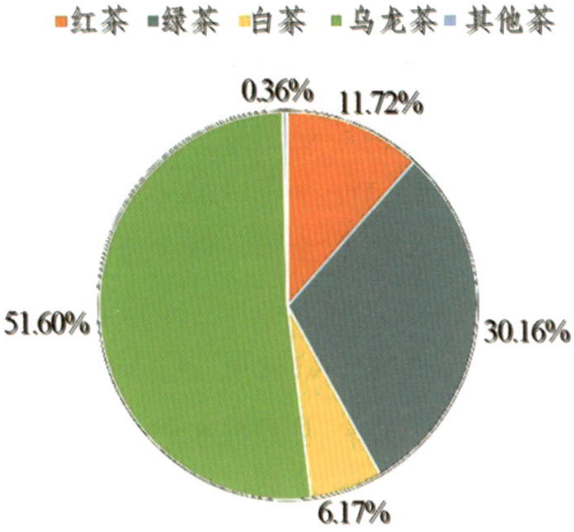

图 1-4　2018 年福建省毛茶生产结构

2019 年，福建省毛茶总产值 235 亿元，茶叶总产量 43.99 万吨，占全国茶叶总产量的 15.75%。其中乌龙茶、绿茶、红茶、白茶分别占总产量的 51.67%、29.02%、11.92%、7.23%，乌龙茶、红茶和白茶的占比较 2018 年上升，绿茶占比微下降。

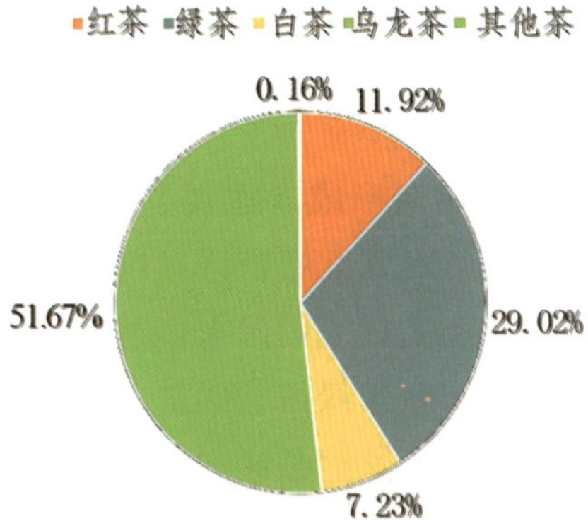

图 1-5　2019 年福建省毛茶生产结构

2. 各茶区生产现状

根据福建省重点特色茶区分类，可分为乌龙茶区、绿茶区、红茶区、白茶区和花茶区。

表 1-4　福建省重点茶区分布

茶类	主产区	品类
乌龙茶	安溪县	铁观音、黄金桂、毛蟹、本山等闽南乌龙茶
	武夷山市	武夷岩茶、八角亭龙须茶
	建瓯市	闽北水仙、矮脚乌龙
	建阳区	闽北乌龙
	永春县	永春佛手、闽南水仙
	德化县	铁观音等
	平和县	白芽奇兰
	诏安县	诏安八仙茶
	南靖县	黄观音等
	漳平市	漳平水仙、永福高山茶、铁观音
	大田县	大田美人茶、铁观音
	华安县	铁观音
	闽侯县	雪峰高山茶
	泰宁县	泰宁岩茶
	沙　县	沙县红边茶、闽南乌龙茶
	古田县	闽北乌龙
	寿宁县	寿宁高山乌龙茶

续表

茶类	主产区	品类
绿茶	蕉城区	天山绿茶
	武平县	武平绿茶
	福安市	富春银毫、六杯香、莲岳翠芽等闽东烘青
	霞浦县	霞浦元宵茶、葛洪开目绿等
	福鼎市	太姥翠芽等
	周宁县	周宁官司茶
	寿宁县	寿宁高山绿茶
	松溪县	松溪绿茶
	柘荣县	柘荣高山绿茶、仙岩雪峰
	屏南县	黛春绿茶、松针、栗香玉芽等屏南绿茶
	尤溪县	尤溪绿茶
	清流县	清流绿茶
	永泰县	永泰绿茶
	罗源县	七境堂绿茶
	连江县	连江绿茶
	新罗区	龙岩斜背茶
	邵武市	邵武碎铜茶
	南安市	南安石亭绿茶
	晋安区	北峰绿茶

续表

茶类	主产区	品类
红茶	福鼎市	白琳工夫
	蕉城区	天山红茶
	福安市	坦洋工夫
	寿宁县	寿宁高山红茶
	古田县	古田红茶
	屏南县	屏南小种
	周宁县	高山红茶
	松溪县	松溪红茶
	尤溪县	尤溪红茶
	武夷山市	正山小种、金骏眉等
	政和县	政和工夫
	光泽县	干坑红茶
白茶	福鼎市	福鼎白茶
	蕉城区	天山白茶
	福安市	福安白茶
	柘荣县	柘荣高山白茶
	寿宁县	寿宁高山白茶
	霞浦县	霞浦白茶
	建阳区	建阳白茶（白茶、漳墩小白茶）
	政和县	政和白茶
	松溪县	松溪九龙大白茶
花茶	福州仓山区、长乐区等	福州茉莉花茶
	福鼎市	福建茉莉花茶
	蕉城区	福建茉莉花茶
	福安市	福建茉莉花茶
	柘荣县	福建茉莉花茶
	寿宁县	福建茉莉花茶
	政和县	福建茉莉花茶

数据来源：各市（县、区）农业农村局。

(1) 乌龙茶区。

乌龙茶是我国的特种茶类，在国内外茶叶市场上具有相对明显的竞争优势。福建、广东和台湾是中国乌龙茶的主产区，三产区的产量占全国乌龙茶产量的98%以上，其中又以福建为最。福建乌龙茶区主要分为以安溪铁观音为代表的闽南乌龙茶区和以武夷岩茶为代表的闽北乌龙茶区。闽北乌龙茶区主要分布在武夷山市、建阳区、建瓯市、邵武市和泰宁县等，其中，武夷山市主要有武夷岩茶八角亭龙须茶，建阳区主产闽北乌龙，建瓯市主要有矮脚乌龙、闽北水仙。据统计，2018年福建乌龙茶的总产量为21.59万吨，约占福建茶叶总产量的51.60%、全国乌龙茶产量的79.61%；2019年福建乌龙茶的总产量为22.73万吨，约占福建茶叶总产量51.67%、全国乌龙茶产量的82.41%，在中国乌龙茶产业中处于绝对优势地位。

近年来，福建乌龙茶产业不断发展，消费群体和消费量不断扩大。乌龙茶有其独特的光环，例如闽南的安溪铁观音有特殊的观音韵，它成就了安溪的辉煌，创造了安溪县经济发展的奇迹。短短的十几年间，安溪县实现了脱贫摘帽，进入福建省经济发展十佳县，跻身于县域经济基本竞争力全国百强。

虽然福建省茶产业在全国的地位突出，但现有的产业结构与现代农业所要求的优质化、多样化的市场需求结构之间存在矛盾。从品种结构上看，乌龙茶品种的搭配不尽合理，部分产区茶树品种过于集中，乌龙茶区以铁观音品种更为突出。有的茶区更是大面积单一品种种植，对优良新品种的种植重视不够，没有形成一个较合理、良性的组合结构群体，导致采茶高峰期集中、劳力紧缺、制优率低、花色品种渐趋单一、加工能力不足等，大大降低了茶业的整体效益。因此，随着消费者对乌龙茶认识的提升和政府、科研等部门对乌龙茶品种结构和产品结构调整的重视，近年来福建省加大了对新品系的创新和对优良品种繁育保护的力度，这对推进乌龙茶品种可持续推广有着重要的意义。[3]

(2) 绿茶区。

绿茶是我国历史最悠久、品种最多、产量最高、消费面最广的茶类。福建既是乌龙茶生产大省也同样是绿茶生产大省。福建绿茶拥有一批历史名茶，如南安石亭绿、宁德天山绿茶、武平绿茶、太姥绿雪芽、周宁官司茶与罗源七境堂绿茶等。福建绿茶的主要种类有烘青绿茶、炒青绿茶和半烘炒绿茶。目前主要分布在宁德、三明、福州、龙岩、南平等地区。据统计，2018 年福建绿茶的总产量为 12.62 万吨，约占福建茶叶总产量的 30.16%；2019 年福建绿茶的总产量为 12.77 万吨，约占福建茶叶总产量的 29.02%。

绿茶生产是绿茶主产区农民收入的主要来源，是实现农村的小康和脱贫攻坚的有力手段，其成本收益的波动必然带来农民收入的不稳定和农民绿茶生产积极性的变化。引起绿茶价格不稳定的主要原因：一是随着茶叶价格的上涨，茶叶种植收益的提高，茶农就会盲目扩大面积，而随着种植面积的扩大和茶叶产量的增加，又会导致茶叶价格的下降；二是茶农作为单独的经营个体在与茶叶收购商乃至茶叶收购企业的谈判时处于弱势地位，特别是在茶叶供大于求的时候，更是难以获得较满意的销售价；三是近些年来大量资本涉足茶叶市场，造成茶叶市场价格大起大落。

(3) 红茶区。

红茶作为福建的主产茶，全省各产区均有生产，其主产区分布于闽东和闽中一带，其中以福安市、寿宁县、蕉城区、尤溪县、柘荣县、武夷山市、政和县、松溪县等产量较大，宁德和三明两市发展较好；福州、漳州、泉州、龙岩也有少量生产，主要采用夏秋季节的原料加工红茶，以提高经济效益。据统计，2018 年福建红茶的总产量为 4.9 万吨，约占福建茶叶总产量的 11.72%；2019 年福建红茶的总产量为 5.25 万吨，约占福建茶叶总产量的 11.92%。

红茶产业经过近年发展，产区已涵盖全国 17 个产茶省份。着力恢复和发展地方历史名茶，推陈出新发展名优红茶，已成为福建红茶产业市场上强有力的竞争对手。虽然，福建红茶发展具有悠久的文化历史、得天独厚的地理区域优势以及种质资源优势，但是福建红茶生产在中断了三十多年后恢复生产，在技术上很多产区不够成熟。在全省各茶区，茶叶生产主要以农户家庭生产为主的散户种植和小茶厂加工，加工中安全化、规范化、标准化程度不高，生产粗放，缺乏标准化的加工场所，加工基础设备较差，使用的机械器具较为老旧，生产设备不足、投入设备更新慢，导致部分产品品质下降。福建红茶产业发展基础良好，发展优势明显，发展潜力巨大。近年来，在现代茶产业建设中，红茶生产得到很大的提升和发展，今后在生产中应解决在快速发展过程中显现出的问题，规范市场健康发展，通过健全生产模式、保障茶叶品质、加快现代化茶园建设、筛选优化地方茶种的推广种植及工艺优化、发展福建茶叶产品信息化网络贸易平台等方式促进福建红茶产业进一步发展。[5]

(4) 白茶区。

福建是我国白茶的发源地和主产地。按地理位置，福建白茶产区分布在闽东茶区及闽北茶区。闽东地区主产地在福鼎、福安、柘荣、寿宁、霞浦、蕉城等地，闽北地区主产地在政和、建阳、松溪等地，这些地区广泛种植适制白茶的茶树品种——福鼎大白茶、福鼎大毫茶、福安

图 1-6 白茶日光萎凋（陈兴华摄）

大白茶、政和大白茶、福建水仙等，以它们的鲜叶为原料所制作的白茶外表披满白毫，滋味鲜爽，品质独特。据统计，2018 年福建白茶的总产量为 2.58 万吨，约占福建茶叶总产量的 6.17%、全国白茶产量的 76.56%；2019 年福建白茶的总产量为 3.18 万吨，约占福建茶叶总产量的 7.23%、全国白茶产量的 64.11%，在中国白茶产业中处于绝对优势地位。

随着白茶保健功效的不断发现，茶叶企业积极开发白茶市场，从白茶中提取茶多酚、开发白茶茶水饮料等多样化的产品利用形式，带动了白茶产业，白茶产量稳中有升。在产量增加的同时，政府和行业也高度重视白茶质量的提升，福鼎、政和的多家企业分别通过国内外有机认证，如欧盟 EU、日本 JAS、美国 NOP、瑞士 IMO 及国内有机认证，有机白茶逐渐进入全球市场。[6]

（5）茉莉花茶区。

茉莉花茶是福建省的又一重要茶品类，主要分布在闽东各县和福州市的部分县区。福州市是茉莉花茶的主要产区。近年来，在福州市委市政府的高度重视下，福州茉莉花茶产业得到很大发展。从 2010 年开始，福州茉莉花茶的品牌价值连年递增；2014 年，福州茉莉花与茶文化系统被联合国粮农组织列入全球重要农业文化遗产名录；同年，福州茉莉花茶传统窨制工艺被评为国家级非物质文化遗产。

2018 年，福州茉莉花种植面积 1400 公顷，增长约 200 公顷，同比增长 16.7%，占全国茉莉花种植面积的 11.26%；福州茉莉花产量 1.03 万吨，增长 0.13 万吨，比增 14.4%，占全国茉莉花总产量的 8.54%；产值 3.59 亿元，增加 1.19 亿元，比增 49.6%，占全国茉莉花农业总产值的 12.56%。2018 年，全国茉莉花成交均价为 23.7 元/千克，其中福州茉莉花均价最高，为 34.7 元/千克，高于全国均价。

2018 年，福州茉莉花茶产量为 1.38 万吨，占中国茉莉花茶总产量的 12.5%，产值约 22.1 亿元，占全国茉莉花茶农业产值的 20.3%，福州地区的茉莉花茶均价最高，达到了 160 元/千克，高于中国茉莉花茶产区均价（98.5 元/千克）。

（三）茶叶加工发展现状

1. 茶叶加工机械发展趋势

福建省茶叶初制加工机械相比于精制加工机械研究较早，但精制机械发展进度较快。当前已研制出系列化茶叶精制加工机械、连续化衔接设备和自动化控制装置。这些机械有机衔接组合成多种连续化茶叶加工生产线。目前，福建各大茶类都已实现连续化生产，基本实现清洁化，但离实现完全自动化和标准化生产还有很大距离。如福建省安溪县的茶叶生产正逐渐向现代化、规模化、集约化和信息化方向发展。茶农逐渐放弃经济附加值较低的大众茶而转向种植和制作附加值较高的名优茶品种。茶叶的机械化生产和加工也得到越来越广泛的应用，传统的手工制作逐渐减少。安溪乌龙茶的生产工艺较为特殊，茶叶生产的流程独特、加工效率低、劳动强度高、劳动力成本高等因素在一定程度上影响了安溪乌龙茶产业的发展；机械化作业虽有一定的发展，但智能化、自动化的水平仍然较低，茶叶总体加工水平落后于国内的主要绿茶产区。

图 1-7　安溪八马茶叶精深加工生产线

虽然存在客观困难，但是福建省安溪县的一些茶机制造企业，如佳友机械、韵和机械及先锋机械等企业不断研究创新，研发了一系列适合安溪乌龙茶生产的茶叶炒青机、揉捻机、速包机、烘干机等半自动化和自动化制造机械，以及乌龙茶自动计量包装机、茶具展示柜、冷冻柜等茶叶包装储存设备，有力地促进了安溪乌龙茶的高效生产和市场化推广。全县目前共有自动化、连续化生产线20余条，同时还发明了茶叶分装机、捡梗机和乌龙茶自动化、清洁化、高效化生产线等高端产品，市场份额占到全国的80%以上。

近几年，福建茶叶机械研制虽然取得一定的进展，但茶叶机械技术仍然是制约福建茶产业继续高速发展的一个重要因素，茶叶机械研制中依然存在着一些问题。首先，国内还没有平台和技术力量雄厚的茶叶机械技术研究中心，科研投入少将直接影响茶叶机械设计的创新和产品的更新换代，比如烘干机械一直沿用过去链板式烘干机，只是部分改进，能耗问题仍未得到有效解决，创新的缺乏限制了机械的提升。其次，茶机研究发展不平衡，相对于茶叶初制机械，精制机械研究匮乏，依然存在噪音大、粉尘多等问题，精制车间的恶劣环境给工作人员造成巨大影响。最后，大多研发机构只专注于茶叶机械自身的研究，缺少对新兴技术的洞察，光、电、气等领域的高新技术与茶叶机械有效衔接是茶叶机械未来发展的必要条件。

展望未来，福建茶叶机械研制须注意以下问题：一是能源与环境。茶机能源损耗的降低可以有效节省成本，清洁的茶叶加工过程可保障消费者的卫生安全，应积极研发基于清洁化能源的节能装备，在茶叶生产中实现全程清洁化和节能化。二是福建茶叶加工暂时难以达到完全标准化生产，产品品质无法保证一致，这不仅归结于各地工艺标准不一致，也归结于各茶机制造厂缺乏统一的制机行规，可考虑利用物联网、云平台等信息技术与茶机有机结合，全程记录茶叶加工过程中的工艺参数与茶叶品质的相互性数据，通过互联网进行数据共享，由数据的确定性达到生产的可控性，使茶叶产品质量更加稳定，进而实现茶叶加工的信息化和标准化。三是目前已研制出多条连续化生产线，但离完全自动化还有很大距离，具体表现在加工环节中易出现机械卡叶、黏叶、不流畅和缺乏缓冲等问题，导致茶叶生产成本中劳动力占比依然很大，通过对高强度作业工序进行连续化自动化改造，配套相应智能控制系统实现数字化智能化，创建出真正意义上不用“手帮忙”的完全自动化生产线，来降低茶叶生产成本，提升生产效率。总之，茶叶机械未来发展将着重于能源、品质和效益三方面，终极目标将是追求茶叶生产的“数字化”。

2. 福建茶叶加工技术创新

随着新优乌龙茶良种的不断推广，进一步完善新优乌龙茶品种加工技术，特别是多茶类的加工技术显得尤为迫切。要通过制定标准和技术规范，提高产业标准化水平，通过清洁化初制厂房改造和设备提升等扶持政策，解决目前福建省茶产业发展中的新品种加工技术和设备问题，达到预期效果。

一要多茶类加工，提高新品种综合经济效益。根据当地新品种的规模和茶类品种，切实抓好相应加工技术的推广和加工机械的配套。合理运用国家标准、福建省地方标准、市级农业技术规范、国家发明专利、实用新型专利等，带动更多企业，辐射更多农户，增加农民收入。二要制定标准和技术规范，提高标准化水平。开展新品种乌龙茶、红茶、白茶加工技术的研究并逐步完善，形成多种茶类的加工技术规范，制订推广标准，进一步提高福建省茶叶标准化水平，提高产品质量。三要实施初制厂房清洁化改造。在茶叶初制加工清洁化改造过程中，按照“初制厂生产环境清洁化、茶叶加工燃料清洁化、茶厂加工设备清洁化、茶叶加工流程清洁化”的总体要求进行项目指导，重点对初制厂车间内外及厂区进行整治，建档建制，全程监控管理。指导茶农与茶叶生产基地进行有害生物的绿色防控，建立茶叶质量安全追溯体系，实现从茶园到茶杯的生产加工全程信息记录，从而保障茶叶产品的无公害。四要加大设备研发投入，促进专利申报。要以企业为主体，科研单位为依托，学校为辅助，产、学、研三项融合的技术研发体系，为农产品的加工和技术创新构建一个合理有效的平台，形成茶叶加工科技创新队伍，进一步加速科技成果的转化，从而推动行业的进步和产业升级。五要加大推广力度，提高机械化水平。要大力推广自动化茶叶萎凋房、自动化晾晒装置、自动化萎凋装置、茶叶仿自然同步萎凋机、双层双用自动萎凋机、自控低噪声轴流通风机、红茶萎凋发酵自动控温控湿设备和数控净化拼配精制生产线等先进加工机具设备。补贴企业和农户购置先进设备，大力提高茶叶企业标准化生产水平，从而实现从传统产业向现代加工业的转变。[10]

（四）茶叶销售与流通

1. 茶叶销售市场

（1）进口茶叶内销市场状况。

2018 年，福建茶叶进口总量 0.80 万吨，同比增长 59.34%；进口金额 2.60 亿元，同比增长 62.60%；进口均价 32.52 元/千克，同比增长 2.05%。2019 年，福建茶叶进口总量 0.89 万吨，同比增长 11.55%；进口金额 2.87 亿元，同比增长 10.35%；进口均价 32.17 元/千克，同比增长－1.07%。2019 年与 2018 年相比，进口茶叶数量、进口金额有所增加，但进口均价有所下降。

表 1-5　2018—2019 年福建省茶叶进口情况

年份	进口量（万吨）	进口金额（亿元）	进口均价（元/千克）	进口量同比增长（%）	进口金额同比增长（%）	进口均价同比增长（%）
2018	0.80	2.60	32.52	59.34	62.60	2.05
2019	0.89	2.87	32.17	11.55	10.35	－1.07

数据来源：福州海关。

2018 年福建茶叶进口来源地（地区）主要是印度、中国台湾和斯里兰卡。印度为福建进口茶叶的最大来源地，进口茶叶数量 0.26 万吨，进口金额 0.45 亿元，进口均价 17.59 元/千克，进口量同比增长 81.61%，进口金额同比增长 86.42%，进口均价同比增长 2.65%；中国台湾为福建进口茶叶的第二大来源地，进口茶叶数量 0.18 万吨，进口金额 1.35 亿元，进口均价 75.13 元/千克，进口量同比增长 40.52%，进口金额同比增长 86.42%，进口均价同比增长 14.73%；斯里兰卡为福建进口茶叶的第三大来源地，进口茶叶数量 0.15 万吨，进口金额 0.44 亿元，进口均价 28.49 元/千克，进口量同比增长 49.82%，进口金额同比增长 48.99%，进口均价同比下降 0.56%。

2019年福建茶叶进口来源地仍然主要是印度、斯里兰卡和中国台湾。印度为福建进口茶叶的最大来源地，进口茶叶数量0.27万吨，进口金额0.51亿元，进口均价19.08元/千克，进口量同比增长4.90%，进口金额同比增长13.74%，进口均价同比增长8.43%；斯里兰卡为福建进口茶叶的第二大来源地，进口茶叶数量0.19万吨，进口金额0.54亿元，进口均价28.60元/千克，进口量同比增长22.41%，进口金额同比增长22.87%，进口均价同比增长0.38%；中国台湾为福建进口茶叶的第三大来源地，进口茶叶数量0.16万吨，进口金额1.32亿元，进口均价80.57元/千克，进口量同比下降8.25%，进口金额同比下降1.61%，进口均价同比增长7.24%。

从数据可知，福建茶叶进口趋势整体平稳，进口数量、进口金额及进口均价呈上升趋势，进口国家（地区）集中以印度、斯里兰卡和中国台湾为首的。

表1-6 2018年福建省茶叶进口情况（前10位）

国别（地区）	进口量（万吨）	进口金额（亿元）	进口均价（元/千克）	进口量同比增长（%）	进口金额同比增长（%）	进口均价同比增长（%）
印度	0.26	0.45	17.59	81.61	86.42	2.65
中国台湾	0.18	1.35	75.13	40.52	61.22	14.73
斯里兰卡	0.15	0.44	28.49	49.82	48.99	−0.56
莫桑比克	0.08	0.09	11.69	96.36	94.42	−0.99
布隆迪	0.07	0.15	20.39	106.16	84.05	−10.73
泰国	0.02	0.02	11.32	−26.85	−28.58	−2.36
越南	0.01	0.06	46.74	−9.13	42.67	57.01
马拉维	0.01	0.02	16.41	69.99	93.79	14.00
肯尼亚	0.01	0.01	15.00	—	—	—
乌干达	0.01	0.01	13.22	164.51	199.86	13.37

数据来源：福州海关。

表 1-7　2019 年福建省茶叶进口情况（前 10 位）

国别（地区）	进口量（万吨）	进口金额（亿元）	进口均价（元/千克）	进口量同比增长（%）	进口金额同比增长（%）	进口均价同比增长（%）
印度	0.27	0.51	19.08	4.90	13.74	8.43
斯里兰卡	0.19	0.54	28.60	22.41	22.87	0.38
中国台湾	0.16	1.32	80.57	−8.25	−1.61	7.24
布隆迪	0.08	0.15	17.95	14.08	0.41	−11.98
肯尼亚	0.07	0.12	17.64	812.92	973.69	17.61
乌干达	0.03	0.03	9.46	356.47	226.77	−28.41
莫桑比克	0.03	0.03	11.55	−67.92	−68.33	−1.27
越南	0.03	0.10	40.35	94.84	68.19	−13.68
泰国	0.02	0.02	12.16	0.00	7.36	7.36
马拉维	0.01	0.01	15.48	−40.01	−43.43	−5.69

数据来源：福州海关。

（2）出口茶叶外销市场状况。

2018 年，中国茶叶出口量突破万吨的省份有 7 个，福建省位居全国第 4 位。2018 年，福建茶叶出口总量 2.41 万吨，同比增长 23.52%，占全国总出口量的 6.61%；出口金额 22.84 亿元，同比增长 41.22%，占全国总出口额的 19.46%，位居全国第二位；出口均价 94.77 元/千克，同比增长 14.33%。

2019 年，中国茶叶出口量突破万吨的省份仍有 7 个，福建省仍位居全国第四位。2019 年，福建茶叶出口总量 2.40 万吨，同比下降 0.43%，占全国总出口量的 6.55%；出口金额 31.37 亿元，同比增长 37.36%，占全国总出口额的 22.54%，位居全国第二位；出口均价 130.74 元/千克，同比增长 37.96%。

数据显示，2019 年福建茶叶出口总量与 2018 年基本持平，2018 年至 2019 年出口金额、出口均价呈增长趋势。

表 1-8　2018—2019 年福建省茶叶出口情况

年份	出口量（万吨）	出口金额（亿元）	出口均价（元/千克）	出口量同比增长（%）	出口额同比增长（%）	出口均价同比增长（%）
2018	2.41	22.84	94.77	23.52	41.22	14.33
2019	2.40	31.37	130.74	−0.43	37.36	37.96

数据来源：福州海关。

2018 年福建茶叶出口至 71 个国家（地区）。茶叶出口居前十的国家（地区）分别是日本（0.73 万吨）、中国香港（0.36 万吨）、泰国（0.26 万吨）、越南（0.20 万吨）、美国（0.18 万吨）、西班牙（0.13 万吨）、马里（0.11 万吨）、马来西亚（0.10 万吨）、新加坡（0.05 万吨）和缅甸（0.05 万吨）（表 1-9）。

2018 年福建茶叶出口国家（地区）主要是日本、中国香港和泰国。日本为福建出口茶叶的最大出口地，出口茶叶数量 0.73 万吨，金额 2.19 亿元，均价 29.85 元/千克，出口量同比增长 6.67%，出口金额同比增长 10.32%，出口均价同比增长 3.42%；中国香港为福建出口茶叶的第二大出口地，出口数量 0.36 万吨，金额 7.35 亿元，均价 206.31 元/千克，出口量同比增长 51.86%，出口金额同比增长 70.26%，出口均价同比增长 12.12%；泰国为福建出口茶叶的第三大出口地，出口茶叶数量 0.26 万吨，金额 1.04 亿元，均价 40.51 元/千克，出口量同比增长 44.37%，出口金额同比增长 153.90%，出口均价同比增长 75.86%。

2019 年福建茶叶出口国家（地区）仍然主要是日本、中国香港和泰国。日本为福建出口茶叶的最大出口国，出口茶叶数量 0.69 万吨，金额 2.28 亿元，均价 32.76 元/千克，出口量同比下降 5.38%，出口金额同比增长 3.85%，出口均价同比增长 9.75%；中国香港为福建出口茶叶的第二大出口地，出口数量 0.49 万吨，金额 13.46 亿元，均价 276.02 元/千克，出口量同比增长 36.92%，出口金额同比增长 83.18%，出口均价同比增长 33.79%；泰国为福建出口茶叶的第三大出口地，出口数量 0.23 万吨，金额 1.64 亿元，均价 70.36 元/千克，出口量同比下降 9.11%，出口金额同比增长 57.88%，出口均价同比增长 73.69%。

福建茶叶出口趋势整体平稳，出口数量略有下降，但出口金额及出口均价呈上升趋势，出口国家（地区）集中以日本、中国香港和泰国为首。

表 1-9 2018 年福建省茶叶出口情况（前 10 位）

国别（地区）	出口量（万吨）	出口金额（亿元）	出口均价（元/千克）	出口量同比增长（%）	出口金额同比增长（%）	出口均价同比增长（%）
日本	0.73	2.19	29.85	6.67	10.32	3.42
中国香港	0.36	7.35	206.31	51.86	70.26	12.12
泰国	0.26	1.04	40.51	44.37	153.90	75.86
越南	0.20	2.82	144.62	65.97	61.77	−2.53
美国	0.18	1.55	85.36	23.40	33.66	8.31
西班牙	0.13	1.76	136.26	33.88	0.29	−25.09
马里	0.11	0.39	36.88	−5.14	0.08	5.51
马来西亚	0.10	1.92	183.87	13.85	33.60	17.35
新加坡	0.05	0.20	40.59	30.15	57.94	21.35
缅甸	0.05	1.20	258.32	97.85	88.68	−4.64

数据来源：福州海关。

表 1-10 2019 年福建省茶叶出口地区情况（前 10 位）

国别（地区）	出口量（万吨）	出口金额（亿元）	出口均价（元/千克）	出口量同比增长（%）	出口金额同比增长（%）	出口均价同比增长（%）
日本	0.69	2.28	32.76	−5.38	3.85	9.75
中国香港	0.49	13.46	276.02	36.92	83.18	33.79
泰国	0.23	1.64	70.36	−9.11	57.88	73.69
越南	0.19	3.94	203.62	−0.82	39.64	40.80

续表

国别（地区）	出口量（万吨）	出口金额（亿元）	出口均价（元/千克）	出口量同比增长（%）	出口金额同比增长（%）	出口均价同比增长（%）
马来西亚	0.18	3.95	222.78	70.22	106.25	21.17
美国	0.14	1.29	93.61	−24.15	−16.83	9.66
西班牙	0.12	1.06	89.60	−8.64	−39.92	−34.24
马里	0.09	0.34	36.31	−11.64	−12.99	−1.53
新加坡	0.05	0.25	48.17	5.88	25.64	18.67
缅甸	0.05	1.31	259.30	8.29	8.70	0.38

数据来源：福州海关。

2. 茶叶流通市场现状

以福建省茶产区泉州市、宁德市、漳州市、南平市为例。

泉州市茶叶交易市场有安溪中国茶都、一品茶都和闽南茶都，其中安溪中国茶都和一品茶都位于安溪境内。2019 年，安溪中国茶都交易量 18892 吨，交易额 26.4407 亿元；一品茶都交易量 4800 吨，交易额 7.68 亿元；闽南茶都交易量 1.5 万吨，交易额 1.5 亿元。

宁德市茶叶交易市场有富春茶城和闽浙边贸茶花专业交易市场。2019 年，富春茶城交易量 4 万吨，交易额 17 亿元；闽浙边贸茶花专业交易市场交易量 2.3 万吨，交易额 3 亿元。

漳州市茶叶交易市场有华仙茶都、闽南新城茶叶市场和南靖茶市。2019 年，华仙茶都交易量 1.1 万吨，交易额 12 亿元；闽南新城茶叶市场交易量 2190 吨，交易额 3.7 亿元；南靖茶市交易量 1500 吨，交易额 4500 万元。

南平市茶叶市场有城南新天地茶叶交易市场和中国茶都。2019 年，城南新天地茶叶交易市场交易量 800 吨，交易额 1.25 亿元；中国茶都交易量 600 吨，交易额 5200 万元。

表 1-11　福建省主要茶叶交易市场统计（2019 年）

市场名称	所在位置	市场面积（平方米）	年交易量（吨）	年交易额（万元）
安溪中国茶都	安溪县城厢镇大同路	180000	18892	264407
富春茶城	福安市城阳镇岩湖坂	150000	40000	170000
华仙茶都	华安县仙都镇市后村	47000	11000	120000
一品茶都	安溪县感德镇洪佑村	33300	4800	76800
闽南新城茶叶市场	漳州市芗城区东环城水仙大道南	5000	2190	37000
闽浙边贸茶花专业交易市场	福鼎市点头镇	10000	23000	30000
闽南茶都	泉州市丰泽区宝州路中段	15000	900	15000
城南新天地茶叶交易市场	邵武市新天地广场	13000	800	12500
中国茶都	邵武市城南大道	35000	600	5200
南靖茶市	南靖县山城镇	5000	1500	4500

数据来源：各市（县、区）农业农村局。

图 1-8　福鼎市点头镇茶叶交易市场（陈瑞平摄）

(五)茶文化经济与教育

1. 茶业展会及茶事活动

福建省茶事活动丰富多彩，不仅有海峡两岸茶业博览会、海峡两岸农业博览会等持续多年的独具闽台特色的茶叶推介活动，还有如“闽茶中国行”“闽茶海丝行”等国内外茶文化宣传活动，以及福鼎白茶开茶节等茶叶时节活动和武夷山天心村民间斗茶赛等民间茶事活动。会展业汇聚的巨大信息流、技术流、商品流和人才流对茶产业发展，对区域经济发展和社会进步，产生着难以估量的影响和催化作用，被誉为城市经济的“助推器”。福建积极通过会议会展业推动茶产业发展，利用各类茶业会展，做足茶产业文章，积极开展斗茶、禅茶、说茶等各类茶事活动，有效带动了茶产业与当地经济的共同发展。2018—2019 年，福建省茶叶展会及茶事活动呈增长趋势，南平、福州、宁德及漳州等地区的茶叶展会及茶事活动有力地促进了当地茶产业发展。2018—2019 年，福建省茶叶展会及茶事活动见附录三。

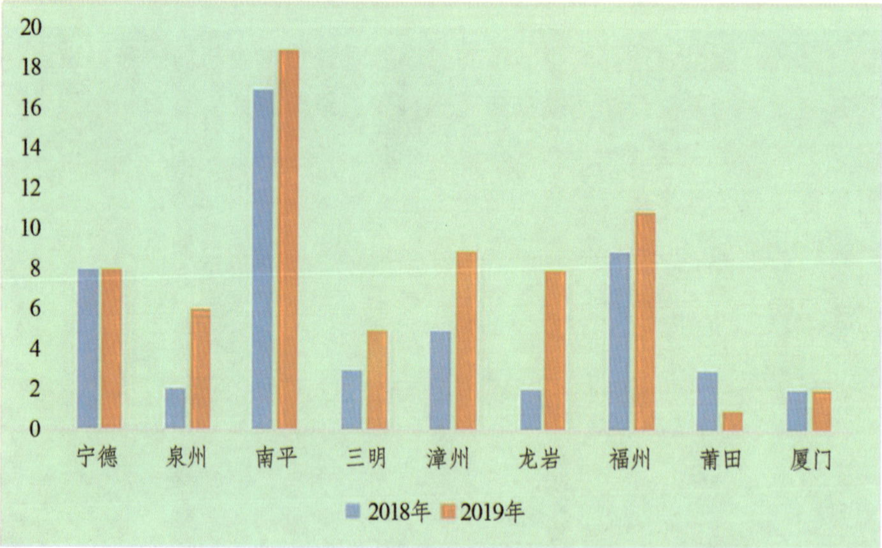

图 1-9　2018—2019 年福建省茶叶展会及茶事活动统计

2018 年福建重要茶事活动如下：

（1）福建茶企频频助力茶叙外交。

党的十八大以来，“茶叙”被多次引入重大外交场合中，用中国蕴含传统文化的待客之道，架起互鉴交流、和平友好的桥梁。闽茶在其间频频助力“茶叙外交”。2018 年，福建茶企以尽善尽美的茶道文化服务中美宝蕴楼茶叙、中英茶叙、中朝北京茶叙、中朝大连茶叙、中印武汉东湖茶叙、上合组织青岛峰会茶叙、中非论坛北京峰会茶叙等等，不断谱写着中外茶叶贸易合作和文化交流新篇章。

（2）闽茶文化推广中心落户亚欧三国。

2018 年 9 月 12 日，“闽茶海丝行”亚欧站活动开启了 10 日之旅。由省农业厅领导率领的经贸代表团先后走进希腊、俄罗斯、哈萨克斯坦，举办 3 场大型经贸合作与文化交流活动。各国茶界、商界代表与 15 家福建茶企签署各项茶叶经贸合作协议，合同金额高达 7.3 亿元，创“闽茶海丝行”活动以来新高。组委会在希腊、俄罗斯、哈萨克斯坦三国，与当地华侨充分合作，携手设立闽茶文化推广中心，致力于闽茶及闽茶文化在海外的持续推广。

（3）海峡两岸茶业交流协会评选“中国白茶十强企业”。

近几年，白茶在国内的知名度不断提升，成为继安溪铁观音、武夷岩茶之后又一个享誉全国的闽茶区域公共品牌。海峡两岸茶业交流协会于 2018 年 8 月 15 日启动“中国白茶十强企业”评选活动，对发展中国白茶品牌市场竞争力有着强劲的推动和激励作用，为促进我国茶产业发展和茶文化繁荣具有不同凡响的积极意义。

（4）第十四届中国茶业经济年会在武夷山召开。

时隔十年，中国茶业经济年会再次在武夷山召开。作为中国茶界历史最久、规格最高、影响力最广、创新力最强、凝聚力最大、业界主体参与最多、资讯发布最权威、传播性最广的年度经济盛会，每届年会的举办都是一次增进国内外茶叶协会、研发机构、生产企业、流通组织、产茶地区之间交流合作的机会，对于举办地来说，更是如此。

(5) 福建作为唯一主宾省参加第二届中国国际茶叶博览会。

2018 年 5 月 18—22 日，第二届中国国际茶叶博览会在杭州举办，本届茶博会首次设立主宾省，福建作为唯一主宾省参会。福建展团以“清新福建、多彩闽茶”为主题，向国内外嘉宾、观众展现福建茶产业绿色、创新、协调、开放、共享的发展理念。安溪、武夷山、福安、大田等茶产区分别举办了专场推介活动，精心编排了品牌宣传活动，通过视频播放、茶歌茶艺等形式，进一步向前来观展的茶友展现了各茶叶区域公用品牌的风貌和闽茶文化，提升茶叶品牌知名度和影响力，增进闽茶产业与世界各国的交流与合作。

(6) 第二届“互联网＋武夷斗茶”赛事影响力飙升。

武夷山市为了让更多人正确了解武夷茶，以“互联网＋武夷斗茶”的形式在国内外多个城市现场进行武夷岩茶文化推介。“互联网＋武夷斗茶”赛是武夷山市茶业局在每年一度最具权威与公信力的“春茶评比”基础上，结合互联网的精神，创造性开办的全新赛事。通过网上赛点的报名，建立百城联盟，邀请全国茶友品鉴。

本届赛事吸引了 500 家茶企、3220 个茶样、80 个城市、140 站分赛点。其中，赛事特设 7 城 8 站专业赛点，在专业分赛点中，武夷山市茶业局带领权威专家到场推介，传授武夷岩茶知识，与茶友面对面交流。此外，本届百城联盟还设立了中国香港、中国台湾、意大利 3 个境外分赛点。跟 2017 年第一届的赛事比起来，第二届“互联网＋武夷斗茶”的赛事规模几乎扩大了一倍。

(7) 海峡茶会助力漳州“三泡茶”发展。

作为第十届海峡论坛子活动之一，为期三天的第五届海峡（漳州）茶会，于 2018 年 6 月 10 日在福建漳州圆满落下帷幕，来自福建、台湾、云南、广东等地 200 多家茶企应邀参展。两岸同胞同祖同宗，茶叶和茶文化同根同源，本次海峡茶会旨在加强与台湾茶业界的交流合作，共同振兴茶产业，讲好两岸“茶故事”。

海峡茶会组织客商对接会、新品推介会等专业活动，实现参展商与采购商的“精准对接”，促进购销订单的达成，提高展商参展效益，拓宽了漳州“三泡茶”白芽奇兰、铁观音、八仙茶的销路，扩大了漳州茶的知名度和影响力。

(8) 海峡两岸茶业博览会推动茶产业走向世界。

第十二届海峡两岸茶业博览会经贸活动持续活跃、活动内容丰富多彩、宣传影响不断扩大。该届茶博会吸引了1万多名海内外嘉宾和客商，参展商近2000人，采购商7560人，展会展示中国六大茶类、茶具、茶包装、茶机械、茶服装等茶产业全产业链产品和韩国、日本、马来西亚、斯里兰卡等“一带一路”沿线国家企业产品。茶博会活动紧扣“茶”主题，以茶产业延链聚群为抓手，围绕“做优茶品质，打响茶品牌，提升茶价值，弘扬茶文化”为主线，推进乡村振兴战略，推动福建省茶产业高质量发展。茶博会成果丰硕，交易总额达64.56亿元，比2017年略增，其中：现场交易1.523亿元（茶叶6058万元，食博会251.64万元，茶包装、茶机械6730万元，茶器具1803万元，其他茶产品393万元）；意向交易63.04亿元（茶叶15.3亿元，茶包装、茶机械28.96亿元，茶器具11.41亿元，茶服、茶配套及其他7.37亿元）；实现线上线下交易总额达到16.97亿元。

2019年8月21日，由中国香港普洱茶研究会牵头，中国大陆和香港、台湾茶界专家历经数年研究、共同参与制作的纪念林则徐虎门销烟180周年特制纪念缅宁贡茶在福州发布。活动当天，为弘扬、传承及发展林则徐爱国主义精神，云南省祥瑞昌茶叶有限公司与茶文化研究者、“缅宁贡茶”发起人刘旭峰共同向林则徐基金会捐赠1000份虎门销烟180周年特制纪念缅宁贡茶，并与海峡两岸茶业交流协会向台湾茶文化协会捐赠100份虎门销烟180周年特制纪念缅宁贡茶，以传承发展中华茶文化，促进海峡两岸的人文交流、中华茶文化的发展及融合。[12]

2020年首届海丝国际茶文化论坛在福州开幕，会上宣读了《海丝国际茶文化交流合作倡议》，举行了“海丝国际杯”茶王赛颁奖仪式。本届茶王赛茶样分别来自福建、云南、湖北、湖南、广东、浙江、陕西、河北、山东、江西、安徽、贵州、四川等十多个省份，以及斯里兰卡、伊朗、阿根廷、美国、英国、法国、日本、老挝、肯尼亚、土耳其、印度等十多个国家，共收到1550个茶样，评出5个“王中王”、9个“茶王”、153个“金奖”、452个“优胜奖”，并对省级和国家级传承人参赛者颁发“最佳匠心奖”“文化传承奖”，颁奖名单见附录十。

图 1-10　2020 年首届海丝国际茶文化论坛合影

2. 茶叶品牌建设

品牌传播是企业满足消费者需要、培养消费者忠诚度的有效手段，通过品牌的有效传播，可以使品牌为广大消费者和社会公众所认知，使品牌得以迅速发展。同时，品牌的有效传播，还可以实现品牌与目标市场的有效对接，为品牌及产品进占市场、拓展市场奠定宣传基础。福建省茶叶品牌在建设与运作过程中取得了一系列成效，培育了一大批茶叶知名企业品牌，“安溪铁观音”“武夷岩茶”被农业农村部评为中国茶叶十大区域公用品牌，“福鼎白茶”被评为中国茶叶优秀区域公用品牌第一名。福建省34个茶叶品牌获中国驰名商标。总体而言，福建品牌茶业发展还处于初级阶段，无论是茶业经营实体的实力还是品牌经营意识都还处于初级阶段，在品牌经营方面火候尚缺。当前，福建省虽然已有武夷岩茶、安溪铁观音等知名茶叶，但从全省来看，广大茶叶产区品牌分散，大多品牌的知名度、品牌影响力、市场认知度都比较小，茶产业还基本处于“有名茶，无名牌”的现状。值得注意的是，鉴于茶叶企业规模小、实力弱的现实，几乎所有的福建地方茶叶品牌化发展都首先依赖于政府为主导的区域品牌打造，以地方特色产品的形象推广于市。福建品牌茶业区域效应日显，已拥有一批国家级的区域品牌，如安溪铁观音、大红袍几乎是福建乌龙茶的代名词。[13]福建省茶叶区域公用品牌具有强大的未来持续收益能力，以福州茉莉花茶为例，2018 年福州茉莉花茶的品牌收益达到了 17690.26 万元。以福鼎白茶为例，2018 年福鼎白茶种植面积达到了 1.45 万公顷，从业人数 42.1 万人，是福鼎市促进乡村振兴和区域经济发展的重要产业，是福鼎茶农脱贫致富的绿色产业。

本书以浙江大学 CARD 中国农业品牌研究中心发布的《2018 中国茶叶企业产品品牌价值评估报告》《2019 中国茶叶企业产品品牌价值评估报告》为参考，对福建省茶叶品牌发展情况作进一步分析。2018 年，全国 18 个省（市、区）145 家茶叶企业的 161 个茶叶企业产品品牌的有效评估中，福建省有 18 个茶叶企业产品品牌参评。其中位列前 100 位的福建省茶叶企业有 18 家，其产品品牌及排名如表 1-12：

表 1-12　2018 年中国茶叶企业产品品牌价值评估结果（福建）

排名	企业名称	品牌名称	品牌价值（亿元）
2	福建新坦洋集团股份有限公司	新坦洋	10.85
5	闽榕茶业有限公司	崟露	9.43
9	福建品品香茶业有限公司	品品香	8.11
12	福建鼎白茶业有限公司	鼎白 Dingbai	7.24
15	福建省天湖茶业有限公司	绿雪芽	4.97
18	福建满堂香茶业股份有限公司	满堂香	4.51
22	福建誉达茶业有限公司	誉达	4.26
30	永春县魁斗莉芳茶厂	绿芳	3.90
38	福鼎市张元记茶业有限公司	张元记	3.26

续表

排名	企业名称	品牌名称	品牌价值（亿元）
44	安溪县桃源有机茶场有限公司	品雅	3.14
48	福建隽永天香茶业有限公司	隽永天香	2.88
49	福建瑞达茶业有限公司	瑞达	2.83
56	福建百祥进出口贸易有限公司	福百祥	2.44
62	福建省裕荣香茶业有限公司	裕荣香	2.07
72	福建省银龙茶叶科技有限公司	银龙	1.67
73	福建品品香茶业有限公司	晒白金	1.57
80	福建省天醇茶业有限公司	天醇	1.38
98	福州联合闽津茶业有限公司	闽津	0.845

数据来源：浙江大学CARD中国农业品牌研究中心。

2019年，全国18个省（市、区）164家茶叶企业的173个茶叶企业产品品牌的有效评估中，福建省有23个茶叶企业产品品牌参评。其中列入前100位的福建省茶叶企业有14家，其产品品牌及排名如表1-13：

表1-13　2019年中国茶叶企业产品品牌价值评估结果（福建）

排名	企业名称	品牌名称	品牌价值（亿元）
2	福建新坦洋集团股份有限公司	新坦洋	11.23
5	闽榕茶业有限公司	鉴露	10.25
8	福建品品香茶业有限公司	品品香	8.83
12	福建鼎白茶业有限公司	鼎白 Dingbai	7.24
17	福建省天湖茶业有限公司	绿雪芽	5.09
18	福建满堂香茶业股份有限公司	满堂香	4.90
22	永春县魁斗莉芳茶厂	绿芳	4.45
28	福建誉达茶业有限公司	誉达	4.12
34	福鼎市张元记茶业有限公司	张元记	3.77
43	福建隽永天香茶业有限公司	隽永天香	3.20

续表

排名	企业名称	品牌名称	品牌价值（亿元）
44	福建瑞达茶业有限公司	瑞达	3.18
50	福建百祥进出口贸易有限公司	福百祥	2.67
63	福建品品香茶业有限公司	晒白金	2.09
66	福建省裕荣香茶业有限公司	裕荣香	2.08
67	福建省莲峰茶业有限公司	SAN QUAN TEA 三泉	1.97

数据来源：浙江大学 CARD 中国农业品牌研究中心。

从中国茶叶企业产品品牌价值评估结果比较中发现，2019 年福建省茶叶企业产品品牌价值增加 4.78 亿元，平均增长幅度为 8.94%，其中福建品品香茶业有限公司晒白金品牌、福鼎市张元记茶业有限公司张元记品牌、永春县魁斗莉芳茶厂绿芳品牌、福建瑞达茶业有限公司瑞达品牌、福建隽永天香茶业有限公司隽永天香品牌等品牌价值增长率超过 10%，福建省茶叶企业产品品牌价值处于快速成长阶段。

表 1-14 中国茶叶企业产品品牌价值评估结果比较（福建）

（单位：亿元）

企业名称	品牌名称	2018		2019		品牌价值增长率（%）
		排名	品牌价值	排名	品牌价值	
福建新坦洋集团股份有限公司	新坦洋	2	10.85	2	11.23	3.50
闽榕茶业有限公司	鉴露	5	9.43	5	10.25	8.70
福建品品香茶业有限公司	品品香	9	8.11	8	8.83	8.88
福建鼎白茶业有限公司	鼎白 Dingbai	12	7.24	12	7.24	0.00
福建省天湖茶业有限公司	绿雪芽	15	4.97	17	5.09	2.41
福建满堂香茶业股份有限公司	满堂香	18	4.51	18	4.90	8.65
永春县魁斗莉芳茶厂	绿芳	30	3.9	22	4.45	14.10
福建誉达茶业有限公司	誉达	22	4.26	28	4.12	−3.29
福鼎市张元记茶业有限公司	张元记	38	3.26	34	3.77	15.64
福建隽永天香茶业有限公司	隽永天香	48	2.88	43	3.20	11.11

续表

企业名称	品牌名称	2018		2019		品牌价值增长率(%)
		排名	品牌价值	排名	品牌价值	
福建瑞达茶业有限公司	瑞达	49	2.83	44	3.18	12.37
福建百祥进出口贸易有限公司	福百祥	56	2.44	50	2.67	9.43
福建品品香茶业有限公司	晒白金	73	1.57	63	2.09	33.12
福建省裕荣香茶业有限公司	裕荣香	62	2.07	66	2.08	0.48
总　计			68.32		73.1	8.94

2018 年有效参评的 98 个茶叶区域公用品牌中，福建省有 10 个茶叶区域公用品牌参与评估。其中福鼎白茶在 2018 年中国茶叶区域公用品牌价值评估结果中排名第 4，品牌价值 38.26 亿元；福州茉莉花茶排名第 7，品牌价值 31.75 亿元；坦洋工夫排名第 11，品牌价值 28.03 亿元。按照茶叶品类划分，福建省参评的乌龙茶类品牌 3 个，分别为武夷山大红袍、平和白芽奇兰、永春佛手；红茶类品牌 3 个，分别为坦洋工夫、正山小种和政和工夫；白茶类品牌 2 个，分别为福鼎白茶和政和白茶；绿茶类品牌 1 个，为松溪绿茶；花茶类品牌 1 个，为福州茉莉花茶。在福建省区域公用品牌中，乌龙茶和红茶占据主导地位。

表 1-15　2018 年中国茶叶区域公用品牌价值评估结果（福建）

排名	品牌名称	品牌价值（亿元）
4	福鼎白茶	38.26
7	福州茉莉花茶	31.75
11	坦洋工夫	28.03
12	武夷山大红袍	27.89
14	平和白芽奇兰	26.99
30	正山小种	20.16
45	永春佛手茶	16.20
50	政和工夫	15.06
72	政和白茶	9.36
73	松溪绿茶	9.10

数据来源：浙江大学 CARD 中国农业品牌研究中心。

2019年有效参评的107个茶叶区域公用品牌中，福建省有11个茶叶区域公用品牌参与评估。其中福鼎白茶在2019年中国茶叶区域公用品牌价值评估结果中排名第4，品牌价值44.96亿元；福州茉莉花茶排名第12，品牌价值32.32亿元；武夷山大红袍排名第13，品牌价值31.34亿元。按照茶叶品类划分，福建省参评的乌龙茶类品牌4个，分别为武夷山大红袍、平和白芽奇兰、安溪黄金桂、永春佛手；红茶类品牌3个，分别是坦洋工夫、正山小种和政和工夫；白茶类品牌2个，分别为福鼎白茶和政和白茶；绿茶类品牌1个，为松溪绿茶；花茶类品牌1个，为福州茉莉花茶。在福建省区域公用品牌中，乌龙茶占据主导地位。

表1-16 2019年中国茶叶区域公用品牌价值评估结果（福建）

排名	品牌名称	品牌价值（亿元）
4	福鼎白茶	44.96
12	福州茉莉花茶	32.32
13	武夷山大红袍	31.34
16	坦洋工夫	29.25
22	平和白芽奇兰	25.84
33	安溪黄金桂	22.34
37	正山小种	21.63
51	永春佛手	16.41
54	政和工夫	15.28
64	政和白茶	12.43
76	松溪绿茶	9.23

数据来源：浙江大学CARD中国农业品牌研究中心。

品牌强度及其乘数由品牌带动力、品牌资源力、品牌经营力、品牌传播力和品牌发展力等5个能够表现品牌稳定性和持续性的因子加权得出，是体现品牌未来持续收益能力、抗风险能力和竞争能力大小的指标，是对品牌强度高低的量化呈现。在品牌强度乘数排名前十的品牌中，来自福建省的品牌占据四席，分别是福鼎白茶、武夷山大红袍、福州茉莉花茶和正山小种。

表 1-17　2019 年品牌强度乘数前十位品牌（福建）

排名	品牌名称	品牌强度乘数
4	福鼎白茶	19.72
5	武夷山大红袍	19.53
8	福州茉莉花茶	19.48
10	正山小种	19.38

数据来源：浙江大学 CARD 中国农业品牌研究中心。

3. 茶文化产业发展

近年来，福建省茶文化产业获得长足发展。以福建省福州市为例，以春伦的仓山区茉莉花茶文创园和福州茶厂的福州茉莉花茶主题馆为代表的福州茉莉花茶文化展厅，开园以来累计接待 300 万人次，其中包括 80 多个国家的 2 万余名国际友人，成为福州市茶文化交流的亮丽名片。以福建省龙岩市为例，2019 年 5 月 10 日首部以国家非遗龙岩采茶灯为题材的电影《扑蝶》在龙岩城区龙岩洞公园正式开拍，该部电影以龙岩采茶灯为创作题材，以龙岩红土地当年如火如荼的战斗历史为背景，通过精彩的故事情节，将采茶灯文化、红土地文化、民俗民风和龙岩山水风光等旅游元素进行有机结合，以影视为载体向广大观众展现红色苏区老区的乡土、乡俗、乡情，为宣传新罗山水文化名城，推动龙岩文化旅游产业融合发展起到积极作用。

4. 茶旅游业发展

近年来，福建省茶旅游业获得长足发展。龙岩市漳平市的漳平台创园为大陆地区最大的台式高山乌龙茶生产基地，是台资农业个体在大陆投资最密集的区域，是海峡两岸农业合作的成功典范。2019 年大陆国家级台创园建设评价中，漳平台创园与漳浦台创园并列第一，这也是漳平台创园连续四年获此殊荣。漳平市精心打造茶旅结合线路，不断完善旅游基础设施，逐步形成茶文化旅游产业链。近年来园区结合生态、观光、休闲等元素，推动农业多元化发展，打造独具特色的高山生态休闲旅游品牌，实现了由传统单一农业向产业融合发展的华丽转身。大中小型茶企大力开发集茶叶采摘、加工、茶艺表演和旅游购茶为一体的特色茶庄园旅游、生态观光游和休闲体验游。2019 年，园区接待游客近 100 万人次，实现旅游收入近 3 亿元。产业融合带动乡村振兴。其中，漳平水仙茶面积超过 3333 公顷，产量 1800 吨，农业产值 2.88 亿元，茶叶企业 1020 多家、专业合作社 85 家。2018 年产干茶 3200 吨，产值 5.12 亿元，农民人均纯收入 12856 元。

漳平台创园内的台品樱花茶园，将种植、加工、休闲、观光旅游融合于一体，被列入“中国十大樱花观赏地”，近年先后入选“福建省首批优秀创意旅游产品”“全国绿色食品一二三产业融合发展示范园”等，成为三产融合发展的榜样。以台品樱花茶园为核心的“大陆阿里山”景区被评为“AAA”级景区。观光带来人潮，增加了茶叶销售，也带动了周边餐饮、住宿等经济发展。2019 年茶园销售的茶叶达 100 吨，产值三四千万元。

图 1-11　台品樱花茶园（郎凤清摄）

龙岩市新罗区小池镇境内的云顶茶园位于国家自然保护区——中国梅花山南麓、闽西第一峰云顶山之南腰。云顶茶园的前身是小池国营茶场，创建于1956年。1999年，云顶茶园投巨资开发，将自然环境、人文环境与大规模农业产业化有机结合，建成省内首家集高山茶科研、开发、生产、培训以及旅游、观光、休闲度假为一体的新型生态型高优农业园区。目前，园区面积已达到800公顷，其中茶田面积67公顷，竹林面积100公顷，是福建省首家集闽西高山茶科研开发、生产培训和旅游观光、休闲度假为一体的生态型园区。茶园被列为国家“十五”重大科技专项茶叶食品安全综合示范基地。

宁德福鼎市“以茶为媒，茶旅融合”，是福鼎市乡村旅游发展的一抹亮色。近年来，福鼎市积极整合资源，大力发展乡村茶旅。2019年，福鼎市管阳镇举办首届敬茶节暨乡村振兴茶旅文化节、儒茶文化赶圩日；福鼎市点头镇举办中国·福鼎白茶特色小镇（点头）第二届民间斗茶赛；福鼎市佳阳畲族乡举办2019首届佳阳天湖山杜鹃花观赏节暨风筝节；福鼎市磻溪镇举办福鼎白茶·首届磻溪丰收节暨绿色茶山骑行活动。此外，天湖、六妙茶业入选“第一批福建省工业旅游示范基地培育名单”。目前福鼎全市茶旅休闲点达25个。

福州市连江县“以茶为媒”，充分发挥长龙茶场“高山、临海、畲族、华侨”等特色资源优势，发展生态休闲观光旅游，着力做好茶旅发展文章，推进各产业融合发展。一是成功将长龙镇作为联合国授予的“全球重要农业文化遗产——福州茉莉花茶和茶文化系统”基地，吸引大批游客慕名而来。二是进一步加大长龙茶山的宣传推介，连续举办多届长龙茶山文化节，建设茶山文化公园，提升连江茶叶、长龙茶山的知名度。三是充分利用现有茶山、茶企、休闲农场的优势，结合高优水果、高山反季节蔬菜等农业产业，引导发展文化展示、茶果蔬采摘、加工体验等项目。四是成立了连江县乡村振兴茶产业党建联盟，大力支持茶企与红色文化结合，休闲农场与旅行团队合作，发展亲子游、学生体验游，通过电视、网络等媒体多渠道传播茶文化，把传统文化、红色文化与茶文化结合，展示泡茶技艺，开展奉茶敬孝活动，将茶文化与旅游文化有机结合起来。长龙镇初具茶旅小镇雏形。

5. 茶叶教育与科技发展现状

截至2019年，福建农林大学（园艺学院、安溪茶学院）、武夷学院茶与食品学院、漳州科技职业技术学院、宁德职业技术学院、福建艺术职业学院、武夷山旅游职业中专学校、福建省安溪茶业职业技术学校以及龙岩市农业学校等院校开设了茶类相关专业。本书以2018—2019年度福建农林大学园艺学院为例，反映近年来福建省茶叶教育整体发展情况。

福建农林大学园艺学院茶学系在教学与人才培养、茶科学研究和社会服务方面主要工作有：

第一，教学与人才培养工作。为深入推进教学改革，打造教学工作品牌，提高办学质量，培育专精人才，福建农林大学园艺学院茶学系在教学管理中着力树立质量意识，紧紧抓住内涵发展不放松，确保教育教学质量稳步提升，使茶学系能培养出社会需要的高质量人才。

第二，科研工作。2019年，茶学系教师参加各类学术活动10人次。此外，2019年4月25日，叶乃兴教授团队起草的《窨茶用茉莉扦插育苗技术规程》通过专家审定；2019年5月18日，福州市茉莉花茶行业技术创新中心顺利通过福州市科技局的年度考评；福建省发改委平台6·18协同创新院茶产业分院通过评审立项建设。

第三，社会服务。2019年，福建农林大学园艺学院茶学系开展社会服务活动近50次。

6. 福建省茶叶读物出版和涉茶科研

（1）茶叶读物出版情况。

2018—2019年，福建省出版20本茶叶读物，例如，福建省人民政府新闻办公室出版了“八闽茶韵”丛书，涵盖乌龙茶、红茶、白茶、花茶、绿茶等福建主要茶类，包括《福建茶话》《福州茉莉花茶》《坦洋工夫》《正山小种》《安溪铁观音》《武夷岩茶》《永春佛手》《平和白芽奇兰》《漳平水仙》《福鼎白茶》《政和白茶》《天山绿茶》，共12册，系统展示了闽茶的制作技艺、品鉴要领、典故传说和历史文化，记载了闽茶走向世界、沟通中外的千年佳话。由福建农林大学、福建省政协农业和农村委员会、中国乌龙茶产业协同创新中心共同编著的《丝路闽茶香——东方树叶的世界之旅》，阐述闽茶的世界传播，既具有历史的厚重感，也有中外融合的丰富性与知识性，是不可多得的社科普及读物。此外，《中国铁观音：深度解读传奇茶叶的内外世界》《中国白茶史》被列入 2019 茶媒推荐阅读十大茶书榜单。

（2）涉茶科研情况。

本书对 2018—2019 年度福建省国家级科研相关项目、福建省科技厅相关项目以及福建省社会科学规划项目进行了整理与分析（表 1-18、图 1-12、附录五）。2018—2019 年，福建省国家级涉茶科研项目 4 项，福建省科技厅涉茶科研项目 60 项，福建省社会科学规划涉茶科研项目 11 项。以福建省省级涉茶科研项目为例，2018—2019 年，省级涉茶科技类科研项目由 23 项减至 18 项，省级涉茶社科类项目由 6 项减至 3 项；2018—2019 年福建省科研院所承担科技类科研项目由 19 项增至 21 项，福建省科研院所承担社科类科研项目由 6 项减至 3 项，福建省茶企承担省级科技类科研项目由 5 项增至 11 项，福建省茶企均无承担省级社科类项目。从 2015 年至 2019 年统计数据分析，2015—2019 年福建省省级涉茶科技类科研项目起伏较大，总体上呈增长趋势，福建省省级涉茶社科类科研项目偏少，项目增长缓慢。福建省应全力推进茶企与科研院所的全方位合作，加强双方在成果转化、共建研发中心、人才引进培养、新产品开发等方面开展全面、有效合作，努力提高茶企的技术创新能力和市场竞争力。

表 1-18　福建省省级涉茶科研项目统计

（单位：项）

年份	项目类别		单位类别			
	科技类	社科类	科研院所		企业	
			科技类	社科类	科技类	社科类
2018	26	6	21	6	5	0
2019	33	3	22	3	11	0

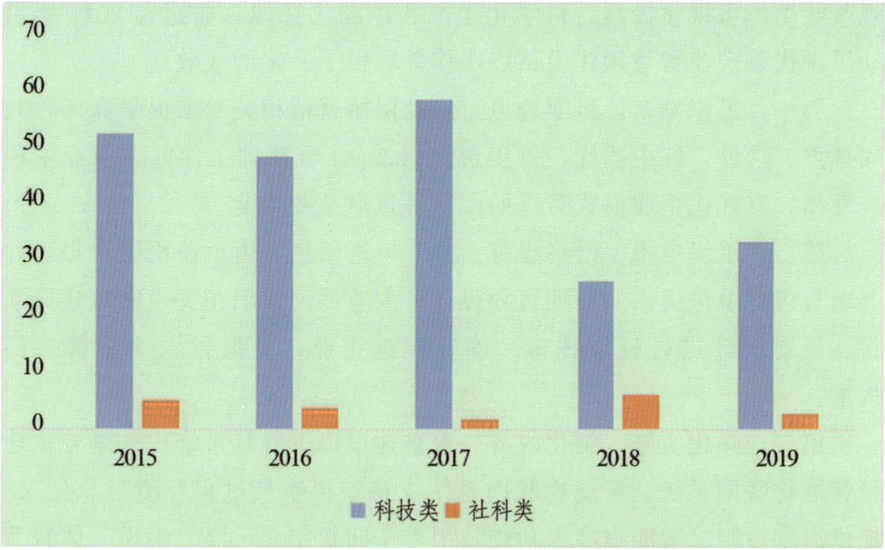

图 1-12　2015—2019 年福建省涉茶科研项目统计

（六）智慧茶业建设

茶产业是福建传统优势产业，也是精准扶贫和脱贫致富的重要产业。随着社会的发展、工业化水平的提升和人口红利的下降，茶产业面临着生产成本提升、劳动力紧张等诸多问题。茶产业发展的根本出路在于机械化、自动化、智能化，因此开展智慧茶业，可以促进产业升级助推乡村振兴。2020 年 11 月 20 日，中国农业科学院茶叶研究所与国家农业信息化工程技术研究中心签订战略合作协议。智慧农业被列入“十四五”国家发展纲要，成为全面推动乡村振兴、提高农业质量效益的重要手段。

1. 智慧茶业建设成效

现代茶产业智慧园依托物联网、云计算及 3S 技术等现代信息技术与茶产业链各个环节（茶叶生产、加工、经营、管理及服务）的有机融合，使生产、加工、管理全面实现生产标准化、自动化和管理智能化，从而提升茶产业链的精准性、高效性、安全性。通过采集茶叶生产环境、生产加工关键参数、质量、销售信息等数据，通过分析、应用，实现茶叶生产可视化诊断、科学化生产和精准化管理。福建省 2017 年启动了现代茶产业智慧园建设试点工作并取得了一定的成效。

第一，组织发动，科学选点。启动伊始就请相关专家提早介入，共同选点、选址，好中选优，每年选择以 2～3 个基础条件好、企业主积极性高、有现代企业模式管理的团队等重点茶叶企业。

第二，组织申报、严格规范。公开申报信息，由企业积极申报，并要求有规划单位提供的前期规划设计。农业部门组织相关专家对建设项目、规划设计进行科学评审，确定预选企业，上报省农业主管部门批准。

第三，强化实施，细化内容。着重建设以下智慧系统：一是着重建设智能物联网系统。智能物联网系统支持茶树生长过程环境信息记录，提供温度控制、智能喷灌等功能。生产车间数字显示屏（触摸一体智慧机）用于展示或者操控生产计划排期、茶树生长环境、预警消息处理等。二是建立视频存储控制系统和数据、图像传输系统。视频存储控制系统包含监控多维主机、视频监控综合管理平台、视频管理平台服务器、网络硬盘录像机等。茶园土壤温湿、气体、重金属含量视频数据传输及数字传输网络（接入交换机、核心交换机、六类线及通信网络等）。三是建立完善的监控系统。实时监控茶园现状、生产车间、厂区情况。四是建立完善农事工效管理系统。农事工效管理基于茶树的生长特性，建立茶树从种植计划、种植管理、生产加工、销售管理、物流管理的全流程系统，包括茶树各生长周期的操作流程，提供农事作业环节、人员、工时等信息化记录、汇总分析等功能。五是开发企业 ERP 系统。企业 ERP 资源管理系统核心模块包含财务系统、物流管理、生产管理等。六是拓展企业电商系统。企业电商系统提供产品线上展示、商品评价，逐步提升现有用户的消费体验，通过引导用户在电商网站的订购，从而规范农场的生产、消费、配送环节，降低生产成本，提高生产及服务效率。打通从田间到餐桌的最后流通环节，通过电商平台的订购与电子商务网站订购相结合的模式，拓展销售渠道，稳定产品价格。七是配合智慧园服务应用平台建设。按照智慧园区资源数据化、可视化、智能化的统一要求，智慧园区内的企业将配合提供相关信息，用于智慧园服务应用平台的开发。相关数据应传输到省级智慧园服务应用平台，通过省指挥调度中心可以实时了解和展示企业各类数据和视频。八是配套系统。建立展示中心和中心显示大屏。对智慧园成果内容展示中心进行装修建设。智慧园成果展示中心建设 4.5 平方米的 LED 显示大屏。利用 VR 技术，实现茶园、厂区等关键区域全景展示。目前，全省茶叶试点企业共 9 家，其中已有 5 家完成建设任务。

2. 智慧茶业建设存在的问题

经过两年多的探索与实践，福建茶产业在智慧园建设中也暴露出许多亟待解决的问题。主要表现为：

第一，企业主对智慧茶业的认识不到位，认为建设一些物联网、一些可视设备就是智慧茶业，或者认为建设物联网的目的就是让广大消费者可以直观了解茶叶生产而促进企业销售。第二，只注重田间生产环节的物联网建设，而对加工关键环节的智能应用缺失。第三，生产一线高素质有文化的新型农民和职业农民匮乏，对智慧茶业的理解应用缺乏。第四，企业大多处于资本积累的初级阶段，不愿投入大量的财力、物力、人力。第五，农业科技推广系统对智慧茶业建设认知还不健全、不全面，缺乏相应的专家队伍。第六，只注重数据收集，却无法进行研究分析与应用，企业缺乏自身的科技队伍，政府相对应的科研体系、专家队伍（库）还未配套建立。第七，茶产业总体基础设施薄弱、机械设备现代化程度不高，有待于提升改进，与智慧园建设相配套。

3. 对策与建议

（1）择优试点先行。选择条件好、积极性高的企业为试点单位，只有良性发展的现代茶叶企业才有条件和能力实施智慧茶业的建设与应用。只有积极性、认知度高的企业主才会全心支持建设和舍得投入。

（2）强化规划，科学实施。智慧茶业在建设过程中应实事求是、因地制宜，要充分根据当地的自然、气候、地理因素和对象作物的生产特点来规划设计，充分考虑生产与加工的各关键点和要素，从而使智慧茶业的建设实用、科学和合理。

（3）广泛开展培训。多层次、全方位开展智慧园理念、建设内容、应用前景等内容的培训，让企业主和生产一线技术人员认识智慧园、掌握智慧园建设和应用能力。同时加强对农业专业技术人员数字农业知识的培训，提高其服务智慧园建设，提升指导智慧园应用的水平。

（4）提升机械自动化水平。智慧茶业基础设施建设，不仅是针对茶园水、肥、气、土、病虫害等要素的采集，分析和应用，而且还要针对茶叶加工关键环节参数的采集分析与应用。智慧茶业建设和各个环节都需要现代化生产机械、加工机械设备相配套，让自动化生产机械进茶园、进工厂。因此，自动化生产机械的提升、普及直接影响到智慧茶业的推广与应用。要加快研发适应福建省茶叶生产、加工机械设备与数据化信息设备相融合的成套设备，才能实现精准化、智能化、科学化远程控制管理茶叶生产。

（5）组建科技专家团队。通过物联网建设，采集相关数据比较容易，如何将数据分析转化为生产服务的过程是智慧核心，必须依靠专家团队。因此，一是要组建茶叶智慧园建设专家团队，从高校、科研、农业技术推广单位中选择熟悉智慧园相关技术的专家组成，主要任务为全省开展智慧园建设提供智力支持。二是要组建茶叶生产、加工各环节的数据分析与诊断专家团队，主要服务于生产、加工过程中企业技术人员无法分析的数据，为全省智慧园数据应用服务。

三、福建省茶产业发展展望

实现“超千亿”后的福建茶产业怎么走好将来的发展之路？这就是继续坚守“绿色发展，质量兴茶”理念，不断提升闽茶在海内外的美誉度，促进农民增收、经济发展，做好“绿色兴茶、科技兴茶、质量兴茶、品牌强茶”。全省农业农村部门立足新职能新形势新任务，按照“一稳定、三提高”的总体要求（到2022年，稳定全省茶叶面积，促进茶叶质量效益、产业竞争力、产业持续发展能力显著提高），以促进茶产业绿色发展、农民持续增收为目标，加快转变茶产业生产方式，积极构建现代茶产业体系，助力乡村产业振兴。

（一）绿色发展，质量兴茶

一是生态保护优先。大力建设生态茶园，综合采取种树、留草、间作、套种、疏水、筑路、培土等措施，保持茶园水土，改善茶园生态，维护生态平衡，保护和增加生物多样性，力争2019年全省生态茶园面积比上年再提高5个百分点。对容易出现水土流失的茶园，引导茶农退茶还林或留茶成林。

二是落地绿色兴茶理念。深入实施化肥减量化行动，大力推进有机肥替代化肥，重点抓好安溪、武夷山、福鼎、蕉城等4个全国茶叶有机肥替代化肥试点县，为全省树立示范样板。深入实施农药减量化行动，在全省建立相对集中连片20公顷以上不用化学农药示范基地500个，推动全省建设不用化学农药绿色示范茶园10万公顷，通过“科技引领，典型示范，综合施策”，积极打造茶产业绿色发展新模式，力争到2022年实现全省茶园不使用化学农药。

图1-13 星村标准化示范茶园（丁李青摄）

三是严守质量安全底线。严格投入品监管，对茶园使用的农药统一准入门槛、统一经营登记，建立和落实购销台账制度和农药定点经营、实名购销制度，严禁在茶叶主产乡镇销售茶树禁限用农药。加强诚信体系建设。进一步落实主体备案制度，对全省茶叶生产企业、农民合作社、家庭农场等进行登记备案、分类造册，实行分级分类管理，提高质量安全监管效能。

（二）打响品牌，扩大影响

一是大力发展品牌农业。继续积极组织茶叶企业参加中国国际茶业博览会（杭州）、海峡两岸茶业博览会等国内重要茶叶展会，加大以“福茶”为主题的茶叶区域公用品牌、企业品牌、产品品牌宣传推介力度，巩固提升安溪铁观音、武夷岩茶、福鼎白茶、正山小种等10个重点区域公用品牌市场占有率，着力培育一批国家级非物质文化遗产茶制作技艺传承人、制茶大师等，提高福建名茶、名品、名师在全国的知名度和影响力。

二是持续开展“闽茶海丝行”活动。继续组织茶叶企业赴“一带一路”沿线国家推介闽茶，参加香港国际茶展等重要国际展会；积极发挥“闽茶文化推广中心”的载体作用，努力借助各地华人华侨及其企业的力量，设立闽茶知名品牌、产品展示窗口，持续开展产品推介和茶文化宣传，不断提高闽茶在当地的影响力。支持重点茶叶龙头企业在境外设立闽茶品牌旗舰店，鼓励茶企抱团走出去，拓展海外市场，参与国际竞争，打造闽茶品牌茶叶出口外销的“桥头堡”。

（三）创新引领，科技支撑

一是注重茶树品种改良，强化茶树种质资源和茶用茉莉花资源的保护与利用，支持建设种质资源保护基地和资源圃。鼓励科研机构和企业开展茶树新品种选育，建立完善保护优先、资源共享、重在利用的茶树品种保护与利用机制。

二是注重茶叶生产技术集成。支持开展茶叶生产基础研究及绿色优质高效栽培、名优茶机械化采摘、茶叶精深加工等技术研发，发挥农业科技创新联盟、现代农业产业技术体系作用，集成推广一批先进适用的新技术。组织开展茶叶初制加工厂升级改造，重点推广电、气等绿色清洁能源，力争到2022年全省茶叶初制加工厂全部完成升级改造。加快物联网、大数据、智能装备等现代信息技术和装备在茶叶生产、加工等环节的应用，建设一批现代农业智慧园、农业物联网应用示范项目，推动现代信息技术与茶产业深度结合。

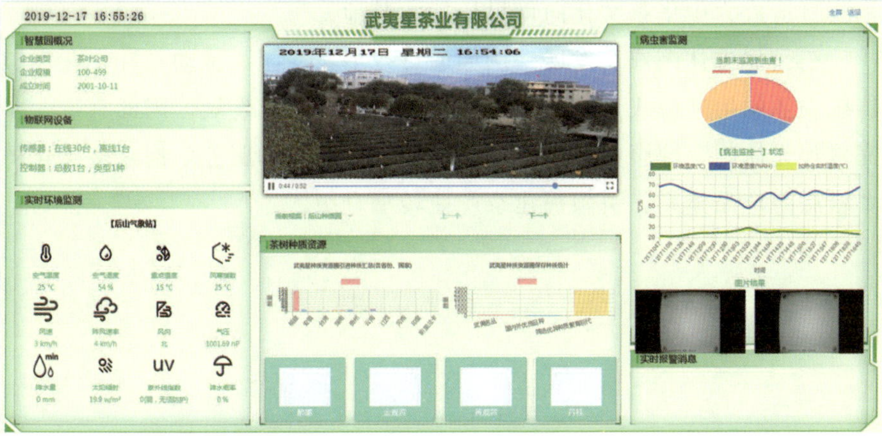

图1-14　智慧农业信息化云平台（武夷星茶业有限公司供图）

三是注重茶产品研发。鼓励品牌茶叶组织开发适应市场需求的新式茶饮料、袋泡茶、富硒茶等茶叶产品和茶器具、茶包装，提升产品档次。扩大茶多酚、茶多糖、茶色素等功能性成分的提取和利用，加大茶保健品、茶食品、茶日化品等创新开发，促进产品结构多元化发展。

（四）三产融合，集聚发展

一是打造现代农业（茶叶）产业园。按照“优化一产、深化二产、强化三产、加强科技支撑、带动农民增收”的指导思想，充分发挥安溪国家级和武夷山、福鼎、大田、漳平、周宁、寿宁省级现代农业（茶叶）产业园的示范引领作用，在全省创建一批茶产业发展集聚度较高、现代技术装备有效集成、三产深度融合发展、绿色发展成效明显的现代农业园区，着力提升福建省现代茶产业发展水平。

二是拓展提升新业态。鼓励发展茶叶电商，加快实体店功能转型，逐步构建线上线下相结合的现代营销体系。鼓励在福州、厦门等主要城市发展茶文化创意产业，通过出版茶文化书籍、拍摄茶文化主题影视与动漫作品等多种形式，加大闽茶文化的宣传力度，以文化为载体进一步培育和拓展市场。加强茶类非物质文化遗产保护，支持茶叶主产区建设茶叶博物馆，收集展示茶史、茶俗、茶品、茶艺、茶人、茶企风貌，将福建打造成为中华茶文化向世界传播的基地。

三是促进休闲农业发展。例如通过发展茶庄园，推动茶叶企业突破传统农业的生产模式，由单一生产功能向综合功能发展。因此宜进一步完善观光休闲、健康养生、生态教育等绿色产品和服务，构建多样化的乡村旅游产品体系，引领福建茶产业转型升级。

第二部分　福建省茶产区发展报告

一、宁德市茶产业发展报告

总结宁德市茶产业在规模、品类结构、绿色理念、品牌效应、市场渠道、发展业态、科技兴茶等领域的发展成效，对宁德市茶产业发展制约因素进行分析，并从夯实产业发展基础、增强产业科技支撑、强化质量安全监管、着力提升茶叶品牌、积极拓展市场空间、培育壮大产业主体、促进三产融合发展等方面提出了推动宁德市茶产业进一步发展的建议，并介绍福鼎市助力“福鼎白茶”品牌成长案例。

优越的自然环境，丰富的山海资源，悠久的产茶历史，深厚的文化底蕴，造就了宁德独特的传统支柱产业——茶业。近年来，宁德茶产业在省委省政府的坚强领导下，坚决贯彻落实党中央、国务院促进产业发展的各项决策部署，上下齐心，走出了一条具有闽东特色的产业发展之路。

（一）宁德市茶产业现状

1. 茶产业现状

（1）产业规模不断壮大。

近年来，宁德市茶叶种植面积、产量、产值等指标均创历史新高，位居全国茶叶主产区前列。2019 年，全市茶园面积 6.20 万公顷，毛茶产量 10.43 万吨，毛茶产值 39.83 亿元，全产业链产值达 161.37 亿元，分别比 2018 年增长 5.11％、4.5％、12.26％和 15.52％。全市 1/3 人口、70％的农户从事茶叶生产及相关产业，茶区农民茶叶收入已占人均可支配收入的30%以上，部分重点茶区甚至超过50%。全市拥有各类茶叶生产经营主体4000多家，市级以上农业产业化龙头企业186家，占全市总量的41.4%；其中第八轮省级农业产业化龙头企业68家，占全市总量的46.9%，国家级龙头企业1家。福安、福鼎、寿宁、周宁、蕉城入选全国重点产茶县，福安、寿宁、福鼎入选全国十大生态产茶县，产业规模和企业实力不断提升。

（2）品类结构日趋合理。

近年来，宁德市各地按照市委市政府提出的“提升绿茶品质，加快发展红茶、白茶、乌龙茶”发展思路，不断加快茶树品种结构调整和茶叶品类结构优化，以“坦洋工夫”为代表的红茶和“福鼎白茶”的比重逐年上升。2019年，全市绿茶、红茶、白茶、乌龙茶之比为49.66∶22.02∶25.61∶2.66，红茶产量分别占全国的7.47%和全省的43.77%，

图2-1 宁德市蕉城区八都平湖茶园（宋经摄）

白茶产量分别占全国的53.75%和全省的83.96%。茶叶精深加工取得较快发展，“仙洋洋”牌茶浓缩液、茶粉等茶叶深加工生产线达产后年可消耗低档原料茶3万多吨；多家茶企先后开发了茶食品、茶饮料、白茶爽、多酚片、茶籽油和金花白茶、美容保健茶、原叶商务茶等高附加值产品，进一步延伸了产业链。

（3）绿色理念深入茶农之心。

宁德市高度重视茶叶质量安全，采取“源头监管、生产监控、市场抽检”等措施，多管齐下，建立起了较为完善的质量安全保障体系，确保茶叶质量总体安全。福安市是“全国绿色食品（茶叶）原料标准化生产示范基地市”，福鼎、蕉城被认定为“全国农产品质量安全县”，国家茶叶标准化技术委员会白茶、红茶和全国电子业务标准化技术委员会茶叶电子商务工作组先后落户宁德市，2015年宁德市获批“国家级出口茶叶质量安全示范区”。全市30家企业通过出口茶叶生产企业备案，茶叶“三品”产地和备案基地监控面积达2.33万公顷；“一品一码”追溯体系建设加快推进，所有工商注册的茶叶市场主体正逐步纳入福建省农产品质量安全追溯监管信息平台管理。

（4）品牌效应逐步彰显。

宁德市高度重视品牌创建工作，提出“以茶类整合打造宁德茶叶公共品牌”的思路，取得明显成效。福安、福鼎、蕉城、寿宁分别获得“中国茶叶之乡”“中国红茶之都”“中国白茶之乡”“中国名茶之乡”“中国茶文化之乡”等称号；“坦洋工夫”“福鼎白茶”“天山绿茶”的“国家原产地产品保护”“国家地理标志证明商标”“中国驰名商标”，以及“周宁高山云雾茶”“寿宁高山茶”“霞浦元宵茶”等国家地理标志证明商标影响力不断提升，三大中国驰名商标茶叶公用品牌连续多年入选中国茶叶区域公用品牌价值排行榜，福鼎白茶文化系统入选中国重要农业文化遗产名录；福鼎白茶、坦洋工夫地理标志产品入选中欧100+100地理标志协定保护名录。全市拥有茶叶类中国驰名商标10件，居全省首位，省著名商标56件，市知名商标95件，地理标志证明商标21件。品牌效应的提升，成为茶农增收、产业增效的重要支撑。

(5) 市场渠道不断拓展。

宁德市福鼎白茶、坦洋工夫和高山茶、茉莉花茶等系列产品在全国茶叶主销区深受欢迎，特别是利用高香型茶树良种创新制作的各类新品，市场竞争优势明显。宁德茶商在全国各地开设茶庄、茶店和茶叶公司达2万多家，在全国重点销区创办了10多家大型茶叶专业市场，“坦洋工夫”“福鼎白茶”“天山绿茶”等公共品牌和知名茶企如御茶园、绿雪芽、品品香、新坦洋等品牌专卖店、加盟店遍布全国，拥有10万多人的营销队伍。辖区内重点产茶县大都建立了茶叶一条街或初级茶叶交易市场，如福安富春茶城、福鼎点头茶花交易市场分别拥有商户500多家，年交易额分别达到17亿元和12亿元。茶叶电子商务发展迅速，大部分茶叶生产经营企业在第三方电子商务平台开设网店。茶叶出口市场不断拓展，2019年宁德市检验检疫出口的茶叶（含茶叶制品）6500多吨，货值2.3亿美元，占全省的44.67%；逐步从间接出口向自营出口转变，出口目的地多达50个国家和地区。

(6) 业态更加丰富。

近年来，宁德市茶产业发展业态发生了深刻变化，不仅茶园生产基地面积不断扩大，加工规模、技艺和设备明显提升，茶叶精深加工取得突破，而且出现了专业合作社、家庭农场、茶叶专业市场等众多新型生产经营主体，“公司＋基地＋农户”“公司＋合作社＋农户”“龙头企业＋贫困村或贫困户”等产业化经营模式不断涌现，茶园定制、互联网＋茶业、茶旅融合、茶金融、白茶仓储、茶文化体验中心等众多新业态不断出现。茶产业和产业主体实力的不断增强，极大地促进了茶文化的深度开发和茶旅的融合发展，目前宁德市连续两届评选的“宁德市十佳茶旅文化观光园”基地16家，4家茶企列为省级现代茶庄园建设试点，福鼎市点头镇列入第二批全国特色小镇，福安市着手坦洋茶谷文旅基地建设，六妙白茶庄园、新坦洋天湖山茶庄园分别荣获农业部“2017年全国休闲农业与乡村旅游示范企业”四星级和五星级称号。这些基地正逐步成为宁德市旅游观光、休闲养生、度假娱乐的重要组成部分。

(7) 科技兴茶成效显著。

近年来，宁德市全市上下高度重视科技兴茶，实施了一批带动性强、影响力大的涉茶技术创新项目，推广了一批茶叶“五新”技术，提高了茶叶生产整体科技水平。据不完全统计，宁德市茶业系统30年来获得宁德市级以上科技成果40多项，茶叶企业自主研发的历史名品或创新产品达数百种之多，取得数百项国家发明专利和适用新型专利。尤其是2008年以来，通过现代茶业县、茶叶产业园等多项国家、省级重大农业项目，建立标准化生态茶园3.53万公顷，完成茶叶初制加工清洁化改造800多家，建成初精制不落地连续化自动化生产线100多条；茶园道路硬化近2000千米；推广绿色防控面积超2.67万公顷，以及一批茶园喷灌工程、病虫害测报点、智慧茶园示范点、有机肥替代化肥试点、机采示范片等，培训了大量茶叶生产技术骨干和职业茶农。

2. 茶产业发展制约因素

(1) 企业主体总体实力偏弱。

目前，宁德市虽然有各类茶叶生产经营主体4000多家，但90%以上的企业属于小微企业，规模小、经济实力弱、生产标准化程度低，缺乏市场竞争力，同现代茶业发展要求相距甚远。龙头企业总体实力不强，辐射带动能力偏弱，企业之间的关联度不够紧密，大都各自为政，同质化严重，产业集群发展水平不高。

(2) 绿色发展面临挑战。

虽然，近年来宁德市在推进农业投入品源头管控、实施茶园基地化管理、推广茶园病虫害统防统治等方面取得可喜进步，但安全隐患依然存在：一是由于大部分茶园分散在千家万户的茶农中，病虫害防治时间及用药无法统一，防治效果大打折扣，加之部分茶农缺乏科学防治病虫害知识，安全意识又比较淡薄，农残源头控制难度较大。二是宁德市茶叶生产经营大部分仍以小作坊为主，相当数量的中低档毛茶加工厂设施、设备简陋，卫生条件有待改善，真正高水准的加工企业不多。三是总体质量安全监管体系还不健全，各级监管部门由于资源有限，监管覆盖不到位，安全隐患依然存在。

(3) 市场竞争日趋激烈。

近年来，全国产茶新区不断涌现，宁德市产品竞争优势不再明显，一是茶树品种结构不尽合理，全市仍有约三分之一茶园是以福云6号为主栽品种的老、旧茶园，导致优质绿色茶叶产品供给不足，竞争力偏弱。二是宁德市传统优势茶类面临的竞争加剧，如由于当前市场看好白茶，全国不少茶区都将白茶作为重点产品开发，许多白茶新产区由于人工成本、加工工艺等因素，价格更具竞争力，给宁德市茶企造成巨大的压力。

(4) 品牌效应依然不足。

虽然近年来“福鼎白茶”品牌效应不断提高，有力地带动了宁德市全市茶产业的平稳发展，但全市茶叶品牌总体知名度不高，一是品牌多，合力不足。全市虽推出几大茶类公用品牌，但整合和使用的企业数量偏少，各县（市、区）各自为政，未能形成合力，品牌效应难以充分发挥。二是宣传推介不足。茶叶公用品牌宣传起步较晚，地方政府经费投入不足，缺乏统筹协调、整体高层次策划和持续强有力宣传推介；辖区内绝大部分企业实力弱、品牌运作能力和经验不足。

(5) 茶园基础设施薄弱。

宁德市茶园大都分布于偏远地区，由于资源条件限制和投入不足，加上生态保护意识不强，原有茶园大都建设标准低、基础设施落后，抵御自然灾害能力较差。虽然近几年经过现代茶业生产发展资金项目资助得到较大改善，但标准化生态茶园面积占比仍然偏低，还留存大量的历史欠账。交通不便，茶园路网、水利设施等不配套，导致茶园生产需要的农业投入品、茶园生产机械难以进基地，所生产的茶青原料不能及时运达加工区，极大地增加了茶叶生产劳动强度和人工成本，制约了茶园适用先进技术设备的推广应用，严重影响了茶产业的提质增效。

(6) 产区市场建设有待提升。

宁德市作为全省乃至全国重要的茶叶主产区，茶叶面广量大，虽然近年在原有茶商自发形成的宁德市茶叶简易批发市场的基础上，各地逐步建成了如福安富春茶城和福鼎点头茶叶交易市场等茶叶初级交易市场，为解决宁德市茶叶销售问题起到促进作用，但现有的市场规模、配套功能、配套设施、配套服务等软硬件条件都与建成全省乃至全国有影响力的茶产业产品交易集散中心的目标相去甚远，严重制约了闽东茶叶销售渠道的拓展以及在全国知名度的提升。

（二）宁德市茶产业发展对策

1. 夯实产业发展基础

一是加快推进茶叶绿色发展。完善茶叶产区的区域性发展规划，合理开发利用资源，注重茶叶生产基地建设与生态环境保护相结合。鼓励企业和茶农按照《福建茶叶绿色发展技术规程》推进现有茶园的高效安全生态建设，集成茶园生态改良、配套水利设施、茶园土壤管理、茶园绿色防控等技术，实现茶园化肥农药减量增效。力争到 2022 年基本实现全市茶园绿色防控全覆盖，生态茶园占茶园面积的 80%以上。二是推进适度规模经营。鼓励专业合作社、家庭农场采用订单生产、股权合作等方式与企业建立紧密的利益联结机制，实现茶叶基地逐步向产业经营主体集中，合力建设标准化生产基地，带动茶农发展茶叶生产。到 2022 年，宁德市茶叶龙头企业实现优质茶青稳定可控的原料基地自给率达 70%以上。三是实施项目带动战略。积极争取和抓好省级以上重大项目在宁德市实施，抓好寿宁县省级现代茶业产业园和福鼎市茶叶有机肥替代化肥试点县的建设，加快推进福安市数字农业试点县、坦洋茶谷文旅基地、茶叶出口示范基地等项目建设；按照《宁德市茶树品种改造和低产低质茶园改造等项目实施方案》要求，扎实开展低产低质茶园改造，增强产业发展后劲。

2. 增强产业科技支撑

一是加强人才队伍建设。大力实施新型职业农民培育工程，加强农村专业人才队伍建设，特别是要扶持培养一批茶叶职业经理人、经纪人、种植能手、制茶能手、文化能人和非遗传承人等；加快培养一批综合素质强的企业家队伍，通过“请进来教、走出去学”等形式，不断提升企业家素质。二是加快科技成果转化。鼓励支持科研院校与茶叶企业合作建立茶叶研究中心、院士工作站、专家工作站，开展茶叶精深加工产品开发、关键工艺技术、基础性研究等重大项目攻关，加快推进科技成果转化。依托科研院校加大高效生态茶园建设、测土配方施肥、绿色防控、茶叶生产加工全程机械化、产品仓储、新产品研发、物联网应用等产业综合配套技术的推广力度。尤其在提高茶园机械化管理和自动化连续化加工方面要加大推动力度，以解决“采茶难”“用工贵”问题，实现节本增效。三是完善科技服务机制。整合教育、科技、农业、企业、社会等资源力量，鼓励人才进企业、科研进企业、文化进校园，建立科研院校和企业人才互补的良好机制。

3. 强化质量安全监管

一是抓实投入品源头管控。从源头上把好茶园投入品准入关，健全完善农资监管平台，推行茶园农资投入品登记备案和实名购买制度，建立可追溯机制，及时向社会公布茶园专用绿色农药产品目录，严禁违禁投入品进入茶区。二是提高标准化生产水平。加强对企业和农民的示范、培训，加大标准宣传和执行落实力度，提高全社会的质量安全意识，推广、普及标准化生产技术，力争到2022年全市茶园按标生产面积达到5万公顷以上。鼓励企业积极申报无公害、绿色食品、有机茶和开展ISO、HACCP等相关质量管理体系认证，增强市场竞争力。三是建立质量可追溯制度。严格落实《福建省食品安全信息追溯管理办法》，加快推进“一品一码”追溯管理工作，尽快将辖区内所有工商注册茶叶生产主体全部纳入监管平台，实现“生产主体一张图、产品流向一条线、产地准出一个码”的要求，逐步推进茶叶个体种植户合格证制度，保障茶叶质量安全。四是加大市场监管力度。建立健全部门联合执法工作机制，强化市场监管横向协作，采取日常监管和专项整治相结合的方式，形成市场管理的强大合力；加大茶叶质量抽查抽检监管力度，及时公布检查结果，从严从重查处违法违规行为，进一步规范茶叶生产经营活动。

4. 着力提升品牌影响力

一是加强品牌原产地保护。加大宁德市茶叶地理标志保护产品相关标准的贯彻执行力度，严格种植、生产、加工和流通环节的管理规范，强化加工工艺标准的实施，加强地理标志产品保护。规范地理标志证明商标的使用和管理，增强原产地保护产品的公信力，引导茶企主动参与公共品牌的培育、建设和维护，抱团做大。二是加大品牌宣传推介。认真研究提升区域公用品牌宣传推广方式，加大公用品牌宣传推介的政府推动力，促进公用品牌提升取得新突破。继续支持区域公用品牌在央视、省级电台、刊物等媒体的宣传打造，以《闽东日报》茶道专版、宁德电视台《茶天下》栏目持续开展宁德茶叶的宣传、推广活动。继续组织开展“喝好茶到闽东”主题推介，以组团集中展示的形式每年组织3～4场多县市参与的闽东茶叶品牌推介活动；各县（市、区）要积极组团参与全国大型展会，以展示区域品牌的良好品质、绿色发展理念和品牌文化传承等，不断扩大品牌影响力。持续举办福鼎白茶开茶节、坦洋工夫斗茶展示会以及各地形式多样的原产地茶事活动，进一步提升区域品牌的知名度和美誉度。三是实施公用品牌与企业品牌共同发展。择优培育有规模、有前景、基础实、效益好的知名企业品牌，扶持发展一批品牌企业，构建“区域公用品牌＋企业品牌”的品牌推广体系，培育具有全国较强影响力的闽东茶叶优势品牌，以品牌带动产业发展。

5. 积极拓展市场空间

一是提升产地市场影响力。提升福安、福鼎茶叶交易中心建设水平，完善各项市场软硬味设施配套，拓展服务功能，定期发布宁德市茶叶产品产销供求信息、价格指数，提升影响力和市场话语权。二是优化全国市场布局。加快宁德市主要区域茶叶品牌和优势企业品牌在全国重点销售区的专卖、加盟连锁销售网点建设；充分发挥闽东10多万在外茶商的优势，利用当前白茶和创新型工夫红茶市场看好的有利时机，引导各地茶叶经销商加入闽东茶叶的营销队伍，支持构建闽东茶叶营销联盟，组织闽东茶商抱团开拓市场。三是线上线下并重。按照“互联网十”的战略部署，加强与第三方电商合作，完善宁德市茶叶展示销售平台，加强线上与实体紧密结合，提升茶叶电子商务水平。四是开拓国际市场。积极参与“闽茶海丝行”和“一带一路”境外大型博览会或食品展参展等茶叶经贸活动，每年组织两三次“一带一路”展览展销活动，提升与“一带一路”沿线国家和地区经贸合作水平。

6. 培育壮大产业主体

一是培育壮大龙头企业。按照“特色化、规模化、产业化”的要求，选择一批现有基础条件好、市场潜力大的龙头企业，以培育茶业集团公司和龙头企业为重点，整合资源集中配置，支持龙头企业采取合资合作、兼并重组、股份制等方式提高产业集中度，延伸产业链，不断做强做大，力争到2022年培育年销售收入超5亿元的茶叶龙头企业3～5家，国家级龙头企业1～2家。二是大力培育新型农业经营主体。大力培育专业合作社、家庭农场等新型农业经营主体，建立起与茶农之间的紧密型合作关系，把服务从生产领域的产前、产中技术指导逐步向加工领域延伸，向销售领域拓展，发挥专业合作社在茶园病虫害统防统治、农业投入品源头控制、茶青收购、茶叶加工、质量安全可追溯制度建设等过程中的服务和监督作用，提高茶叶生产经营的组织化、集约化程度。

（三）福鼎市助力“福鼎白茶”品牌成长案例

总结“福鼎白茶”的发展历程，福鼎市主要做法和经验是：

一是切实加强组织领导。福鼎市各级党委、政府和人大、政协都十分关心支持茶产业发展，将茶业纳入全市经济发展规划，继2008年之后2017年再次出台《关于进一步推动茶产业持续发展的意见》，2019年制定了《推进福鼎白茶产业绿色高质量发展百亿行动计划》，将福鼎白茶产业作为主导产业予以重点扶持。福鼎市高度重视白茶产业发展，专门成立茶产业工作领导小组，十多年来一直由市人大常委会主任主抓茶业工作，保持了工作的延续性，有力地促进了福鼎白茶产业的持续健康发展。市委市政府主要领导连续多年亲自主持召开茶业工作会议，

2017 年以来更是针对福鼎白茶产业发展中出现的新情况、新问题由市委书记、市长牵头召开双月分析会，深入剖析发展瓶颈，探讨解决对策，保证了福鼎白茶产业的平稳健康发展。

二是持续强化安全监管。为保证茶叶质量安全，奠定“福鼎白茶”品牌基础，福鼎市多措并举。比如，强化质量安全属地管理。市委市政府把茶业工作摆在全市经济工作的重要位置，与各乡镇（街道、开发区）签订茶叶质量安全责任状，全面落实各级政府监管责任，强化监督管理，严格考核。再如，强化茶园投入品监管力度，加大对违禁投入品的查处力度，实行茶园农药经销台账制度，严禁高毒、高残留茶园农药进入茶园。

三是着力提升茶叶品质。在基本稳定茶园面积的基础上，采取订单生产、股权合作等方式实现基地逐步向经营主体集中，推进茶叶生产基地化管理；鼓励生产主体按照《福建茶叶绿色发展技术规程》推进茶叶绿色发展。尤其是福鼎市通过资金扶持、保险保障、茶企统一收购、技术服务等措施，确保茶树绿色防控示范推广工作稳步推进，目前已有 20 多家茶企和 20 多个村的茶园整村连片推进茶树病虫害统防统治示范面积 0.53 万公顷以上，带动推广茶树病虫害绿色防控技术 1 万公顷，通过“三品”茶叶认证面积约 0.35 万公顷，从源头保证了茶叶质量总体安全。

四是大力实施品牌战略。为了提升福鼎白茶区域品牌的知名度和美誉度，福鼎市积极、主动、多形式、有特色地做好品牌的宣传推介工作，连续 9 年举办开茶节，并实现央视二套、四套、湖南卫视、福建电视台等多家媒体的现场直播，扩大福鼎白茶的影响力。每年组织茶企参加各类全国性和国际性茶业展会 20 多场次，有效提升了福鼎白茶的知名度和影响力。相继投入宣传资金 1 亿多元，加强与央视、福建新闻广播电台、多家省级电视台、官微、报刊以及各种宣传媒介广告机构的合作，不断强化福鼎白茶品牌推广度，全面塑造福鼎白茶品牌形象。鼓励企业积极拓展国内外市场，福鼎茶商在全国各地创办福鼎白茶营销网点 1 万多个，许多在外乡贤纷纷回乡投资创办茶企，跨界转型投资逐渐增多。福鼎点头镇的茶花交易市场，年交易茶青量达到5万多吨，以白茶为主的干茶交易量达8000多吨，交易额超过12亿元。在此基础上，通过“互联网+”的模式不断加大福鼎白茶的线上推广，全面布局电商平台，部分龙头企业立足国内助推福鼎白茶拓展国际市场，年均出口量在3000吨左右，还先后供货星巴克、可口可乐等国际知名企业。

五是不断规范品牌管理。福鼎市通过成立茶产业发展工作领导小组，不断强化对“福鼎白茶”品牌的规范化运作管理，协调相关部门制定了《“福鼎白茶”地理标志证明商标使用管理规则》《“福鼎白茶”地理标志证明商标使用管理办法》等品牌管理制度，参与制定了国家标准《白茶》、省地方标准《地理标志产品福鼎白茶》、国家标准《紧压白茶》等，严把“福鼎白茶”商标使用准入关。加强品牌授权审查和后续监管，建立茶叶质量安全黑名单制度，以最严厉的措施捍卫福鼎白茶质量安全。坚持以公用品牌支撑企业品牌，以企业品牌开拓市场，采用“福鼎白茶”商标+企业商标即母子商标的形式运作，既维护茶叶公共品牌的发展也促进了企业品牌的发展壮大。

六是加快推进三产融合。福鼎市深入挖掘福鼎白茶文化内涵，不断为福鼎白茶的宣传推广提供新载体、新渠道，目前已编撰相关白茶专业书刊十多种，拍摄完成多部福鼎白茶微电影、动画片等，取得良好的宣传效果。福鼎白茶产业的发展带动了当地茶文化设施的建设与茶旅的兴起，逐步形成了一批个性鲜明、规模较大、品牌影响力较强的优势生态特色产品和茶庄园，福鼎白茶文化系统入选农业部“2017国庆假期休闲农业和乡村旅游精品景点线路”，点头镇以白茶为特色入选“第二批全国特色小镇”。

二、泉州市茶产业发展报告

总结泉州市茶产业生产、品种及分布、“三品”认证及品牌建设、市场销售、现代茶庄园建设等方面的成效，并从加大茶产业一二三产融合发展、扶持监管茶叶安全生产、做好品牌保护工作、扶持龙头企业发展等方面提出了推动泉州市茶产业进一步发展的对策与建议。

泉州市是我国乌龙茶的主产区。泉州产茶历史悠久，安溪县产茶始于唐末，明末清初创建了乌龙茶制作技术，清雍正三年（公元1725年）前后始制铁观音茶。在长期的生产耕作中，茶农不仅培育出大量的优良茶树品种，使泉州市获得“茶树品种宝库”的美誉，而且采制技艺日益精湛，名茶辈出。

（一）泉州市茶产业现状

1. 茶产业现状

（1）生产情况。

泉州市茶叶生产主要集中在内陆山区县，以安溪县、永春县为主，包括南安市、德化县的部分乡镇，沿海县（市、区）只栽培少量茶叶。全市涉茶农户22.8万多户，从业人员94万人，拥有大小茶叶初、精制加工厂4000多家。至2019年，泉州市茶叶栽种面积5.27万公顷，采摘面积5.23万公顷，全年毛茶产量8.71万吨。其中：安溪县栽种面积4.4万公顷，产量7.34万吨；永春县栽种面积5166.67公顷，产量1.04万吨。泉州市乌龙茶产量约占全国乌龙茶产量的26.44%，占全省乌龙茶产量的33.76%。

（2）品种及分布情况。

泉州市茶叶品种资源丰富，据统计，现有茶树品种64个。其中，国家级良种有铁观音、本山、毛蟹、黄金桂、大叶乌龙、梅占等6个，省级良种有佛手、杏仁、凤圆春等3个。经过推广良种种植和低产茶园改造，泉州市茶叶良种覆盖高达95%以上，100%为无性系品种。全市茶树主栽品种面积及分布区域：

铁观音现有面积3.81万公顷，占茶园总面积71.24%，主要分布在安溪县西坪、祥华、感德、长坑、龙涓、剑斗、虎邱等乡镇，永春县一都、横口、坑仔口、玉斗等乡镇，南安市眉山、蓬华、向阳等乡镇及德化县的部分乡镇。

毛蟹现有面积3866.67公顷，占茶园总面积7.23%，以单产高深得茶农喜爱，主要分布在安溪县的大坪、龙门等，永春县、德化县、南安市各产茶乡镇都有栽植。

本山品种现有面积2600公顷，占茶园总面积4.86%，主要分布在安溪县的西坪、虎邱等，永春县、德化县、南安市各产茶乡镇都有栽植。

黄金桂品种现有面积2133.33公顷，占茶园总面积3.98%，是低海拔地区的主栽品种，主要分布在安溪县虎邱、金谷、参内等乡镇。

佛手和闽南水仙为永春县特有品种，现有茶园面积佛手3066.67公顷、水仙800公顷，各占茶园总面积5.73%、1.62%。主要分布在永春县的苏坑、玉斗、锦斗、坑仔口、湖洋、蓬壶等乡镇。

(3)“三品”认证及品牌建设。

至2019年，泉州市通过无公害茶叶产地认证7840公顷，其中永春县经省农业农村厅认证7333.33公顷；通过绿色食品认证企业23家，27个产品，面积3033.20公顷，产量3727吨；通过有机食品认证企业13家，面积4876.19公顷。通过QS认证企业有362家，其中安溪县349家，永春县8家。泉州市有中国驰名商标产品8个，即“安溪铁观音”证明商标、“凤山”“八马”“三和”“日春”“泉岩”“裕园”“富源”等品牌；中国名牌农产品称号1个，为“八马”品牌；省级名牌产品7个，即“凤山”牌铁观音、乌龙茶，“八马”牌乌龙茶，“泉岩”牌系列安溪铁观音，“安溪铁观音”茶叶，“三竹”牌有机乌龙茶，“日泰”牌乌龙茶，“理想”牌铁观音。有3个地理标志产品保护标志：安溪铁观音、永春佛手及南安石亭绿茶。

(4)市场销售情况。

泉州市从事茶叶销售人员10万多人，全国各大中城市都有开设“安溪铁观音”乌龙茶专卖店。泉州市乌龙茶80%以上在国内销售，龙头企业以品牌作为质量保证，通过开设专卖店或发展加盟商，迅速占领国内各大中城市高中档茶叶市场，有的茶企、茶商还开设茶叶网站，进行网上交易，多渠道开拓茶叶销售市场。泉州市出口茶叶以色种茶为主，主要经泉州、厦门、福州等口岸出口，出口量在1.2万吨左右，主要销往日本、东南亚、欧洲等 40 多个国家与地区，创外汇 1.92 亿美元。主要出口企业有八马茶业股份有限公司、安溪铁观音集团、永春魁斗莉芳茶厂、泉州市日泰茶业有限公司、泉州津香源茶叶有限公司等企业。

（5）建设现代茶庄园。

为延伸茶产业链，促进茶业多元化发展，自 2010 年泉州市开展现代茶庄园试点建设工作起，安溪县便率先在龙头企业、茶叶专业合作社等引入法国葡萄酒庄园经营模式，围绕基地建设、美丽庄园、清洁生产、质量管理、流通管制、品牌建设与保护、文化弘扬等方面内容，建设集生产、加工、营销、品牌、文化、休闲、旅游为一体，具有文化底蕴和丰富内涵的现代茶庄园。至 2019 年，泉州市较成规模的茶庄园有 31 家，其中安溪 22 家，永春 3 家，德化 2 家，丰泽 2 家，南安 1 家，鲤城 1 家。茶庄园建成后形成由传统茶业的单一生产功能向综合功能发展的态势，突破传统农业的生产模式，展示生态、休闲、旅游茶业之路。

2. 泉州市茶产业发展举措

（1）开展标准化生态茶园建设。

为贯彻落实《福建省人民政府关于提升现代茶产业发展水平六条措施的通知》（闽政〔2014〕45 号）文件精神，2015 年 2 月，泉州市政府下发《关于提升现代茶产业发展水平若干措施的通知》（泉政文〔2015〕14 号），2015 至 2018 年市级财政安排 2000 万元专项资金扶持茶产业发展，至 2018 年全市建设完成 3333.33 公顷标准化生态茶园，辐射带动 1.33 万公顷生态茶园建设。4 年来，泉州市共下达补助资金 2000 万元，补助 120 多家单位，建设标准化生态茶园 3920.67 公顷，带动 3.29 万公顷的生态茶园建设。

（2）开展茶叶绿色发展工作。

根据《福建省农业农村厅办公室关于抓好当前茶叶生产有关工作的通知》（闽农发明电〔2020〕41 号）及《福建省农业农村厅关于进一步推进茶产业绿色发展的通知》（闽农综〔2019〕57 号）文件要求，围绕实施乡村振兴战略，牢固树立“生态优先，绿色发展”理念，通过“科技引领，典型示范，综合施策”，积极打造茶产业绿色发展新模式，打响泉州茶叶品牌。2020年，泉州市下达建设不用化学农药茶叶绿色生产示范基地64个，示范推广不用化学农药绿色示范茶园8573.33公顷。

（3）抓好茶叶卫生质量安全。

在生态茶园建设的基础上，泉州市组织茶农培训参观学习，利用电视、广播、报刊、科技下乡等宣传科学的病虫害防治，宣传茶叶用药安全，加大农业执法力度，严厉查处在产茶区销售和使用国家规定在茶园中禁用的农药，加强农药残留控制。协助企业建立茶园基地备案制、农药配送制和质量溯源制，鼓励茶企进行无公害食品、绿色食品、有机食品认证，对通过认证的企业分别奖励1～2万元、2万元、2.5万元。

（4）加强茶产业人才队伍建设，提高茶业从业人员素质。

泉州市农业部门结合继续教育和科技下乡加强对农业技术干部培训，提高农业技术干部业务水平，建设高水平的农技推广队伍。2018年，开展新型职业农民省级示范培育培训班，培训内容为茶园标准化建园技术、土水肥高效利用技术、绿色防控技术、采后技术处理、基地管理技术、产品销售等，泉州市共有34个茶叶大户参加培训；安溪县开展2018年新型职业农民培训，共完成培训新型职业农民8期540人，其中生产经营型职业农民240人，专业技能型职业农民50人，专业服务型职业农民250人。2019年，参加新型职业农民省级示范培育培训，泉州市共23人参加现代创业创新青年培育班，主要培训内容为茶树栽培、茶叶初加工、茶叶精加工、茶叶营销、茶叶宣传等。

（5）做好茶叶新技术、新机械推广应用工作。

泉州市茶业发展主要得益于初加工工艺和茶叶加工机械的改进。为适应消费者对茶叶不同口味的要求，泉州市在传统制茶技术的基础上，加大技术创新，在茶区积极推广应用采茶机、茶叶初精制加工机械、自动化高效化清洁化茶叶生产线、茶叶包装机械等，通过省级茶叶加工机械设备升级改造项目，提升初制、精制及加工机械改进创新，大大降低了人工成本和劳动强度。

(6) 开拓茶叶市场，弘扬茶文化。

推广宣传历来是泉州市茶业工作重点，泉州市通过举办及参加各种展会、博览会，泉州市大力宣传以安溪铁观音为主的茶叶，培育新的消费群体，不断开拓消费市场。主要组织泉州市茶企业及台资企业参加历届海峡两岸茶业博览会，指导企业布展，设立泉州茶叶综合馆，加大对泉州市茶产业的宣传。通过宣传比较，茶农和消费者对传统做法茶叶有了新的认识，茶农纷纷争做传统型茶叶，传统型茶叶也受到广大消费者的喜爱。

(7) 开展泉台茶叶合作交流活动。

近几年来，泉州市通过泉台农业交流合作，从台湾引进金萱、翠玉等新品种、加工工艺、机械等；在引进台湾珠茶加工工艺过程中，同时也引进了一批制茶机械，如滚筒杀青机、打包机、包揉机、烘干机等，提高了茶叶的外形美观度。目前，有 30 多家台资茶叶加工企业在泉州市落户，生产的蒸青绿茶、台式乌龙茶等产品大都销往日本，也有部分产品返销台湾。

（二）泉州市茶产业发展对策

(1) 加大茶产业一二三产融合发展。

泉州市通过建设茶叶庄园，加大生态茶园建设力度，保护生态环境，建立具有各自特色的庄园。依托茶园自然风光、茶叶加工作坊、茶文化特色，突出生态旅游、茶事体验、休闲观光，建设一批集基地生产、集中加工、文化传播、旅游观光、品牌营销、形象展示为一体，个性特征鲜明的茶叶庄园，推动茶业向二、三产业延伸拓展，增加茶叶附加值。

(2) 加大扶持监管茶叶安全生产。

泉州市扶持无公害、绿色食品、有机食品茶叶基地建设，扶持茶叶质量安全可追溯体系建设，抓好认证企业的产地环境、生产过程、市场准入等环节的监控，在全省范围内定期抽检茶叶的农药残留、重金属含量等，并加大生物防治、物理防治等绿色防控技术推广力度，把好茶叶质量卫生安全关。

(3) 做好品牌保护工作。

“安溪铁观音”早已驰名中外，也获得原产地保护证明商标，但只靠安溪县自身保护力度远远不够，实际保护存在一定困难。建议省政府出台相关规定加强品牌保护，从全省范围内统一规范保护措施。只有“安溪铁观音”得到有效的保护及传承，其他地区生产的“铁观音”品牌才有发展空间，真正做到共同和谐发展。

(4) 扶持龙头企业发展。

泉州市采取优惠税收、科技扶持等措施，发展茶叶龙头企业。通过龙头企业示范带动，建立利益共同体，推进生态茶园建设、标准化生产、技术规范化、农业“三品”认证等工作，促进企业做大做强。

三、南平市茶产业发展报告

总结南平市茶产业在构建管理体系、制定发展规划、建设生态茶园、坚持绿色发展、促进产业升级、加强品牌建设、加强茶文化遗产保护等领域的成效，并从加大加强基地建设管理、推进标准化生产加工、扶持龙头企业发展、加强品牌建设管理、拓展内外市场营销等方面提出了推动南平市茶产业进一步发展的对策与建议。

南平市的地理气候条件，极适宜茶叶生产，自古以来就是著名茶区和茶树品种、制茶技艺、茶文化的重要传播中心。南平茶业在中国乃至世界茶叶发展史上占据着重要地位，中国六大茶类中，有红茶、乌龙茶、白茶三大茶类创制于南平境内，从宋至清，先后在建瓯北苑、武夷山御茶园等地设立了极具影响的贡茶中心，被誉为“红茶鼻祖”“乌龙茶故乡”。南平市主要茶类有红茶、绿茶、乌龙茶和白茶，也有花茶、紧压茶等再加工茶，是茶类最为齐全的茶产区之一。主要分为以武夷山、建瓯、建阳为主的乌龙茶产区，以武夷山、政和、光泽为主的红茶产区，以松溪、政和、邵武为主的绿茶产区，以政和、建阳、松溪为主的白茶产区等四大茶产区。南平市拥有一大批具有较大影响力和竞争力的传统或现代名茶，如武夷山大红袍、正山小种、金峻眉，建瓯北苑贡茶、矮脚乌龙、建瓯水仙，政和白茶、政和工夫，松溪绿茶，邵武碎铜茶，光泽干坑红茶等。

图 2-2 松溪茶洲湿地保护区（朱建斌摄）

全市约 80%的乡镇、50%的行政村、45%的农户近 35 万人从事茶叶生产经营活动，茶产区茶农的年收入约占农民人均纯收入的 1/3。2019 年全市茶园面积 3.98 万公顷，毛茶总产 7.55 万吨，毛茶产值 40.66 亿元，茶叶税收 7699 万元。

（一）南平市茶产业发展现状

近年来，南平市大力践行“绿水青山就是金山银山”发展理念，围绕创建全国绿色发展示范区、国家农业可持续发展试验示范区及农业绿色发展先行区目标，扎实推进茶产业生态化种植、标准化生产和品牌化营销，努力构建茶业现代产业体系、生产体系、经营体系。

1. 强化组织领导，构建管理体系

（1）完善组织体系。

南平市及各茶叶主产县都成立茶产业发展领导小组，市委市政府每年都听取全市茶产业发展有关情况汇报，研究解决茶产业发展中的重大问题；每年市委农村工作会议都对茶产业发展作出安排和部署，市政府定期召开全市茶产业发展专题会，研究茶产业发展相关问题。

（2）建立茶叶管理机构。

南平市现有武夷山市茶业局、松溪县茶叶管理总站、政和县茶叶管理中心3个正科级茶叶管理部门，其余县（市、区）均在农业局内设茶叶站或经作站负责茶产业管理。

2. 制定发展规划，强化政策激励

2016年，南平市制定了《南平市现代农业发展“十三五”规划》，确定茶产业的发展方向和布局重点。2020年，南平市出台《南平市支持茶产业绿色健康可持续发展的十条措施》。南平市本级财政每年设立茶博会专项资金300万元，并统筹安排农业产业化、品牌创建奖励、电子商务发展等资金500多万元，扶持茶产业发展。邵武、武夷山、建瓯、建阳、松溪、政和等地也出台了扶持茶产业发展的相关政策，设立茶产业发展专项资金，用于支持品牌创建、品牌推广、市场营销和企业技改等。如，武夷山市出台《关于进一步加快茶产业转型升级的实施意见》，设立茶产业专项资金500万元；松溪县出台《促进茶产业发展实施意见》，设立专项资金1000万元。

3. 加强茶山管理，建设生态茶园

（1）严格控制茶山面积。

南平市出台《关于加强全市生态茶园建设与管理意见》《关于保护生态环境科学营造生态茶园的通知》等文件，全面禁止在坡度25度以上的陡坡地以及水土流失严重、生态脆弱的地区新开垦茶园，严格控制茶山开垦。

（2）严厉打击违规开垦茶山行为。

在武夷山等重点生态区位，从2008年起持续开展茶山综合整治。特别是2018年以来，在南平市和武夷山市共同努力下，共拔除整治违法违规开垦的茶山2000余公顷，其中已实现造林复绿约占87%。目前，武夷山主景区周边、九曲溪上游违规开垦茶山现象已基本得到遏止，茶园“严控增量、削减存量”目标基本实现。

(3) 加快茶园改造。

南平市按照“头戴帽、腰束带、脚穿鞋”的要求，加强生态茶园建设。利用现代茶业项目县、现代茶叶产业园、茶叶绿色高质高效示范县、绿色循环高效特色农业（茶叶）等项目，全市已建设生态茶园2万公顷以上，建立全国茶叶标准园示范基地11个，面积666.67公顷以上。

图2-3 武夷山生态茶园（张栋华摄）

4. 坚持绿色发展，确保质量安全

(1) 打造绿色无药无化肥基地。

围绕南平市国家农业可持续发展试验示范区示范项目建设，累计投入资金1000万元，推广建成无药无化肥示范片1000公顷。强化专业化统防统治，推进绿色防控，目前，全市茶叶专业化统防统治面积约20万亩。武夷山市、建阳区获有机肥替代化肥示范项目县，武夷山、松溪获绿色食品（茶叶）原料基地示范县；全市无公害、绿色、有机食品“三品一标”认证产品117个，认证基地面积5384.07万公顷、产量6335吨。

（2）健全茶叶质量可追溯体系。

南平市围绕“源头赋码，一品一码”，督促茶叶生产企业从原料供应、生产过程控制、出产检验和销售管理四个环节建立记录台账，建立从茶叶种植到生产流通的全程追溯体系。目前，全市1660家茶企（合作社）纳入省农业农村厅、省市场监督管理局可追溯平台监管，基本实现规模以上茶企和省级示范社全覆盖。

（3）完善茶叶质量检测检验体系。

南平市加快各茶叶主产县（市、区）质量检测检验机构建设，并鼓励企业建立自检机构；市、县农产品检测检验中心均已投入使用。目前，南平市正全力推动武夷山市将现有省级茶叶产品监督检验中心打造成国家级茶叶检验中心。

5. 培育经营主体，促进产业升级

（1）做大做强龙头企业。

南平市实施用地、用电、税收优惠的龙头企业扶持政策，对重点茶企开展“一对一帮扶”，争取政策扶持，解决资金、融资等困难。全市现有工商注册茶叶企业5600余家，其中规模以上茶企77家，规模以上茶企加工产值115.5亿元。市级以上龙头企业50家，其中国家级产业化重点龙头企业2家、省级20家、市级28家。在“新三板”上市茶文化企业1家。

（2）培育发展新型经营主体。

南平市鼓励支持合作社、家庭农场采用订单生产、股权合作等方式与茶企建立紧密的利益联结机制，实现小农户和现代农业发展有机衔接。目前，全市发展茶叶类专业合作社781家、家庭农场55个，每年利用新型职业农民培训平台培育新型茶农约500名。

（3）加快产业升级改造。

南平市通过三轮（2008—2016年）现代茶业项目县建设，全市完成茶叶初制厂清洁化改造534家，加工提升改造87家；获得“SC”认证茶企1097家，通过ISO9000、HACCP认证企业15家，建立了以武夷星、永生、香江、正山、龙兴等企业为代表的清洁化、智能化的现代茶叶加工体系。全市充分利用物联网、大数据等现代信息技术，推进数字茶叶发展，已建成两家智慧农业园。

（4）大力推进产业融合。

通过深入挖掘茶道、茶艺、茶事、茶俗等茶文化，强力推动茶产业与旅游、健康养生、文化创意等产业融合发展。打造出“印象大红袍”等精品茶文化项目；推出“中华茶博园”“大红袍文化数字博物馆”“香江茗苑”“中华茗苑”“茶言精舍”“福莲茶庄”“白圳小镇”“龙源茶庄园”等观茶景、赏茶礼、品茶味、游茶园的茶旅项目。目前，南平市正全力推动集茶市场、茶检测、茶旅居、茶会展为一体的“武夷山中国茶旅文化小镇”“香江茶人小镇”和政和县“中国白茶城”等茶旅综合体项目建设。

图2-4 香江名苑（香江茶业有限公司供图）

6. 加强品牌建设，强化市场监管

（1）实施品牌发展战略。

南平市鼓励重点县（市、区）开发茶叶公共品牌；鼓励企业开展驰名商标、地理标志保护产品等品牌认证。武夷山市获“中国茶文化艺术之乡”、政和县获“中国白茶之乡”、松溪县获“中国绿茶之乡”“中国九龙大白茶之乡”、建阳区漳墩镇获“中国小白茶之乡”称号。“武夷山大红袍传统制作技艺”被列入首批国家非物质文化遗产名录。“武夷岩茶”品牌连续位列中国品牌价值评价全国茶类第二，品牌价值 697.53 亿元。全市茶叶拥有中国驰名商标 7 个、地理标志类保护产品 25 个。推动品牌宣传向国内外主流高端媒体拓展，2018 年，邀请美国的 Actionfliks 传媒公司，以全球视角制作了《武夷茶文化国际宣传纪录片（武夷茶之心）》；“政和白茶”“松溪绿茶”争取到了 CCTV“国家品牌计划—广告精准扶贫”推介。

（2）大力发展会展产业。

南平市成功举办了 11 届海峡两岸茶业博览会，展会国际化、专业化、市场化水平不断提升。成功举办了无我茶会、国际禅茶节、三教泰斗武夷山论茶等活动。成功举办第四届、第十四届中国茶业经济年会，2018 年第十四届茶业经济年会约 1500 名全国各地茶界精英云集武夷山，盛况空前。成功举办了第三届“万里茶道”与城市发展中蒙俄市长高峰会，来自中蒙俄沿线城市的官员、学者及业界人士，共同推动“万里茶道”融入“一带一路”倡议。鼓励茶企向外开拓市场，组织企业到各大中城市参加展览展销活动，先后有 12 家次的品牌茶企参加了省农业农村厅组织的“闽茶海丝行”活动。

（3）强化茶业市场监管。

南平市坚持以质定价，大力推广中端优质茶，规范打造高端精品茶，带动发展民生平价茶；大力开展市场整治行动，遏制“天价茶”现象。2018 年 7 月以来，南平市专门成立茶叶市场专项治理行动领导小组，以武夷山度假区为重点，持续开展茶叶市场专项整治行动，重点打击假冒伪劣、商标侵权、标识不清、过度炒作、偷税漏税等行为，有效遏制茶叶市场乱象。

7. 加强茶文化遗产保护

南平市茶文化有关非遗项目 37 个，其中武夷岩茶（大红袍）制作技艺于 2006 年被列入国家级非物质文化遗产代表性项目名录。与饮茶习俗紧密相关的建窑建盏烧制技艺于 2011 年被列入国家级非物质文化遗产代表性项目名录，并有福建乌龙茶制作技艺（北苑茶）、茶百戏、正山小种红茶制作技艺、白茶制作技艺（政和）、工夫茶制作技艺（政和）、丹桂茶制作技艺、武夷山遇林亭黑釉茶盏烧制技艺、等 9 个省级非遗代表性项目，漳墩贡眉白茶制作技艺、畲家青草茶（顺昌）、碎铜茶制作技艺（邵武）、茶灯戏等 5 个市级非遗项目，以及 21 个县级非遗项目。茶文化有关国家级传承人 3 人，省级 16 人，市级 31 人，县级 18 人。茶文化有关非遗项目已形成国家、省、市、县四级保护、传承体系。

武夷岩茶的代表“武夷山大红袍”，于 2002 年成为国家地理标志保护产品，2010 年被认定为中国驰名商标。武夷岩茶于 2012 年经国家质检总局批准，成为福建省第一个地理标志保护茶品，2017 年 6 月通过中欧地理标志合作与保护协定谈判，被欧盟列入地理标志产品互认互保产品。“东峰矮脚乌龙”也获国家工商总局地理标志证明商标称号，“北苑贡茶”通过国家农业部农产品地理标志认证。

为确保茶制作技艺的有序传承，武夷山市制定了《武夷岩茶（大红袍）制作技艺代表性传承人认定与管理办法》，成立茶业公会，加强对传承人申报认定和管理，引导从业人员自律管理。

近年来，南平市加大茶产业传统工艺与现代技术结合发展。主要体现在：

一是发挥企业主动性传承传统工艺。积极鼓励和支持重点茶企建立传统工艺制作坊，并配备相应的设施和器具，不定期开展茶制作技艺交流与宣传推广。在武夷山叶启桐武夷岩茶（大红袍）传统技艺制作研究中心设立国家级非遗生产性保护示范基地。政和白茶传承人杨丰创办了集技艺传承、教学实践、观光体验于一体的综合性机构隆合茶书院。建瓯北苑御茶制作技艺传承人刘成龙修建场馆展示北苑茶传统制作流程，并为传习者提供研习实践场所。

二是鼓励研发新工艺。武夷岩茶在坚持传统制作技艺的同时，研究开发出众多工艺品种，呈现“岩岩有茶”的特性。品种的完善和增加，提高了对品质和技艺的要求，同时也促进了传统技艺的提高。

（二）南平市茶产业发展对策

按照“稳定面积、提升质量、做强龙头、拓展市场、产业融合”的产业转型升级思路，坚持以生态为依托、转型为核心、增效为目标，进一步优化产品结构，加快培育茶业龙头企业，实施品牌带动战略，完善茶叶生产、加工、管理、研发和市场营销体系建设，推进茶叶种植基地生态化、生产制作标准化、加工企业现代化和市场营销品牌化，促进南平市茶产业提质增效绿色发展。

1. 加强基地建设管理

坚持保护优先，按照《南平市人民政府办公室关于保护生态环境科学营造生态茶园的通知》等文件要求，全面禁止在坡度25度以上的陡坡地以及水土流失严重、生态脆弱的地区新开垦茶园，严格执行茶园开垦审批制度，严格控制茶山开垦，其中建阳、武夷山、建瓯、政和茶叶种植面积要严控总量、禁止增量，力争把全市茶叶种植面积基本稳定在现有规模。在武夷山等重点生态区位，按照“严禁增量、削减存量”的要求，开展大规模“退茶还林”“生态修复”专项行动，构建“严防控、重查处、强保障”的长效管控格局，持续开展茶山综合整治。

根据《生态茶园建设和管理技术规范》，加大生态茶园建设力度，推广茶园植树、梯壁种草、套种绿肥、病虫害绿色防控等技术，形成生物多样、水土保持良好、茶树生长健壮的生态茶园模式。力求到2022年，生态茶园占全市茶园面积85%以上。整合有机肥替代化肥示范县、农业可持续发展、绿色高质高效示范县等项目资金，综合采取生态调控、物理防治、生物防治等技术措施，大力实施“无药无肥”茶园示范工程，推进农药、化肥减量化使用。2020—2022年，全市茶园农药、化肥使用量，按2%、1%、1%目标逐年递减。

2. 推进标准化生产加工

以武夷山大红袍、武夷岩茶、正山小种、建阳水仙、建瓯北苑贡茶、建瓯矮脚乌龙、松溪绿茶、政和工夫、政和白茶等产品为重点，对接国际、国家、地方和行业标准，以质量标准为核心导向，科学设定产品质量等级，开展标准制（修）订，建立茶叶种植、加工、包装、标志、贮运、检测等从茶园到茶杯的标准体系。鼓励有条件的社会团体制定茶叶团体标准，鼓励行业领军企业制定严于现有标准的企业标准。尤其对小品种茶，引导行业协会和企业制定团体标准和企业标准，让所有茶叶生产经营均有标可依。

鼓励茶企开展ISO、HACCP等质量管理体系认证，鼓励企业争创省市政府质量奖。加大标准贯彻力度，加强标准培训，切实提高茶企茶农标准化意识。引导和监督茶企发扬工匠精神，严格按照工艺流程对标生产。对有标不依的企业，通过严格的市场准入措施，让其无生存之地。利用大数据、移动互联网、物联网等现代信息技术，推进数字茶叶、智慧茶园发展，提升茶产业数字化水平。围绕“源头赋码，贴码销售”，推进“一品一码”工作，建立健全质量追溯体系。

3. 扶持龙头企业发展

落实扶持企业上市政策，引导支持有条件、有意愿的企业实行股份制改造，建立现代企业制度，到“主板”“创业板”或“新三板”上市融资，发展壮大。鼓励茶叶加工龙头企业向前端延伸带动农户建设优质原料基地，向后端延伸建设物流营销和服务网络，创新“龙头企业+合作社+基地+农户”模式，打造产业化联合体。实施用地、用电、税收优惠的龙头企业扶持政策，对重点茶企开展“一对一帮扶”。培育发展专业合作社、家庭农场、职业农民等新型经营主体，支持符合条件的合作社、家庭农场申报省级示范社、家庭农场，鼓励支持合作社、家庭农场采用订单生产、股权合作等方式与茶企建立紧密利益联结机制，促进小农户和现代农业发展有机衔接。

鼓励企业加工、提取、利用茶多酚、茶多糖、茶色素等功能性成分，开发茶饮料、茶日用品和茶保健品等深加工产品，发展茶叶深加工，提高茶叶综合利用水平和附加值。支持茶叶包装、制茶机械装备制造等上下游配套产业发展。鼓励茶企加大技术创新投入，加强企业技术中心建设，提高自主创新能力。鼓励支持建立规范化的茶叶加工园区，设立的茶叶加工园区优先向茶叶深加工企业供地。

4. 加强品牌建设与管理

确立并打响“武夷山大红袍”等主导品牌，深入开展地理标志证明商标和保护产品“两标合一”管理，采取“茶青卡”+“商品标”模式，强化武夷茶原产地保护，并全力开展“认标购茶”宣传推广，防止外地茶对武夷茶的冲击，保护武夷茶消费者权益。

健全和完善地理标志保护产品和证明商标等茶叶区域公用品牌的使用管理办法，建立严格的标志使用准入和退出机制，对符合条件的企业或组织，发放标贴并授牌。加强对标志使用企业的跟踪监管，对不规范使用标志的企业，整改不到位的收回标志使用权。对质量监督抽查中发现质量不合格的，注销其地理标志产品专用标志使用注册登记。

在武夷山、松溪绿色食品原料（茶叶）示范县的基础上，鼓励创建驰名商标、名牌农产品和“三品一标”认证。推动品牌宣传向国内外主流高端媒体拓展，积极争取茶叶品牌加入CCTV“国家品牌计划—广告精准扶贫”推介，加强与国内国际主流传媒机构合作，精心制作宣传片，全面展示南平优势独特的茶文化。

四、三明市茶产业发展报告

总结三明市茶叶生产、加工、销售情况，对三明市茶产业发展成效、发展制约因素进行分析，并从强化品牌支撑、突出品牌营销、建立推进机制等方面提出推动三明市茶产业进一步发展的对策与建议。

茶产业是三明市特色农业产业，所有县（市、区）皆产茶，主产绿茶、乌龙茶、红茶三大茶类。尤溪绿茶、大田高山茶、沙县红边茶、宁化孔坑茶、尤溪红等先后被授予地理标志集体商标、农业产业地理标志或地理标志产品证明商标。

2019年，三明市茶园面积2.11万公顷，产量4.55万吨，茶叶产值29.9亿元，年带动茶农增收3.29亿元。

2019年，三明市省级重点龙头茶企共有8家，省级优质农产品标准化示范基地共9家。现有茶叶加工企业3126家，其中福建省农业产业化龙头企业10家，市农业产业化龙头企业29家；茶产业品牌建设取得成效。全市共有16个省著名商标，10个省名牌产品，21个三明市知名商标。“尤溪绿茶”被授予国家级地理标志集体商标，大田、尤溪、沙县、永安、明溪、宁化、清流等7县（市）被纳入福建乌龙茶地理标志产品保护范围；尤溪、大田县被授予“全国十大生态产茶县”；大田县被列为全国茶叶优势百强县、中国高山乌龙茶之乡；尤溪县被列为全国第二批无公害茶叶生产示范县。

（一）三明市茶产业现状。

1. 茶叶生产情况

三明市辖12个县（市、区）均有产茶。截至2019年末，茶园投产面积19453公顷，幼龄茶园1626.67公顷。已建成标准化生态茶园6666.67公顷，其中1000公顷茶园通过了绿色及有机茶认证。新建茶园成本为6万～7.05万元/公顷，改造老茶园成本为5.25万～5.7万元/公顷。三明市种植的国家级、省级良种有50个左右，良种覆盖率达99%，种植茶树良种面积千亩以上的有18个。主要种植品种有铁观音、福云六号及系列良种、梅占、水仙、本山、金观音、金牡丹、福鼎大白、黄旦、毛蟹等。三明市现有茶叶种植主体1.15万个（户），年吸纳劳动力达15.82万人，其中常年用工4.96万人，季节性用工10.86万人。名优红绿茶、闽南乌龙茶、美人茶采用人工采摘方式，闽北乌龙茶及普通红绿茶等多为机械采摘。

2. 茶叶加工

一是加工企业。三明市现有茶叶加工企业3000余家，年加工毛茶

3.77 万吨，总销售收入为 27.75 亿元，其中名优茶产量为 9800 吨。有注册商标的茶企 192 家、年加工毛茶 1.25 万吨。二是产品品质。三明市现有列入茶叶质量安全可追溯体系的茶叶企业（合作社）166 家。三是加工机械。三明市现有茶叶加工机械超过 2 万台，可以满足茶叶产品加工需求。四是技术人员。三明市现有熟练制茶技工 343 人，加工茶企吸纳劳动力 10.72 万人。

3. 茶叶销售

截至 2019 年末，三明市内销售干毛茶 4900 吨，销售额为 5.48 亿元；市外销售干毛茶 3.05 万吨，销售额为 20.99 亿元。三明市茶叶产品通过线上、线下销售，但主要以线下销售为主，占总销售量的 93%。线下销售主要是以生产企业销售给茶叶批发商和零售商为主，连锁加盟店渠道为辅。三明市茶叶销往省内的其他 8 个设区市，省外销往广东、山东、安徽、北京、浙江、陕西、河南、北京、上海、辽宁、重庆等 11 个省（市）及台湾、香港地区。2019 年，三明市出口茶类有大宗炒青绿茶、大宗红茶、低档乌龙茶和美人茶等，合计出口 2605 吨，主要出口欧盟、东南亚、非洲等地区及日本、俄罗斯、美国等国家。直接出口茶企业少，出口渠道多为挂靠出口，供给出口公司或企业代理出口。

（二）三明市茶产业发展制约因素

（1）龙头企业少。三明市缺少农业产业化国家重点龙头企业，只有 10 家农业产业化省级重点龙头企业，仅占福建省农业产业化省级重点龙头企业的 7.35%，与三明市茶叶面积和产量不相称。三明市大部分茶企仍以销售毛茶、普通茶为主，大部分毛茶作为外地知名品牌的原料，自主品牌没有完整的市场销售渠道与网络，企业经济收益不高。

（2）品牌效应低。三明市茶业品牌呈现“多、杂、小”现象，品牌效应不明显，例如，三明“尚书品”“大田高山茶”“尤溪红茶”和“尤溪绿茶”等 4 个茶叶区域公用品牌，历年来没有参加中国茶叶区域公用品牌价值评估。

（3）产业链条短。三明市茶叶产品还停留在加工干毛茶和精品茶上，茶业上下游产业链短，在茶叶食品、饮料、保健品、茶具研发、茶文化产业发展等领域没有深度开发与利用，产品科技含量不高、附加值低。

（4）茶文化价值挖掘不充分。尽管三明市拥有一定的茶文化历史积淀，近年来茶文化与茶产业也在逐渐融合、互相推动，产生了一定的经济效益和社会效益，但茶文化与产业融合发展缺乏系统化研究，茶文化产业链尚未形成。

（三）三明市茶产业发展对策

三明市生态茶产业应坚持“立足生态、着力特色、保障品质、做响品牌”的发展总体思路，突出三明“林深水美茶香”的优势，以做响茶品牌作为振兴茶产业的重要抓手，引领三明生态茶产业高质量发展。

1. 强化品牌支撑

（1）提升茶叶品质。

三明市明确生产布局，以大田县为重点发展美人茶，创建大田美人茶公用品牌，带动全市美人茶高质量发展。至 2022 年，大田美人茶公用品牌列入中国茶叶区域公用品牌排行榜。以泰宁县为重点发展闽北乌龙茶。以尤溪县为重点带动全市名优绿茶和红茶新产品开发。发展沙县红边茶和宁化孔坑茶等历史名茶。建设生态茶园，综合采取种树、留草、套种、疏水、筑路等措施，改善茶园生态。全面推广有机肥替代化肥，有效改良土壤，增强地力。全力推进茶园病虫害绿色防控，确保茶叶品质。开展省级优质标准化茶叶基地创建，引领全市优质茶生产。

（2）提高制茶水平。

三明市强化标准制茶，对标“美人茶”团体标准，制订或完善三明生态茶标准体系，力争从“茶园到茶杯”的每一环节都实现标准化、清洁化生产，稳定茶叶品质。提升制茶技艺，开展制茶技术培训和“十大制茶大师”“十佳评茶员”等评选活动，培养一批制茶工程师、评茶员、茶艺师，提升茶叶加工技能。挖掘民间制茶大师，建立传承人制度，推动茶叶制作加工技术传承与创新，培育独具三明特色的高端品牌茶。

（3）坚持龙头带动。

三明市打造龙头企业，实施龙头企业带动战略，落实《三明市支持特色现代农业产业加快发展政策措施》，重点扶持产销、品牌一体的龙头茶企，努力打造有发展活力、有闯市场潜力和带动力强的龙头茶企。引进龙头茶企或战略投资者，通过合资合作、兼并重组等方式提升现有龙头茶企实力。

三明市延伸产业链条，引导龙头企业把握未来茶产业“个性化”“年轻化”“大众化”的消费趋势，加快开发速溶茶、特色茶、茶饮料等系列茶产品，支持茶食品、茶药品、茶用品等产品开发，加快生产茶多酚、咖啡因、茶黄素等高精产品，扶持推动由“喝茶向吃茶和用茶”方向跨越，开发“风展红旗如画”系列茶具、茶包装，大幅度增加茶产业附加值，培育茶产业新的经济增长点。

2. 突出品牌营销

（1）注重茶文融合。

深入挖掘三明生态茶历史文化，突出三明茶叶“好生态”特质，培育大田美人茶、尤溪绿茶、尤溪红茶、泰宁岩茶、沙县红边茶、宁化孔坑茶等一批三明生态茶品牌。融合红色文化、客家文化、理学文化，丰富三明生态茶品牌内涵。加大宣传力度，强化主流媒体宣传，有效发挥e三明、微信、抖音、央视移动客户端、今日头条等新媒体平台，宣传三明生态茶，讲好三明茶故事。同时，通过三明市茶文化知识竞赛和培训活动，培养一批精通茶事的“茶博士”，宣传三明生态茶。

（2）办好茶事活动。

三明市持续开展“林深水美茶香”茶文化活动，每年举办春季、秋季“茶王赛”，举行个人赛和团体赛等茶艺比赛，评选“十佳茶艺师”，以赛事推动制茶水平提升和茶艺队伍培养。开展形式多样的茶叶品鉴、茶艺展演活动，培养茶行业爱好者。开展茶文化进机关、进企业、进校园活动，宣传普及茶文化。通过办好茶事活动，在三明市内形成浓厚的茶文化氛围，让三明市民知三明茶、喝三明茶。

（3）加强展示推介。

三明市强化展示展销，按照“政府搭台、协会组织、企业唱戏”思路，在省内外重点销售市场举办三明生态茶专场推介活动，组织茶企参加市外举办的斗茶赛、“清新福建·多彩闽茶”香港专场活动、“闽茶海丝行”活动和济南、杭州、深圳茶博会及厦门9·8投洽会、武夷山茶博会等茶叶评比和展会活动，宣传推介三明生态茶。

三明市创新营销方式，用好“沙县小吃”名片，依托沙县小吃同业公会全国营销网络，特别是在北京、上海、济南、广州、深圳、福州、厦门等重点城市的沙县小吃门店，通过设置三明生态茶展示专柜或张贴宣传画、赠送宣传册、免费品尝和赠送三明茶叶等营销方式，宣传推介三明生态茶。

3. 建立推进机制

（1）政府抓引导。

三明市加强组织领导，加大扶持力度，安排专项资金，鼓励种好茶、制好茶，扶持品牌创建，推进三明生态茶产业转型升级。成立由市领导任组长的三明市生态茶产业发展领导小组，研究制定茶产业发展政策措施，推进重要工作，协调解决发展难题。培育茶业人才，在三明农业学校、大田职业中专学校设置茶学专业，定向培养本土茶学专业人才，充实茶业技术人才队伍，重点县要将茶学专业列入紧缺急需专业目录，并在县本级和重点产茶乡镇配备茶学专业干部。

（2）协会强服务。

三明市充分发挥市、县两级海峡茶业交流协会和茶叶学会的桥梁和纽带作用，积极组织广大会员和茶企茶农，开展茶产业绿色发展培训、茶叶品牌营销、茶文化普及和茶行业标准制定等服务工作，促进三明生态茶产业品牌化发展。与茶叶品牌专业策划机构合作，对三明现有的尚书品、大田高山茶、尤溪红茶、尤溪绿茶等区域公用品牌进行评估、重塑，发挥品牌影响力。发挥市场、信息方面的优势，积极组织茶企参加各类展会，提高三明生态茶知名度。

（3）企业为主体。

三明市引导茶企用好三明市扶持茶产业发展政策，通过申报绿色食品茶、有机茶认证、SC认证、标准化示范区示范项目和国家、省、市级龙头企业，打造企业自主品牌。扶持有条件的企业积极参与行业标准制定等工作，提高企业品牌信誉度。鼓励茶企线上线下销售相结合，在包装和细化分类上下功夫，满足不同消费层次需求。

五、漳州市茶产业发展报告

总结漳州市茶产业在强化质量安全、推进三产融合、培育壮大龙头企业、拓展精深加工、完善产业链、举办茶事活动中的发展成效，并从优化产业绿色布局、推行绿色生产、拓展精深加工、培育壮大龙头企业、提升茶业品牌、加强政策扶持等方面提出推动漳州市茶产业进一步发展的对策与建议。

作为国家历史文化名城，漳州种茶历史悠久，始于唐宋，成名于明清，是中国乌龙茶的故乡，白芽奇兰和八仙茶的发源地。在九龙大地烟雨的孕育下，漳州茶以其清爽醇美的独特品质蜚声海内外，漳州茶产业以“保护生态、注重质量、做响品牌、着力创新”为引领，全力做好做足“茶”文章，打响“漳州茶”品牌，一片小茶叶摇身一变成为大产业。茶产业已成为茶区经济崛起和农民增收的一大亮点，形成了集生产、加工、销售、旅游、茶文化为一体的新兴产业。2019 年，全市茶园面积 1.81 万公顷，产量 5.6 万吨，产值 25 亿元，全产业链产值超 120 亿元。华安铁观音、平和白芽奇兰、南靖铁观音和丹桂、诏安八仙茶获得国家地理标志认定。

（一）漳州市茶产业发展现状

近年来，漳州市高度重视茶产业发展，在政策扶持下，标准化生产、品牌化营销、产业化经营等一系列举措推进茶产业持续健康发展，茶产业已成为茶区经济崛起和农民增收的一大亮点，形成了集旅游、茶文化、生产、加工、销售于一体的新兴产业。

1. 强化质量安全，品质稳步提升

一是加强源头管控，落实茶叶生产主体质量安全责任，严格执行茶叶生产和销售记录档案制度，强化产品出厂检验。实施“检打联动”，加大茶叶产品抽检力度，严厉打击违法使用禁限用农药的行为。二是完善运用好省、市级农产品质量安全可追溯监管平台和农资监管平台，全市所有工商登记注册有生产基地的茶叶生产主体均要实现追溯凭证准出，预包装或包装的食用农产品同时粘贴追溯标签，全面推进源头赋码、一品一码、标识销售，实现从“茶园到茶杯”的全程可追溯，促进漳州茶产业的绿色发展。三是推进茶叶“三品一标”认证。全市茶叶获得有机、绿色和无公害“三品”认证37个，有效认证面积1600公顷，示范带动病虫害绿色防控面积1.13万公顷。四是开展绿色生态茶园建设。突出绿色建园，采取种树、留草等综合措施，保护和增加生物多样性，保持茶园水土，改善茶园生态，加快生态茶园建设进度。截至2019年底，漳州市生态茶园面积占全市茶园面积比例93%。漳州市认真贯彻落实《福建省人民政府办公厅关于推进绿色发展质量兴茶八条措施的通知》（闽政办〔2018〕44号）精神，全面推进绿色发展，实现质量兴茶、品牌强茶，在全市建立40个不使用化学农药茶叶绿色生产示范基地。全市推广茶园套种降香黄檀、金丝楠木等名贵树种，实现茶叶发展与生态保护“双赢”。

2. 推进三产融合，业态不断拓展

漳州市建设集生产、加工、营销、品牌、文化、休闲、旅游为一体、具有文化底蕴和丰富内涵的现代茶庄园，展示生态、休闲、旅游茶业之路，实现三产融合。漳州市建成九龙江高峰生态谷、哈龙峰、光照人、大芹山、南靖福星树海瀑雾等一批集生态、旅游为一体的标准茶园面积8000公顷，现代茶庄园10个、面积1066.67公顷，清洁化初制加工厂80个、面积17万平方米，茶叶加工项目36个，茶叶初制加工集中区12个。茶叶生产重点镇仙都成为省级农民创业示范基地、省级茶叶产业园和市级农创园。

3. 培育壮大龙头企业，打响绿色品牌

漳州市茶叶类商标1500多件，其中天福、华安铁观音、平和白芽奇兰等3件为中国驰名商标，著名商标36件、知名商标64件，福建名牌产品、名牌农产品26个。华安铁观音、平和白芽奇兰、南靖铁观音和丹桂、诏安八仙茶获得国家地理标志认定。2019年平和“白芽奇兰”品牌评估价值达到25.84亿元，居全国茶叶区域公用品牌榜第22名。全市现有较大规模茶叶企业180多家，茶叶类龙头企业年产值上亿元有天福、大闽、哈龙峰等，天福为国家级龙头企业，大闽、哈龙峰、天醇、汇全、光照人、佳香源、天用等7家为省级龙头企业，市级龙头企业33家，茶叶专业合作社235家、家庭农场195家。全市涉茶从业人员达57万人，茶农茶叶收入占纯收入35%以上，茶叶成为山区茶农致富奔小康的有效途径。

4. 拓展精深加工，产业链条完整

漳州市已形成茶叶、茶食品、茶机具研发、生产、加工、销售及旅游、教育、茶文化传播等比较完整的产业链。现有集配套茶用具研发、生产、销售为一体的规模企业20家，年产值超5亿元，产品销往全国及东南亚地区。天福集团集茶叶生产、加工、销售、科研、文化、教育、科普、旅游为一体，是世界最大的茶业综合企业、全球最大茶叶连锁公司和全国首家茶叶上市公司，全国开设1128家直营连锁店、10家茶食品工厂。漳州科技学院是全球首所茶叶职业学院，天福茶博院是全球最大茶叶博物院。天福企业年产值30亿元。大闽食品漳州有限公司是美资企业，为全球规模最大的茶提取物、最大速溶茶生产商，是全国茶行业唯一博士后科研工作站，产品占市场份额的60%以上，年产值超7亿元。其中，年产茶粉8000多吨、浓缩液1.7万吨，主要供给可口可乐、立顿、统一、康师傅等10大茶饮料品牌企业；年产香精13吨，主要销往欧美、日本等国家和地区。

5. 举办茶事活动，影响不断扩大

漳州市通过举办海峡（漳州）茶会、农博会茶展、茶王赛等茶事学术交流及品茶、斗茶等茶文化活动，加强对茶文化挖掘，进一步丰富茶文化内涵，推动茶文化与旅游、商务活动等相结合，有力地提升了漳州市茶产业的国内外知名度和市场影响力。2019 年 6 月 14—16 日，漳州市举办了第十一届海峡论坛·第六届海峡（漳州）茶会，作为第十一届海峡论坛的一项重要子活动，本届海峡（漳州）茶会以实施乡村振兴战略、助力精准扶贫为主线，紧扣“绿色品牌·融合发展”的办会主题，推动海峡两岸茶产业融合发展，促进闽台及全国茶叶产销区的信息沟通和产业互动，打响漳州市茶品牌。本届茶会共有 250 多家茶企、400 多名客商应邀参展参会，近万人次到会参观，达成购销订单 101 笔，销售金额 1300 万元。

（二）漳州市茶产业发展对策

1. 完善发展规划，优化产业布局

漳州市坚持“一稳定、三提高”的总体发展思路，到 2022 年，全市茶叶面积稳定在 2 万公倾左右，茶叶质量效益、产业竞争力、产业持续发展能力显著提高。立足当地茶业资源禀赋，坚持市场导向，深化供给侧结构性改革，完善茶产业规划，因地制宜，适地适种，适销适产，调整茶类结构，优化区域布局，通过退果还茶、退茶还林等措施，大力发展白芽奇兰、八仙茶、铁观音、丹桂等当家名优茶，适度发展金观音、金牡丹、黄观音等高香型、制优率高、适制性好的特色茶。加强茶树优异种质资源保护与利用，加大八仙茶、白芽奇兰茶母树及云霄古茶树保护力度，加快选育推广特色明显、抗性显著、品质优异的茶树新品种。

2. 强化生态保护，凸显绿色发展

漳州市坚持生态保护优先的原则，推进产业与生态相协调。一是严禁毁林种茶。严禁在坡度 25 度以上及自然保护区、水土流失严重、生态脆弱的山地新开垦茶园。无法进行生态改造的陡坡茶园，应当退茶还林。二是建设生态茶园。完善配置茶园道路、蓄水池、滴（喷）灌系统等基础设施，维护生态平衡，保护和增加生物多样性。三是推广使用有机肥。鼓励茶园套种绿肥，增施有机肥，到 2022 年，全市推广有机肥

茶园面积超过90%。四是推进茶园病虫害绿色防控。加强监测预警，强化统防统治，综合应用生态调控、农艺改良、物理防控、生物防治等措施，确保产品质量安全。

3. 推行绿色生产，加强质量管控

一是建立清洁化现代化茶叶初加工体系。开展茶叶初制加工厂升级改造，实现加工环境、设备和燃料清洁化。提升茶叶加工水平，按照“生产环境清洁化、加工燃料清洁化、加工设备清洁化、加工流程清洁化”的要求，推行《福建省茶叶初制厂清洁化生产规范》，组织开展茶叶初制加工厂升级改造，重点推广电、气等能源和茶叶初制加工不落地机械化自动化生产线、自动化萎凋设备、离地晒晾青设备等，提高茶叶绿色加工的能力与水平，力争到2022年，全市茶叶初制加工厂全部完成升级改造。二是加强源头管控，全面落实茶叶生产主体质量安全责任。严格执行茶叶生产和销售记录档案制度，强化产品出厂检验。加快推进“一品一码”全过程追溯体系建设，实行源头赋码、标识销售。进一步完善运用好省、市级农产品质量安全可追溯监管平台和农资监管平台，漳州市茶叶类市级以上农业龙头企业、省级农民合作社示范社、“三品一标”的企业全部纳入可追溯平台管理，推行投入品登记备案和实名购买制度，提升茶园投入品信息化管理水平。三是改进制茶工艺，提升产品品质。加大培训力度，提高从业人员素质。举办制茶工艺大师评选活动，加大茶产业人才培养力度。改进制茶工艺和设计包装，提升茶叶加工水平，探索出一套适合漳州茶类的制作工艺。每年分区域、分品种开展茶王赛，进一步促进茶叶品质和品牌的提升，扩大漳州茶知名度和影响力。

4. 拓展精深加工，提升产品价值

漳州市引导品牌茶叶进行系列化多样化开发，提升产品档次。加快茶叶深加工产品系列化开发，支持有实力茶企开展茶叶精深加工研究，提取利用茶多酚、茶多糖、茶色素等有效成分，鼓励开发茶饮料、茶日用品和茶保健品，延伸产业链，提升价值链。积极帮助龙头企业申报国家农产品加工技术研发专业中心。

5. 培育壮大龙头，做强茶业品牌

一是做强做大龙头企业。增强龙头企业对产业发展的带动作用，积极发动茶企参加福建茶产业绿色发展联盟，支持各茶叶主产县组建县级茶产业绿色发展联盟，推进行业自律、信息共享、标准统一。二是拓宽销售市场。培育茶业新兴业态，推行多样化营销，同步推进线上线下销售，促进茶叶电子商务规范发展，加快实体店功能转型。支持开设品牌专卖店、连锁营销、电子商务和现代茶馆茶楼等经营网点，加强品牌推广，逐步构建现代营销体系。三是做优茶旅融合。支持开展特色农业小镇、茶庄园、茶旅游等三产融合发展模式，建设茶旅度假休闲文化融合，在南靖和溪、华安仙都、平和大芹山、云霄乌山、漳浦天福等地建成5个特色茶叶小镇。四是加大宣传力度。深入开展漳州三泡茶宣传推介活动，加大品牌培育力度，着力提升平和白芽奇兰、华安铁观音、诏安八仙茶、南靖丹桂、云霄黄观音等茶叶区域公用品牌，打造一批具有全国影响的企业品牌。

六、龙岩市茶产业发展报告

总结龙岩市在茶叶种植、茶事活动、观光茶园建设、茶文化挖掘、茶叶种质资源保护与开发领域的成效，对龙岩市茶产业发展制约因素进行了分析，并从实施标准茶园建设项目、推进茶叶绿色发展、茶产业人才体系建设、开展茶事活动、政策扶持等方面提出了推动龙岩市茶产业进一步发展的对策与建议。

龙岩市产茶历史悠久，除历史名茶斜背茶外，还有新罗的适中绿茶、武平的高埔茶、长汀的涂坊茶和石人茶、永定的灌洋茶和高头茶、上杭的下都茶和古田茶、连城的宣和茶等。此外，《漳平水仙茶》标准2019年获国家批复发布。

近年来，龙岩市茶叶呈现面积不断扩大、价格持续上升趋势，依据龙岩市统计局数据，2016年本地品种面积255.73公顷，占全市茶叶总面积的1.57%，2018年299公顷，占全市茶叶总面积的2.47%，截至2019年底，本地品种茶叶种植面积459公顷，占全市茶叶总面积的3.56%。本地品种茶叶产品基本上是炒绿茶，价格一般在160元/千克以上。

2019年龙头企业队伍进一步扩大，梯队层次进一步合理，培育出5家省级、19家市级龙头企业，19家市级龙头企业包括了种植类龙头企业12家、加工类龙头企业7家。这些龙头企业不仅涵盖了龙岩市漳平水仙茶、武平绿茶、台式乌龙茶、特色品类茶、保健茶等五大主要茶叶品类，还涵盖了种植、加工、深加工等方面。

（一）龙岩市茶产业现状

1. 茶产业发展现状

（1）茶叶种植面积稳步增长。

2019年，龙岩市茶叶面积12280公顷，2020年新植茶园面积185.13公顷，预计产量2.29万吨，比2019年增加0.09万吨，增长4.09%；毛茶产值21.78亿元，比2019年增加1.07亿元，增长5.16%，全产业链产值45.0亿元。已初步形成了漳平水仙茶饼、武平绿茶、台式乌龙茶、优质铁观音、龙岩斜背茶、保健茶六大类产品生产格局，目前仿岩茶和红茶也有少量生产。全市铁观音茶园面积4346.67公顷，成为闽西茶叶第一主栽品种，已成为主产地安溪、华安的生产基地；闽西铁观音种植加工技术走在全省前列。

（2）茶事活动丰富多彩。

2019年，龙岩市农业农村局及茶叶协会积极组织开展各项茶事活动。2019年1月，在龙岩市第四届农产品展销会期间举办茶王赛、茶艺表演赛，5月9日举办“农行杯”永福高山茶（台式乌龙茶）春季茶王赛，新罗区适中镇举办首届绿茶茶王赛，新罗区江山镇举办了龙岩斜背茶第四届茶王赛，6月举办2019年度春季水仙茶王赛等茶事活动。11月8—10日，龙岩市在“机博会投洽会”产业发展展区设立茶艺馆，组织7家企业展示具有龙岩市特色茶叶产品，同时组织茶艺表演队表演水仙茶艺；11 月 16—18 日，组织参加了第十三届海峡两岸茶业博览会，设展位 10 个，组织漳平、武平、永定、上杭等县（市、区）的 10 家企业参展；于 11 月 19—21 日协助龙岩电视台举办“海晟—通仙”杯漳平水仙茶秋季茶王赛，12 月 16—19 日举办“红古田”杯龙岩市 2019 茶王赛。

（3）建成全国最大的台式乌龙茶生产基地以及全国最大的樱花茶园。

目前，在龙岩市投资茶叶的台资企业大多分布在漳平、武平、新罗、长汀、连城等地，其中，漳平市永福国家级台湾农民创业园是我国最大的台式乌龙茶生产基地和全国最大的软枝乌龙茶生产基地，漳平永福镇被台商俗称为“大陆阿里山”。自 1997 年首批台资茶叶企业引进优质高山软枝乌龙茶试种成功至今，永福镇漳平台创园已有 50 余家台资高山茶企入驻，台农 600 多人，种植高山茶 3666.67 公顷，年产茶叶 1600 多吨，产值达 7 亿多元。正式成立于 2006 年 7 月的漳平台湾农民创业园，2008 年经农业部和国台办批准升格为国家级台湾农民创业园，先后获得“国家级海峡两岸科技产业合作基地成员单位”“全国休闲农业与乡村旅游示范点”“国家 AAA 级旅游景区”等荣誉称号。人民网发布的“2018 踏青赏花特色小镇”排行榜 TOP30，漳平台创园核心区永福镇荣登榜首。

（4）观光茶园建设走在福建省前列。

龙岩市茶叶旅游建设与开发走在福建省前列，尤以云顶茶园为代表。1999 年，龙岩市在新罗区小池茶场建设全省首个观光茶园，获省茶叶界高度好评，并于 2000 年举办全省茶叶工作会议、2001 年举办全省名优茶鉴评会，其后各地生态观光茶园建设逐渐跟上。目前，以漳平九鹏溪、漳平永福高山樱花茶园为代表的茶叶生态旅游有后来居上之势；同时生态观光茶园逐渐吸引了更多的人气。

漳平台创园永福核心区“十里樱花，千里茶园”曾被评为全国首批“绿色食品一二三产业融合发展示范园”创建单位，也是台湾高山茶示范基地。台品樱花茶园得益于台湾优秀的制茶管理理念，提倡尊重自然、纯手工制茶工艺，每季茶叶顺利通过台湾地区和日本、欧盟国际认证 SGS 检测。尤其是台创园里 3333.33 公顷茶园中的 42 个品种、10 万余株樱花，每年 1—3 月梯次开放，其种植规模全国最大，花期时令全国最佳，被誉为“中国最美樱花胜地”。

图 2-5　台品樱花茶园（朗凤清摄）

(5) 茶文化得到有效挖掘。

闽西人民在种茶、采茶的劳动中创造和完善了民间舞蹈《采茶灯》，200 多年来，《采茶灯》代代相传，直到今天，《采茶灯》依然响遍龙岩地区的城镇乡村。2014 年，《采茶灯》被列入国家非物质文化遗产保护名录。目前龙岩市正在进行《龙岩茶志》的编写工作，同时各县（市、区）也相应进行辖区内的茶志编写工作，这将为龙岩茶业留下一笔承前启后、记录历史与现实的巨大文化遗产。漳平水仙茶饼传统制作工艺、武平高埔茶传统制作工艺 2015 年度列入了市级非物质文化遗产名录；漳平水仙茶饼传统制作工艺 2016 年度列入了省级非物质文化遗产名录；各地茶文化馆逐步建立，如南洋、永福等地。漳平水仙茶、武平绿茶不仅获得了地理标志产品及中国驰名商标，2015 年还被评为龙岩市“八珍”之一，获得了更好的发展机会。

（6）茶叶种质资源获得保护与开发。

龙岩市是福建省三大野生茶分布基地之一，茶叶品种资源非常丰富，其中龙岩斜背茶、武平高埔茶、漳平野生水仙茶、上杭观音、连城野生茶等都被列入福建省茶树优异种质资源保护名录。

目前，龙岩市生产加工的茶园茶厂都是20世纪80年代后逐步建立的。已初步形成了漳平水仙茶（饼）、武平绿茶、台式乌龙茶、龙岩斜背茶、优质铁观音、保健茶六大类产品生产格局，仿岩茶和红茶也有少量生产。漳平水仙茶（饼）是乌龙茶中唯一紧压茶。

2. 龙岩市茶产业发展制约因素

（1）受自然灾害影响大。

由于标准化生态茶园建设投入经费不足，茶园基础设施较差，应对不良气候影响能力弱，生产受气候影响大，茶产业仍是靠天吃饭的产业。2020年3月春茶生产期间，持续阴雨低温，对茶叶作物生长影响较大，尤其是漳平水仙茶、铁观音产量减产、品质下降较为明显；9月以来，秋茶生产期间受连续干旱天气影响，各品类茶都出现平均单产减少、品质下降情况。

（2）茶叶生产成本日益提高。

龙岩市青年劳动力大量外出，造成茶产业就业人员工价高、工效低，尤其是采茶劳动力日益缺乏，且工价日益提高，“用人荒”现象越发严重；同时，茶叶生产资料成本也日益提高，如肥料、农药、燃料、加工机械及其零件，因而茶产品成本逐年上涨，企业经营压力不断加大。

（3）茶产业人才缺乏。

目前，作为茶叶技术推广部门的龙岩市农业农村局茶叶专业技术人员只有两人，且全市农业系统从事茶叶专业技术人员不足20人，个别县、茶叶重点生产乡镇甚至没有茶叶专业技术干部；全市在各类茶叶企业的技术人员包括经短期培训的评茶、茶艺人员等不足400人，这与龙岩市近20多万的涉茶人员比例极不相称。由于人才队伍小，技术力量薄弱，推广网络不全，且缺少相应的激励机制，一些“五新”技术得不到及时示范推广，制约了茶产业的进一步发展。

(4) 龙头企业带动能力有限，缺乏领军企业。

在多年来的市场竞争中，龙岩市虽然初步涌现出具一定规模和知名度的龙头企业或苗头企业，但均存在规模不大、品牌知名度不高、市场竞争力不强、带动产业发展力度有限等问题。

(5) 市场信息的收集、反馈利用的手段与水平有待提高。

由于龙岩市没有建成如安溪茶都或华安仙都那样的交易场所，也没有形成如安溪感德或槐植村的集市式的交易形式，茶产品销售主要以茶农、茶企个人为主，分散、零星，带来高质低价现象。

(二) 龙岩市茶产业发展对策

1. 实施标准茶园建设，提升茶产业水平

龙岩市着力稳定面积、优化结构、提升品质和质量安全水平。龙岩市着力发展具有本地特色的茶类，尤其是列入“闽西八大珍”的漳平水仙茶、武平绿茶。漳平市重点发展以漳平水仙、台式乌龙茶为主的乌龙茶生产，做大做强漳平水仙、永福高山茶品牌；武平县重点发展名优绿茶生产，提升产品品质，做大做强武平绿茶品牌；新罗区重点发展斜背茶特色名茶；永定区改进制作工艺，提高品质，扩大灌洋茶规模；上杭县、连城县、长汀县等乌龙茶产区重点推广金牡丹、紫玫瑰、春闺等高香型、制优率高、适制性好的茶树品种，提升产业发展水平。在漳平、武平等重点茶区研究集成组装并推广一批优质高效、生态环保的技术模式，加快农机农艺配合，夯实漳平水仙、武平绿茶等区域公用品牌推广基础。推进低产茶园改植换种，2020 年完成 1000 公顷低产茶园改造。积极推进茶叶标准化生产，推行茶树病虫害专业化统防统治，推广茶树病虫害绿色防控技术，2020 年建成标准化茶叶基地 6666.67 公顷，实施病虫害专业化统防统治 1 万公顷以上。全市茶叶种植面积达到 1.87 万公顷，产量达 3 万吨，名优茶率达 50%以上。龙岩市把茶叶标准园建设作为提速、增速，促进产业发展的重要抓手，2020 年全市继续建立 4 个标准化茶园示范区，进一步推进标准化生产。

2. 推进茶叶绿色发展

龙岩市采取生态调控、农艺改良、物理防控、生物防治等措施，强化落实属地责任、抓好示范带动、加强技术指导、严守安全底线、注重宣传引导等保障措施，积极打造茶产业绿色发展新模式。

（1）建设生态茶园。

龙岩市坚持生态保护优先的原则，推进产业与生态相协调，采取种树、留草、间作、套种、疏水、筑路、培土等综合措施，保持茶园水土，改善茶园生态，维护生态平衡，保护和增加生物多样性。生态茶园建设与观光茶园建设相结合，做到水路系统完整、园地种植规范、山场整齐优美、生产管理规范、病虫防控绿色、产品优质安全和档案完整归档的要求。

（2）推进科学种茶。

龙岩市优化农艺措施，强化茶园科学管理，倡导茶树健身栽培，培育“茂大壮”茶树，全面推广茶园农药化肥双减技术、新型绿色防控技术、优质茶机械化采摘技术、有机茶和绿色食品茶生产技术，综合应用生态调控、农艺改良、物理防控、生物防治等措施，确保产品质量。

3. 提升加工水平

龙岩市推动茶叶企业、茶叶合作社制定完善企业标准，参照《福建省茶叶初制厂清洁化生产规范》，提升茶叶加工水平，按照“生产环境清洁化、加工燃料清洁化、加工设备清洁化、加工流程清洁化”的要求，组织开展茶叶初制加工厂升级改造，重点推广电、气等能源和茶叶初制加工不落地机械化自动化生产线、自动化萎凋设备、离地晒晾青设备等，提高茶叶绿色加工的能力与水平，进一步引导和完善茶叶加工集中区建设，推动茶叶加工向规模化、产业化聚集。鼓励加工设施设备更新。

合理整合茶叶加工资源。进行茶叶初制加工厂升级改造，重点推广电、气等能源和茶叶初制加工不落地机械化自动化生产线、智能循环滚炒模块设备等，提升茶叶绿色加工的能力与水平。鼓励新产品研发，积极发展茶叶精深加工；鼓励企业开发茶叶延伸产品，提高茶叶资源综合利用率，提升茶叶附加值，不断提高茶叶产品的科技含量。

4. 加强茶产业人才体系建设

龙岩市相关部门规划，五年内在全市范围内培训各种技术工人3000名，其中制茶能手1000名（高级300名、中级500名、初级1200名），茶园管理工2000人。龙岩市积极开展茶叶职业技能培训与鉴定，五年内全市计划培训与鉴定评茶师200名、高级评茶员500名、中级评茶员1000名、茶艺师300名。2019年，龙岩市已经完成各级别评茶员、茶艺师拿证人员1400余人，有效提高了从业人员素质和水平。

5. 继续积极有效组织开展各类赛事活动

一是要积极组织茶叶企业参加各种农博会、茶博会、博览会、展览会、鉴评会，充分展示龙岩市茶产业特色产品。二是要协助各县（市、区）及主产乡镇开展各项赛事活动、鉴评会、采摘节，扩大影响力，提高特色产品知名度。三是继续借助央视和地方电视台有关栏目以及新媒体等平台宣传闽西茶叶，通过拍摄茶专题片、电影和动漫，聘请知名人员创作茶叶歌曲，在茶叶消费区（北京、上海、山东、深圳、厦门等地）开展专项洽谈会、经销商对接会、品茗推介会、茶叶高峰论坛；在地铁、列车、公交车、班车、的士等交通工具上以及微信公众号（如古田红、红古田）上，多种形式投放茶叶广告。四是积极挖掘茶叶文化。龙岩市产茶历史悠久，茶文化底蕴深厚，要通过加大涉茶民俗风情、茶史、茶文化的研究与挖掘，开展茶文化学术交流，尤其是要加快漳平水仙茶传统加工技艺申报国家级非物质文化遗产和传承人认定等活动，丰富漳平水仙茶文化内涵，提升漳平茶叶品牌价值。

6. 加大扶持茶叶生产发展的政策力度

茶产业是龙岩市七大特色优势产业之一，种植面积大，民生关联度高，是农民收入的重要来源。近年来，龙岩市高度重视茶产业发展，2017年龙岩市政府印发了《关于加快七大优势特色农业产业发展的实施意见》（龙政综〔2017〕216号），2018年9月龙岩市农业农村局印发了《关于贯彻落实〈福建省推进绿色发展质量兴茶八条措施〉的通知》（龙农〔2018〕155号），2019年龙岩市人民政府出台了《关于印发龙岩市2019年特色现代农业提质增收行动方案的通知》（龙政综〔2019〕26号），以及龙岩市农业农村局办公室关于印发《龙岩市农业农村局进一步推进茶产业绿色发展实施方案的通知》（龙农〔2019〕44号），提出龙岩市茶产业要着力稳面积，优化结构，提升品质和质量安全水平，主要在如下六个方面加大扶持力度：一是加大对标准化茶园、加工厂基础设施建设的投入，二是加大对优质茶产品标准化示范基地扶持力度，三是加大茶叶专业合作社示范社扶持力度，四是加大对市级龙头企业扶持力度，五是加大对市级农业示范企业（农场）和示范家庭农场扶持力度，六是加大茶叶品牌创建的扶持力度。

七、福州市茶产业发展报告

总结福州市茶产业在品牌价值、遗产信息常态监测、文化宣传、品牌展示、人才队伍建设、基地分级保护制度等方面的发展成效，分析福州茶叶种植、技术、品牌领域的优劣势，并从大力发展茉莉花种植、加快茉莉花茶产业园建设、加大品牌宣传推介力度、加快产业链拓展升级等方面提出了推动福州市茶产业进一步发展的对策与建议。

茉莉花是福州的市花，福州是中国茉莉花茶的发源地和主产区，2011年国际茶叶委员会授予福州“世界茉莉花茶发源地”称号。党的十八大以来，福州市高度重视茉莉花茶产业发展，通过立法保护、产业升级、品牌创建等一系列措施，推动福州茉莉花茶产业效益稳步上涨。

（一）福州市茶产业现状

1. 发展成效

（1）品牌价值成倍增长。

在由浙江大学CARD中国农业品牌研究中心联合中国茶叶研究所《中国茶叶》杂志、浙江大学茶叶研究所等权威机构共同开展“中国茶叶区域公用品牌价值评估”研究中，福州茉莉花茶品牌价值从 2010 年的 16.85 亿元上升至 2019 年的 32.32 亿元，10 年间品牌价值实现翻倍。

（2）产品质量安全可溯。

福州市建立生产主体备案制度、生产记录诚信档案制度，茉莉花茶生产企业全部纳入福建省“一品一码”可追溯信息系统，进一步实现福州茉莉花茶“一品一码”全程追溯，从源头保障福州茉莉花茶质量安全。

（3）遗产信息常态监测。

福州市建立了以市农业农村局为核心，延伸到各县（市、区）农业局，触及各下属乡镇，外延至相关企业的监测网络。在全市 6 个县（市、区）建立 9 个信息监测点，实现了福州茉莉花与茶文化系统全球重要农业文化遗产监测的常态化。

（4）文化宣传氛围浓厚。

2014 年以来，福州市相继推出福州茉莉花茶科普性读物《茉莉韵》，并组织拍摄 4 集纪录片《茉莉窨城》，系统形象地展示了福州茉莉花茶文化。2015 年编撰全球重要农业文化遗产系列读本《福建福州茉莉花与茶文化系统》，促进了“福州茉莉花与茶文化系统”的保护和发展。

（5）品牌展示系统完善。

截至 2019 年，福州市建立了以仓山区茉莉花茶文创园和金鸡山公园福州茉莉花茶主题馆为代表的福州茉莉花茶文化展示馆 4 个。截至 2019 年，仅文创一项开园已累计接待 300 万人次参访，其中包括 80 多个国家的 2 万余名国际友人，成为福州市茶文化交流的亮丽名片。

（6）人才团队逐渐壮大。

从 2009 年开始，福州市每年举办福州茉莉花茶茶王赛，每两年举办福州茉莉花茶传统工艺传承大师、传承人比赛。目前已累计授予 22 人福州茉莉花茶传统工艺传承大师荣誉称号，并推荐其中 11 位分别入选国家级、省级和市级非物质文化遗产传承人名录。文化遗产的传承与保护，逐渐由“主动引导”向“自发参与”转变。福州茉莉花茶技艺传承逐渐规范化。

（7）建立基地分级保护制度。

根据《福州市茉莉花茶保护规定》，福州市对茉莉花种植基地实行分级保护，其中仓山区盖山镇浦口村帝封江 13.33 公顷，仓山区城门镇傅坑里、樟岚村 10 公顷，长乐市营前镇黄石村 23.33 公顷，连江县官坂镇 13.33 公顷，连江县潘渡乡朱步村 1 公顷，福清市镜洋镇 3.87 公顷，合计 64.87 公顷，列入首批福州茉莉花种植分级保护基地划定范围，并委托北京信威通信技术股份有限公司对核心保护区进行测绘。在核心保护区树立保护标志和全球重要农业文化遗产标牌。

2. 发展优势

福州茉莉花茶生产工艺经过多年改革创新，窨提技术渐趋完美。《地理标志产品　福州茉莉花茶》福建省地方标准（DB35T 991—2010）规定福州茉莉花茶为烘青绿茶窨制，采用福州原料和传统工艺，四窨一提及以上（即特级以上）；国家茉莉花茶标准（GB/T 22292—2008），规定为烘青茉莉花茶和炒青（含半烘炒）茉莉花茶，分为特种、特级、一级、二级、三级、四级、五级、六级、碎茶和片茶共十个质量等级。中华人民共和国成立初期，福州茶厂研制联合窨花机，并投入使用，成为国内最早的花茶窨制机械，2008 年春伦集团采用全程自动化窨制联合机，实现了花茶窨制原料不落地加工。福州茉莉花茶用花选料精良，中低档福州茉莉花茶用春花和后期秋花作为窨制，以伏花提花；高档福州茉莉花茶的窨制全部用伏花，以单瓣茉莉花提花，造就了福州茉莉花茶独有的品质。2011 年，“福州茉莉花茶”传统加工工艺被列入福建省非物质文化遗产保护名录。2014 年，“福州茉莉花茶传统窨制工艺”被列入国家级非物质文化遗产保护项目名录。

至 2019 年，福州市共有茉莉花茶生产加工企业 45 家，其中农业产业化国家级重点龙头企业 3 家、中国茶叶百强企业 6 家、农业产业化省级重点龙头企业 8 家。全市共设立茶业院士工作站 2 家，其中闽榕茶业院士工作站 2017 年获得“福州市十佳院士工作站”称号，茶叶企业拥有中国驰名商标 4 个。全市共有无公害认证茶叶企业 8 家，面积

1153.33 公顷；绿色食品认证茶叶企业 32 家，产量 1220 吨；有机食品认证茶叶企业 5 家，产量 844 吨。

福州茉莉花茶是历史名茶，2008 年获国家工商总局地理标志证明商标注册，2009 年分别获农业部国家农产品地理标志保护、国家质检总局地理标志产品保护，是国内唯一同时获得 3 个国家级地理标志的产品。2012 年，国际茶叶委员会授予福州茉莉花茶“世界名茶”称号，2014 年，福州茉莉花与茶文化系统被联合国粮农组织列入全球重要农业文化遗产（GIAHS）名录。至 2019 年，全球共有 59 个传统农业系统被列入全球重要农业文化遗产名录，我国共有 15 个，茶类的只有 2 个。2014 年，福州茉莉花茶传统窨制工艺被评为国家级非物质文化遗产。2015 年，由全国茶叶标准化技术委员会、中华全国供销合作总社杭州茶叶研究院主办的全国茶叶标准化技术委员会花茶工作组在福州成立。2018 年，福州茉莉花茶被评为福建十大农产品区域公用品牌。在中国茶叶区域公用品牌价值评估中，福州茉莉花茶 2019 年品牌价值达到 32.32 亿元，10 年间品牌价值实现翻倍增长。

3. 发展制约因素

虽然福州市茉莉花茶品牌价值高，在世界享有盛名，但与广西横县、四川犍为等国内茉莉花茶主产区相比，福州市茉莉花茶产量仍比较低；与省内其他类型茶叶产业相比，福州市茉莉花茶市场占有率还不够高。主要原因有五个方面：

（1）茉莉花种植空间缩减。

茉莉花喜阳、忌霜冻，最适宜种植区为闽江边沙洲地，20 世纪 80 年代，福州茉莉花种植面积最大时近 6666.67 公顷。90 年代中后期，随着城市化进程，仓山、闽侯等近郊地区大量茉莉花种植土地被征用，且仓山帝封江茉莉花基地等福州茉莉花种植一级保护基地未得到很好维护，茉莉花种植空间缩减，面积仅剩 1200 公顷。

（2）茉莉花茶加工外移。

由于福州市茉莉花种植面积较少、原材料供应不足、人工成本较高，在加工季节，青口第二茶厂等 20 多家企业将茉莉花茶生产加工转移到外地。

（3）福州茉莉花茶产业园项目进展缓慢。

福州茉莉花茶加工企业集中在仓山区等城郊，随着城市化进程推进，许多企业已经或面临拆迁，急需建设一个层次高、规模大、功能齐、规划布局合理、生态条件良好的福州茉莉花茶产业园。

（4）品牌宣传力度有待加强。

福州茉莉花与茶文化系统是全世界首个省会城市申报并被列入全球重要农业文化遗产保护项目名录，但目前福州茉莉花茶品牌宣传力度有待加强，福州茉莉花与茶的历史文化底蕴未能得到深度挖掘。

（5）茉莉花茶产业链有待延伸。

福州茉莉花茶产业仍限于初级加工阶段，精深加工不足，尚未形成集茉莉花茶生产、加工、销售、科研、文化、旅游等于一体的产业链。茉莉花茶生产企业创新能力不足，特别是在人才培训、物流、原料、辅料和设备等方面有待提高。

（二）福州市茶产业发展对策

2020 年 4 月，福州市人民政府出台了《关于支持福州茉莉花茶产业发展九条措施的通知》（榕政综〔2020〕82 号），从茉莉花和茶叶的种植、茉莉花茶加工、技术创新、产业园建设、品牌宣传、文化推广、扶持电商、基地保护等方面入手，推动福州茉莉花茶产业向二三产业延伸融合，进一步扩大福州茉莉花产业综合实力和知名度，争取至 2022 年将福州茉莉花茶产值提升至 60 亿元，在全省各类型茶叶中走在前列，在全国茉莉花茶行业中当表率。

1. 大力种植茉莉花

支持茉莉花种植和基地建设，对新种植茉莉花基地予以每亩 3000 元的补助。鼓励茉莉花茶生产企业认种认养茉莉花。加快推进帝封江主体公园建设，在闽江、乌龙江、大樟溪沿岸等适宜茉莉花种植的地区建设茉莉花生态走廊，并结合福州串珠公园多种模式，将福州茉莉花茶融入生态型公园、社区型公园、文化型公园。同时，将茉莉花保护融入环南台岛滨江休闲路工程拟规划建设的 17 个生态公园 59 个绿化景观节点，贯穿环岛路上的绿道。

2. 加快茉莉花茶产业园建设

加快闽清县茉莉花茶产业园等园区建设，拟安排专项资金用于茉莉花和茶叶种植、茉莉花茶加工、成品批发市场建设、福州茉莉花茶博物馆和茉莉花公园建设、茉莉花和茉莉花茶文化旅游建设以及产业园配套设施建设等，鼓励茉莉花茶企业入驻，打造集生产、展示、销售、影视演艺、餐饮服务、旅游等为一体的多功能福州茉莉花茶产业园，推动福州茉莉花茶产业集聚发展，争取创建一批效益更好、影响力更大、带动力更强的区域性、全国性特色农业品牌，提升福州茉莉花茶产业整体实力。

3. 加大品牌宣传推介力度

安排专项资金，确保对福州茉莉花和茉莉花茶进行整体形象设计及媒体宣传展示。聘请国内知名品牌策划设计公司，规划设计福州茉莉花茶整体品牌形象标志和品牌宣传广告语及宣传推介策略，全力打造福州市茉莉花茶公共品牌形象，提升品牌影响力。一是积极开展展会推介活动。通过组织参加海峡两岸经贸交易会暨 5·18 展会（福州）、中国国际农产品交易会、中国（济南）茶叶博览会、海峡两岸茶业博览会等展会活动，扩大福州茉莉花茶知名度。通过举办福州茉莉花茶“中国行”“世界行”活动，举办福州茉莉花茶征文摄影大赛，开展最美茶山评选，推介“中国春天的味道——福州茉莉花茶”。二是积极参与城市品牌宣传。把福州茉莉花茶宣传作为福州城市品牌宣传的重要一环，在飞机场、高速公路重要路段、动车站、地铁站、阅报栏等地点建设“全球重要农业文化遗产——福州茉莉花与茶文化系统”“福州——世界茉莉花茶发源地”等公益广告栏，展示生态福州的独特魅力。紧抓世界遗产大会在榕举办的有利契机，深入挖掘福州茶港和茉莉花茶历史文化底蕴，大力宣传福州茉莉花茶品牌文化，扩大世界影响力。积极邀请国内外媒体拍摄福州茉莉花茶系列专题片，让世界了解福州。

4. 拓展和提升产业链

一是加强人才培养。加强福州茉莉花茶企业与省内相关高校的产学研合作，促进福州茉莉花茶制茶工艺传承发展，培养一批懂技术、善管理、求创新的复合型人才。二是加强科研开发力度。支持茉莉花及茉莉花茶产业科技创新发展，对研发成功并投入使用的茉莉花智能采摘项目和新获得专利的茉莉花品种改良、花茶工艺、花茶相关产品等项目给予一定奖励。积极发挥福州市农科所、菜科所作用，加快实施“全球茉莉花种质资源保护与创新基地”项目，在福州市果树良种场专门建设茉莉花品种资源圃，推动茉莉花品种资源的保护与研发。三是加强精深加工。鼓励茉莉花茶企业开展精深加工，开发茶饮料、茉莉速溶茶粉、茉莉多糖、茉莉花酮、茶多酚、茶食品等多元化茉莉花茶产品，提高产业综合效益。四是加快推动茉莉花茶与二三产业融合发展，推动福州茉莉花茶产业与休闲旅游业相结合，着力打造 AAA 级及以上茶旅景点。

八、厦门市茶产业发展报告

总结厦门市茶产业在茶叶种植、品种等方面发展概况，对厦门市茶产业发展制约因素进行分析，并从规范现有茶园管理、品种改良、实现品种多元化、提升茶叶加工水平等方面提出推动厦门市茶产业进一步发展的对策与建议。

（一）厦门市茶产业现状

厦门茶叶种植品种主要有毛蟹、本山、乌旦等，种植面积比较小，主要分布在同安区莲花镇军营、白交祠、西坑、淡溪、小坪、尾林、水洋等村以及汀溪镇堤内村。目前，莲花镇已经是厦门市茶叶生产基地。

2018 年，厦门全市茶叶种植面积 778.33 公顷，其中采摘面积 761 公顷，产量 1452 吨。2019 年，全市茶叶种植面积 1049.02 公顷（其中莲花镇 1022 公顷、汀溪镇 23.33 公顷、双溪林场 3.69 公顷），采摘面积 775.02 公顷。厦门市茶叶种植区域品种主要为毛蟹，种植面积约

386.67公顷，其他品种还有本山约233.33公顷、铁观音约116.67公顷，乌旦、黄金桂、奇兰等其他品种种植面积合计约36.67公顷。2019年，厦门全市茶叶产量1560吨，产值4300多万元，均价约28元/千克。

总体看，厦门茶叶种植业者加工技术不高、品种与市场需求不适应、销路困难，制约了茶产业的发展壮大。

（二）厦门市茶产业发展对策

要以发展“生态美丽乡村”为目标，发挥莲花镇的地域优势和生态优势，培育厦门市生态茶产业，保护生态环境，发展生态茶旅游，完善生态机制，实现绿色发展。

1. 规范现有茶园管理

（1）茶园基地可追溯管理。

同安区大部分茶园管理正从粗放式向规范化转变，实行“一片茶园一套档案”管理模式。在茶园种植环节、农事活动、毛茶加工等方面建立详细档案，每个茶季深入产区对茶农、植保员进行培训指导，对茶叶种植、采收、加工、储存、运输等各个环节进行监管，开展茶叶质量可追溯体系建设，确保原料安全性。

（2）茶园农残控制。

农残控制是茶产业链种植环节质量安全控制中最重要的一环。同安区政府每年为茶农统一代购或配送由厦门大学环境科学研究中心检测合格的农药，真正从源头上解决了茶农安全用药问题，从而有效地保证了茶叶原料的农残安全。厦门市农业农村局每年还会根据最新国内外农残标准和政策制定《茶树病虫害防治使用手册》发放给茶农，手册内容涵盖了新一年出口日本、欧盟茶叶推荐用药清单，茶树主要虫害防治时期及农药品种和使用剂量，茶园禁用农药表及新近发布相关政策法规。除了为茶农解读每年国内外最新农残政策外，厦门市科协还组织专家对农技人员、茶农及企业技术人员进行农药安全知识培训，从而更好地确保茶叶药残的安全。

2. 品种改良，实现品种多元化

莲花镇目前种植品种主要以毛蟹为主，经济价值低，茶农收入低。目前，厦门相关部门正积极引导茶农种植高产优质品种，同时茶园将统一按照专家要求进行管理、加工，加快同安茶叶由增产导向向提质导向转变，加快推进同安茶叶转型升级。组织专门技术人员每个茶季深入产区对茶农、植保员进行培训指导，对茶叶种植、农药、肥料、采收、运输等各个环节进行严密监管，确保茶园种植管理的安全性。

3. 提升茶叶加工水平

针对茶农收入低、生产加工积极性不高、茶叶制作水平以粗放型为主、品质低下、销售困难等难题，同安区政府与茶叶企业联合，加强对茶农茶叶初制、精制工艺进行改进提升，对茶农进行全方位培训。同时还开展采摘、初制、烘焙等方面技能比赛，彻底改变原有粗放加工模式，提升品质，实现较高经济附加值。

此外，仅在茶园管理建设和栽培种植技术的推广、品种改良和工艺改进等产业链中端进行指导，难以支撑同安茶叶全产业链的协同发展。茶叶价格低，茶产业的综合效益就不明显，难以提高茶农种茶的积极性。因此，厦门市农业农村局组织厦门重点龙头企业进行点对点精准扶持莲花镇茶农，通过加大收购力度、指导茶精深加工品、提升产品品质，确保了茶农增收，鼓励茶农收好茶、种好茶，互赢互利，共同发展。

厦门市政府将充分发挥科技特派员的作用，在同安茶叶种植区建设绿色食品示范基地、创新工艺茶产品、建立完善的茶叶管理体系等，利用产学研多方力量，有力地促进农业增效、农民增收、农村稳定。

九、莆田市茶产业发展报告

总结莆田市茶产业在种植、加工、品牌发展、科研等方面的情况，并从加强政策扶持、引导产业升级、推行标准化生产、完善平台建设等方面提出推动莆田市茶产业进一步发展的政策建议。

莆田市茶树始植于隋代，仙游凤山九座山区时有成片种植，当时钟山镇麦斜岩、南雾寺、榜头塔山寺等，时有名茶。2016 年，历史名茶郑宅茶成为国家地理标志证明商标。龟山茶是以莆田市龟山山脉生长的茶树鲜叶以传统工艺制成的茶叶，因其具有外形卷曲结实、色泽绿油润带点砂绿、香气清香持久、汤色金黄、滋味鲜醇等特征而受到广大爱茶人士的追捧。

（一）莆田市茶产业现状

1. 茶叶种植与加工

莆田市不属于福建省茶叶主产区，茶叶种植主要集中在莆田市仙游县，其次为涵江区、城厢区。据统计，莆田市 2018 年扩大茶叶种植面积，且随着茶叶种植管理的跟进、种植技术的投入、茶树龄的增加、茶树分枝增多，茶叶产量逐年增加。2018 年，莆田市茶树种植面积 1212.47 公顷，比 2017 年增加 134.8 公顷，增长 13.0%；其中采摘面积 1140.47 公顷，比 2017 年增加 62.8 公顷，增长 6.0%。2018 年，全市茶叶产量 4235 吨，比 2017 年增加 191 吨，增长 4.7%，其中红茶产量 467 吨，比 2017 年增加 74 吨，增长 18.8%；绿茶产量为 200 吨，比 2017 年增加 9 吨，增长 4.7%；青茶产量为 3499 吨，比 2017 年增加 106 吨，增长 3.1%。2018 年，莆田市茶叶总产值 2.22 亿元。据统计，2019 年莆田市茶叶种植总面积 922 公顷，收获面积 882 公顷，毛茶总产量 3721 吨，毛茶总产值 1.92 亿元。2019 年较 2018 年种植面积下降，红茶产量略增，乌龙茶产量略降。主要原因有三个：一是春茶采制期连续遇雨天天气，无法采制。二是受到乌龙茶茶叶市场价格低迷的影响，许多茶场春茶少施肥、不施肥，影响了春茶产量。三是部分茶场减少乌龙茶的生产，部分茶叶改为加工红茶。

莆田茶品种繁多，经长期的发展与调整，现全市形成了三大茶类五大主要产区。龙华镇、钟山镇、游洋镇、鲤南镇、园庄镇、梧塘镇、赖店镇、大济镇、枫亭镇、江口镇、秋芦镇、新县镇等以出产铁观音、黄金桂、本山为主。绿茶类品种主要有福云6号、7号、8号等。乌龙茶有铁观音等。福建省龙头企业福建金溪茶业有限公司年产量2300吨，销售额2.5亿元；涵江天林茶业有限责任公司年产量1500吨，销售额1.5亿元。

2. 茶品牌状况

莆田市发展茶产业是走名牌、优质、高效之路，坚持“主攻名优茶，兼产大宗茶，发展无公害茶，开发有机茶”方针。目前，全市获无公害农产品认证面积近万亩，有机茶认证面积36.7公顷。莆田市有2家茶叶省级龙头企业，即福建金溪茶业有限公司和莆田市天林茶业有限责任公司。福建金溪茶业有限公司茶叶基地被认定为国家级农业标准化示范区，公司的“仙溪牌”乌龙茶荣获福建“名牌产品”“著名商标”。莆田市天林茶业有限责任公司主要经营铁观音、红茶、大红袍、白茶，拥有自己的生态茶园、生产基地、科研机构、透明式生产庄园、品茗体验馆，是一家集茶叶种植、生产、销售、科研、推广于一体的综合型茶业公司。莆田市枫林郑宅茶叶有限公司主要从事莆田郑宅茶品种的加工、研发和推广，改革开放后，郑宅茶内销市场不断扩大，2020年5月被莆田市人民政府评为“首批老字号”。

3. 茶叶研究机构发展状况

莆田市的茶叶研究机构，主要有莆田市南方茶叶技术研究所、福建省盛世祥和农业科技发展有限公司、莆田市枫林郑宅茶科学研究所、金溪茶厂和蔡襄文化研究院等。其中莆田市南方茶叶技术研究所由天林茶业有限公司于2016年注册成立，与福建省农科院、福建师范大学、莆田市农林所、莆田学院等多家机构合作，专家力量雄厚，在茶树种植、茶树新品种选育、茶树栽培、茶树无害化防治、茶叶加工、茶叶深加工以及茶叶质量安全和标准等领域开展研究。福建省盛世祥和农业科技发展有限公司于2015年在仙游注册，集种植、生产、研发和销售于一体，公司旗下有安溪祥华和春、德化、仙游等高海拔原生态茶叶基地，仙游县祥和茶叶科学研究所、莆田市上官长垣茶叶技能大师工作室及研发中心，茶叶直营店分布于福建、广西、山东等主要城镇。

（二）莆田市茶产业发展对策

1. 加强政策扶持，引导产业升级

对接福建省委省政府出台的《福建省促进茶产业发展条例》，莆田市农业农村局和市财政局出台新一轮《莆田市现代农业发展资金管理办法》，统筹安排现代农业发展专项资金，进一步扶持茶产业发展。以服务专业合作社、龙头企业、公司及种植大户等新型农业经营主体为重点，积极带动茶叶先进技术的示范、引领、宣传工作，不断增强辐射带动效应，进一步做好龙头企业的扶持工作，走“公司＋农户＋基地”的发展模式，实现生产、加工、销售一条龙，农工贸一体化，形成利益上的共同体，引导茶叶栽培向规模化、集约化、标准化转变。积极推进茶叶出口，以福建金溪茶业有限公司为龙头，带动莆田市周边茶企、茶农建立万亩茶叶出口基地，做好生产指导、管理、加工，严格按照出口标准来规范生产，保证产品全面符合欧盟等发达国家的标准，确保乌龙茶系列产品出口欧盟名列前茅。

2. 实施科技兴茶战略，推行标准化生产

指导各地强化茶园科学管理，倡导茶树健身栽培，采取适时修剪、分批采摘、中耕培土、冬季清园等措施。严禁高度密植和过度矮化等掠夺性生产方式。鼓励茶园套种绿肥、增施有机肥，有效改良土壤，增强地力，促进提质增效。加强监测预警，推进茶园病虫害绿色防控，强化统防统治，综合应用生态调控、农艺改良、物理防控、生物防治等措施，确保产品质量安全。积极组织茶叶企业、种植大户参加茶叶绿色发展质量兴茶培训班；对接“专家茶区行”活动，积极配合省市茶叶专家前往重点茶区、茶企开展技术指导，增强茶叶种植户质量安全意识，提高茶叶生产水平。同时，通过举办茶业无公害生产栽培技术培训班等，深入茶叶主产地，把有关茶叶的选苗、种植规格及日常管理、采摘等知识传授给广大茶农，使广大茶农真正掌握相关技术，确保培育出高产高

质高品味的茶叶。

3. 完善平台建设，加强品牌管理

确保产品质量安全，把所有茶叶生产主体纳入省级农产品质量安全可追溯平台，发挥平台在茶叶投入品监管、规范农药科学使用及产品质量安全保障方面的作用。加强督查，做到生产有记录、流向可追踪、信息可查询、质量可追溯。一是在春茶、秋茶加工结束后，对产地龙头企业、专业合作社、家庭农场生产的茶叶监测全覆盖。二是发展生态茶园，积极推广生态调控、农业措施、化学诱控、物理防治、生物防治和科学用药等综合防控措施。三是加快无公害、绿色食品生产进程。做好茶叶农残超标专项整治行动，充分利用生物有机肥、农家肥对茶树进行施肥，同时改善生态环境，实现茶产业可持续发展。病虫害的防治要坚持以农业综合防治为主，使用高效、低残留农药防治为辅，促进茶园生态向良性方向发展，确保生产出无公害优质茶，增强市场竞争力。

第三部分　福建省特色茶产业发展报告

一、安溪县茶产业发展步入快车道

总结安溪县茶产业在组织形式、生产工艺、管理模式、品牌培育、市场格局、产业链条等领域的发展成效，并从激发绿色动能、科技动能、市场动能、云端动能、资本动能等方面提出了推动安溪县茶产业进一步发展的政策建议。

安溪产茶始于唐朝，发展于明清，兴盛于当代。改革开放以来，安溪县从茶文化推广入手，以集体品牌带动企业品牌开拓市场，先人一步，把产业、企业、茶农带进市场。2019 年，全县茶园面积 4 万公顷，产量 6.2 万吨，涉茶总产值 191 亿元，连续 10 年位列全国重点产茶县首位，获评中国特色农产品优势区、中国茶业品牌影响力全国十强县、国家农产品质量安全县。安溪铁观音茶文化系统于 2014 年成功入选中国重要农业文化遗产，2019 年 6 月入选第二批中国全球重要农业文化遗产预备名单。安溪铁观音入选中国茶叶十大区域公用品牌、新华社民族品牌工程、“中国农业品牌建设学府奖”十佳品牌案例奖，品牌价值 1425.43 亿元，连续 4 年位列中国茶叶类区域公用品牌价值第一。

（一）转型升级中的安溪县茶产业

近年来，安溪县以市场诉求为导向，以农业供给侧结构性改革为动力，以“四心”（不忘初心、坚定信心、秉承匠心、上下同心）为引领，加快“四化”（地标化、标准化、去冰箱化、庄园化）步伐，打通茶产业发展的“七大通道”（新茶向老茶转化通道、消费者购买正宗安溪铁观音通道、品牌精准营销通道、游客体验消费通道、资本进入茶山茶园通道、“一带一路”茶香通道等），取得了显著的成效，促进了产业加快转型升级。

1. 组织形式向规模化、集约化加速转变

安溪县致力于打造“龙头企业＋合作社＋基地＋茶农”的产地利益共同体，推动由千家万户、单打独斗的小农经营向组织化、规模化、集约化经营转变。全县现有茶叶专业合作社1076个（国家级示范社4个、省级示范社41个、市级示范社59个、县级示范社64个），家庭农场602家（省级示范场19家、市级示范场19家、县级示范场16家），茶园生产合作、质量联控比例达48%以上，有效规避了小农生产应对大市场的产业风险。

2. 生产工艺向自动化、连续化、智能化加速转变

近年来，安溪县承担国家、省、市级涉茶科技计划项目36项，在茶叶深加工、茶叶机械智能化、茶叶质量安全等关键性、共性技术研究领域走在全国前列，发明制造的茶叶分装机、捡梗机和乌龙茶自动化、清洁化、高效化生产线等高端产品，市场份额占到全国的80%以上。培育5家涉农国家高新技术企业、4家涉农省级科技小巨人领军企业。全县拥有SC认证企业372家。34家市级以上农业产业化龙头企业投资建成自动化、连续化、智能化生产线20余条，大大突破了农业看天吃饭的瓶颈，生产工艺由手工、半机械化向自动化、连续化、智能化加速转变。

3. 管理模式由粗放经营向精细管理加速转变

安溪县树立“待茶以人”理念，从“县域大生态、茶山小生态、土壤微生态和绿色生产技术推广”四个维度推进生态建设，为茶产业发展上好“绿水、青山、蓝天、白云”的生态底色。率先实现县域农资监管全程追溯，全面推行生物防治、物理防治、智能防治等“绿色植保”技术，构建以县为单位的从茶园到茶杯的茶叶质量全程保障体系，打造有“身份证”、看得见的健康好茶。2017年，在全国“双安双创”成果展

期间，安溪县作为全省唯一一家县级参展单位，对“双安双创”工作进行多维展示。2019 年 6 月，央视《焦点访谈》栏目播出节目《舌尖上的安全》，详细介绍了安溪从茶山到茶杯的全过程质量监控保障体系。

4. 品牌培育由品类品牌向著名区域公共品牌加速转变

安溪县打造了“安溪铁观音神州行”（荣获中国茶事样板十佳）、“安溪铁观音美丽中国行”等一批堪称业界经典的茶事活动品牌。连续成功举办了 7 届中国茶都安溪国际茶业博览会、3 届安溪铁观音大师赛，承办了第 17 届国际无我茶会，不断提升品牌知名度、美誉度。“安溪铁观音”成为厦门金砖会晤、上合组织青岛峰会和中英、中印、中朝领导人会晤等重大外交活动用茶，被寄予“提升国际影响力”的厚望，成为世界中国茶的代表符号。

5. 市场格局向“线上线下融合、国内国外并进”加速转变

安溪县依托弘桥智谷（泉州）电商产业园、茶多网、天猫、京东商城安溪会馆等平台，大力发展电子商务和跨境电商，形成线上线下融合发展的格局。2019 年，全县茶叶电商交易额达 46.41 亿元。同时，安溪县依托“茶酒对话”“闽茶海丝行”“中法文化论坛”等载体，积极布局欧美、东南亚、非洲等国际市场，大力构建安溪铁观音“一带一路”茶香通道。安溪铁观音入选“中欧 100＋100”地理标志互认互保产品清单，市场格局由传统市场向“线上线下融合、国内国外并进”加速转变。

6. 产业链条由“一叶”向“大业”加速转变

安溪县以国家现代农业产业园为抓手，突出规模生产、加工转化、科技集成、三产融合、要素聚集和品牌营销，致力于补短板、求创新、促转型、惠民生，建设经验成为全国典型。产业园有力地撬动产业链条不断延伸，茶配套、茶包装、茶文化、茶旅游等产业集群不断发展壮大。以“茶庄园＋”为开发模式，建成以云岭、国心绿谷、添寿福地等 22 家集生产加工、采摘体验、休闲观光、营销科研为一体的茶叶综合开发体，每年吸引 120 万人次以上的“铁粉”莅临安溪体验消费，旅游

收入超12亿元，茶文化旅游品牌进一步打响，大产业格局进一步形成。

（二）进一步提升安溪县茶产业发展的思路

安溪县将继续强化服务保障水平，坚持“四个导向”（市场导向、问题导向、创新导向和惠民导向），实施“五大动能提升工程”（绿色动能、科技动能、市场动能、云端动能和资本动能），统筹推进产业发展各项工作，实现“两手抓、两不误、两促进”。

1. 激发绿色动能

安溪县重点推进全域生态、茶园小生态建设，推行绿色生产技术，建设有机、绿色茶叶生产基地和出口备案基地；打造“龙头企业＋合作社＋基地＋家庭农场＋茶农”的现代茶业产业化联合体，发展“互联网＋农业”模式，增强龙头企业带动力；支持建设大中型茶叶初制清洁化、标准化集中加工场，培育新型社会化服务组织。

2. 激发科技动能

安溪县重点推进“构建政产学研用平台、检验检测平台、企业‘双创’（创新创业）平台、茶叶全价利用和深加工孵化平台等平台”建设；办好第四届安溪铁观音大师赛，大力弘扬工匠精神；深入实施“茶业万人培训工程”“茶商培训工程”，壮大茶产业领军人才队伍。

3. 激发市场动能

安溪县重点推进“年年有主题·月月有活动”公共品牌推广活动，推动安溪铁观音茶文化系统申报“全球重要农业文化遗产”，提升安溪铁观音区域公共品牌美誉度和影响力；引导茶企业加快创牌创标，培育企业个性品牌，提升企业的市场竞争力；推动茶叶从原茶消费向花草茶、养生茶、新茶饮等快捷、时尚、保健茶饮延伸，支持黄金桂、梅占、肉桂等特色名优品种创牌拓市；深化“茶酒对话”，积极参与“闽茶海丝行”活动，着力打造“一带一路”的茶香通道。

4. 激发“云端动能”

安溪县重点推进安溪茶产业云平台、安溪铁观音数字地标监管平台、县域农资监管与物流追踪平台等平台建设；依托拼多多、天猫、京东、苏宁、茶多网等平台，持续办好线上“茶叶节”活动，加快打通消费者购买正宗安溪铁观音“掌上通道”。

5. 激发资本动能

安溪县重点加快茶山茶园资源资本化步伐，大力扶持龙头企业上市，打造茶企“航母”编队；开展财政支农资金股权量化的新型农民利益联结机制试点，带动茶农更多分享二三产增值收益。

二、福安市茶产业发展现状与对策

总结福安市茶产业在产业规模、生态茶园建设、质量安全管控、品牌推广、销售网络等领域的发展成效，对福安市茶产业发展制约因素进行分析，从强化质量管控、打造茶产业核心区、培育壮大龙头企业、拓展市场空间、加强产学研合作等方面提出了推动福安市茶产业进一步发展的政策建议，并介绍福安市实施贴息贷款优惠政策，扶持茶产业发展的案例。

近年来，福安市深入实施茶产业“六大”工程（良种保育工程、茶园生态工程、质量安全工程、龙头带动工程、品牌提升工程、市场营销工程），推进茶产业持续健康发展，先后获得“中国茶叶之乡”“全国十大重点产茶县”“全国十大生态产茶县”“国家级茶叶标准化示范县”“全国无公害茶叶示范基地县”“全国绿色食品（茶叶）原料标准化生产基地县”“中国红茶之都”“中国茶业百强县”“国家区域性良种繁育基地”等荣誉称号。

（一）福安市茶产业现状

1. 福安市茶产业发展成效

（1）产业规模逐步扩大。

全市现有大小茶叶加工企业600多家，其中规模以上企业27家，省级重点龙头企业17家，宁德市级龙头企业35家，福安市级龙头企业30家；国家级茶业专业示范社2家、省级2家、宁德市级8家、福安市级10家。目前，有7家茶企拥有自营出口权，获得国际雨林联盟认证1家、ISO认证4家，具有食品生产许可证的企业76家。

（2）生态茶园成效显著。

福安市现有茶园面积约2万公顷，2019年全市茶叶产量达2.84万吨、毛茶产值16.92亿元，分别比2018年增长1.07%、1.62%。全市有机茶生产示范基地200公顷，全国绿色食品（茶叶）原料标准化生产基地8133.33公顷，拥有全省最大的茶树良种繁育基地，年出圃良种苗木6亿多株，全市茶树良种化率达98%，茶树品种丰富，推动了多茶类生产发展。全市建立生态茶园约4666.67公顷，其中推广种植优新茶树良种约1333.33公顷，带动周边近2666.67公顷标准化茶园生产建设。

（3）质量安全稳步提升。

福安市积极推广应用病虫害绿色防控技术，在城阳、甘棠、松罗等11个乡镇建立绿色防控技术示范片800公顷，全市茶园通过省级无公害产地认定，是福建省首个“全国绿色食品原料（茶叶）标准化生产基地”县（市）。福安市率先在全省茶业系统建立茶叶质量检测中心，每年定期对各乡镇春、夏、秋茶叶进行例行抽检，有效监控全市茶叶农残。《地理标志产品坦洋工夫》国家标准、《花果香坦洋工夫　闽科红》团体标准、《坦洋工夫茶感官分级标准样品》先后获得批准发布实施，《绿茶（A级绿色食品）综合标准》等10项企业标准经批准发布实施。全市有28家茶叶企业的40个产品分别获得无公害、绿色食品、有机茶认证，组织福建农垦茶业有限公司、福建隽永天香茶业有限公司等164家茶企开展“一品一码”全过程追溯体系建设，其中福建隽永天香茶业有限公司被列为国际标准农产品示范基地。

（4）品牌推广持续开展。

福安市有“坦洋工夫”“新坦洋”两件中国驰名商标，省著名商标13件，福建名牌产品14件，宁德市知名商标22件。历史名茶“坦洋工夫”先后获得“国家地理标志产品保护”“中国证明商标”“中国驰名商标”“福建省非物质文化遗产”“农产品区域公用品牌”等荣誉称号，“坦洋工夫”区域公用品牌价值达 32.53 亿元。2015 年，“坦洋工夫”成为意大利米兰世博会中国馆全球合作伙伴和指定用茶，并独家冠名中央电视台戏曲频道《梨园闯关我挂帅》栏目，拍摄的《坦洋坦洋》戏曲也得到社会大众的好评。福安市先后成功举办三届坦洋工夫制茶能手大赛、坦洋工夫红茶文化周暨第十四届“坦洋工夫”杯斗茶展示会等活动。“鸟巢茶·坦洋工夫”大茶饼入驻北京奥林匹克塔，设立福安茶业及坦洋工夫品牌展示馆，并与北京世奥森林公园开发经营有限公司签订战略合作协议，共同合作提升福安市以“坦洋工夫”红茶为代表的农副业商品品牌影响力，促进闽东特色乡村振兴之路的发展。选定第一批坦洋工夫“推广使者”50 名，成立坦洋工夫传习所，坦洋工夫茶传统制作技艺获省推荐申报国家级非遗项目。深度挖掘坦洋工夫红茶的历史文化底蕴，积极开展非物质文化传承人认证工作，评选出 15 位“坦洋工夫”非遗传承人，进一步烘托产业文化氛围，提高产业文化内涵，增强品牌对消费者的影响力。

（5）销售网络不断拓展。

用地面积近 3 万平方米、总建筑面积约 14 万平方米的龙芝·富春茶城建成并投入使用。发挥福安茶叶销售大军作用，鼓励支持遍及全国各地茶叶市场 3 万多茶商销售福安茶叶，重点销区建立茶叶专业市场，在北京成立坦洋工夫茶文化推广中心、济南成立坦洋工夫北方联合会，开设专卖店、连锁店和专柜达 8000 多家。发展茶叶电子商务，建立中国红茶网电子商务公共服务平台，制定福建省地方标准《电子商务交易产品信息描述规范　茶叶》(DB35T1552—2015)，全国电子业务标准化技术委员会茶叶电子商务工作组设在福安市，引导规范福安市茶叶电子商务发展。

2. 福安市茶产业发展制约因素

总体上，全国茶叶种植面积持续扩大，产量持续增加，市场竞争压力加大，尤其是国内红茶市场竞争激烈，坦洋工夫市场知名度尚不够，茶文化系统性开发滞后，茶产业链拓展不够，缺乏市场竞争力。

福安市茶企规模小、标准化产业化水平仍较低，产业链以松散型为主，各自为政，产业集群规模和综合效益低下，带动能力和市场竞争力不强。

福安市茶园坡度大部分在25度左右，管理较为不便。目前，福安市70%以上茶园种植时间达20年以上，树势衰老抗逆性低；土壤由于长期施用化肥，板结、酸化、退化等现象较为严重，造成地力下降，影响茶叶品质。

福安市茶叶加工仍然以粗加工为主，产品附加值较低。同时，福安市茶叶标准化加工水平低，部分茶叶初制厂厂房简陋、设备落后，还有部分茶叶企业加工以家庭作坊为主，整体制茶标准化、清洁化、自动化程度较低，劳动强度大、生产效率不高。

福安市城北茶叶专业批发市场店面数量少、规模小、现代化水平低、布局不合理，茶叶低价销售居多。富春茶城刚建成，其市场集散功能和定价功能还未能有效地发挥。

（二）福安市茶产业发展对策

1. 强化质量管控

福安市始终坚持“质量第一，安全就是效益”的原则，继续推进茶叶质量安全可追溯体系建设，深入各乡镇开展茶叶质量技术服务，指导茶园合理施肥用药，努力消除茶叶质量安全隐患，营造健康的质量环境。继续加强出口示范基地建设，引导企业规范示范茶园基地建设，参照出口卫生企业的标准，进行加工厂清洁化改造，规范厂区车间布局；以改园、改土、改树、改肥、降药“四改一降”为重点推进生态茶园建设，提高茶叶产量和质量；严控化肥、农药使用，鼓励种植茶园绿肥，支持使用茶叶专用肥、商品有机肥，推广配方施肥、缓控释肥等高效新型肥料和水肥一体化，对适度规模连片的茶树生产基地茶园推广应用绿色防控技术，开展茶树病虫害统防统治试点，提高防治效率，提升防治效果；示范推广茶园机械化栽培管理技术，建立茶园机耕机剪示范基地，改善生产条件，提高劳动效率，降低人工成本。

2. 打造茶产业核心区

福安市以坦洋工夫智慧茶谷和国家级产业强镇示范建设为抓手，积极创建国家现代产业园，大力实施茶叶绿色高质高效创建项目，打造核心产区；根据福安市茶产业发展的状况，以上半区为核心区，从富春茶城至社口镇、晓阳镇、穆阳镇的茶区为重点，以茶旅线路串联一体，将坦洋工夫文化和地质公园相融合；以坦洋茶场、坦洋村、省茶科所、白云山地质公园等丰富的自然、文化、社会、科技、产业资源，集茶叶种、产、研、销、文、旅、养等为一体，将加工企业、龙头企业、文化企业引导到上半区，带动区域内各产业融合发展。

3. 培育壮大龙头企业

福安市鼓励成立茶业合作经济组织，带动茶农按照产业标准和市场需求组织生产，实现生产与市场对接，有效缓解茶农消息闭塞、销售难的困境。重点扶持龙头茶企和规范发展、带动性强的合作社，在抓好茶旅结合、三产融合、产品研发上先行先试，起到龙头示范作用；加快坦洋工夫城施工前期工作，抓紧坦洋茶场品鉴楼、民宿楼等装修，迎接全国制茶大赛省级选拔赛和全省古建木工、古建瓦工岗位技能赛；加快推进坂中坑下茶叶集中区建设，争取尽快投产。同时，实施茶叶精深加工提升工程，重点支持隽永天香茶业投资760万元开发“茶饮料包装流水线”项目和艾绿茶业投资300多万元引进“茶叶萃取深加工”生产线项目。

4. 拓展市场空间

福安市成立“茶业协会富春茶城分会”，引导企业积极入驻富春茶城，加强市场规范管理，配套建设茶城市场管理服务中心、茶叶电子商务中心，以及茶叶价格信息发布、仓储、物流、检测、交易、文化交流、教育培训等市场公共设施，增强辐射带动能力，全力打造中国工夫红茶集散中心，借助市场影响力提升福安茶叶知名度；着手在深圳、北京、武汉、宁德等地设立坦洋工夫体验中心，推动成立“产销联盟”，建立健全营销网络体系，更好地建立与各大销区市场的联系沟通机制；大力培育茶叶电商企业，发展线上线下电子商务，支持茶叶企业和协会自建茶叶垂直电商平台，加强与第三方电商或者物流企业的沟通合作，开展直播卖茶等多种形式的网络营销；强化招商引资力度，吸引社会资本、金融资本和外资进入茶业，参与云仓、茶叶专业市场等公共平台建设，为茶企、茶商提供仓储、融资、交易等平台服务。

5. 加强产学研合作

福安市充分发挥国家良种繁育基地优势，重点推广金牡丹、金观音等适制性广的优新品种，加快品种改良，推动多茶类生产发展；重点组织实施甘棠400多公顷全国区域性茶树良种繁育基地建设，使之成为全国良种的交易基地；持续抓好社口茶业产业强镇示范建设项目，以点带面，发挥示范带动作用；依托省茶科所、宁德职业技术学院技术力量，深入开展共建茶产业协同创新服务平台，重点在提高茶叶质量效益技术示范推广、茶树良种繁育标准化示范基地建设、茶叶实用人才培训、坦洋工夫城公共服务设施建设等方面开展共建活动，提升全市茶产业科技水平；鼓励茶叶科技人员通过创办科技型企业、建立科技示范点、开展科技承包和技术咨询等服务形式，提高茶叶科技成果转化率和贡献率；依托农业农村局新媒体中心，引进、培养茶叶专业人才，特别是营销管理人才和茶叶企业家的培养，着力构建茶叶科技和管理队伍；积极创建茶产业大数据中心，鼓励企业利用互联网、物联网、大数据技术改造提升茶产业，组织农垦集团实施数字农业建设试点项目，重点建设全市茶业大数据平台系统、茶叶质量安全管理追溯系统、茶叶电商销售平台、业务支撑和服务平台，建设266.67公顷高标准智慧数字茶园，合作引资2600多万元兴建王家茶场智慧农业，提高数字茶业发展水平。

6. 唱响坦洋工夫品牌

福安市高层次策划打造坦洋工夫品牌，加强与科研院校和策划机构的深度合作，突出坦洋工夫的卖点和宣传推广亮点，采取政府搭台、企业唱戏等方式，在动车及电视台、报刊等媒体及网络上大力宣传坦洋工夫品牌，提升品牌知名度。承办 2020 年中国技能大赛——第三届全国农业行业职业技能大赛（茶叶加工）暨红茶制作大赛初赛；组织企业参加国内外茶事活动，在北京、济南、深圳等重要销区举办坦洋工夫推介会；利用坦洋茶谷文旅线路列入中国农业国际合作促进会首个“国际茶日”生态观光茶旅线路名单的契机，全力打造坦洋茶谷文旅精品线路。福安市计划用三年时间投资 5000 多万元打造社口坦洋情意村，深入挖掘坦洋工夫茶文化内涵，推进茶旅融合、建设茶文化旅游路线，将茶文化、茶产品与白云山旅游产品宣传有机地结合起来，形成福安茶旅大文化格局。

（三）福安市出台贴息贷款优惠政策

福安市茶业有一定的规模，但企业总体实力偏弱，普遍存在流动资金缺乏的问题，尤其是春季茶叶生产季节流动资金缺乏问题更加突出。茶市的稳健发展事关全市 40 万茶农的增收，2016 年春季，福安市政府高度重视茶企普遍反映的经济下行压力增大、茶青收购资金严重短缺等影响茶产业健康发展的困难和问题，研究出台了实施贴息贷款的优惠政策，一定程度上缓解了企业贷款难问题，其主要做法是：

一是明确贷款主体。由福安农村信用联社、邮储银行福安支行负责，将福安市茶叶企业生产性流动资金贷款作为支农工作重点，全力支持茶企增信增贷，尽可能给予贷款利息优惠支持。

二是制定担保规则。由福安市富信担保公司负责对纳税总额在 10 万元以上且无不良记录的福安市茶叶企业提供贷款担保。担保额在 100 万元以下（含 100 万元）的，由企业提供信用保证反担保（追加企业法人、股东及其配偶连带责任）；担保额超过 100 万元的，由企业提供房产、机器设备、商标专利等抵质押反担保，并追加企业法人、股东及其配偶连带责任。市富信担保公司负责提供担保的贷款规模总额控制在 1500 万元以内，贷款期限为一年，单家茶叶企业贷款担保不超过 200 万元。在财政扶持茶产业发展专项基金中安排 200 万元，作为市富信担保公司风险补偿准备金。

三是确保资金安全。由市政府牵头组织，市茶业局、财政局、金防办、相关银行负责，按照选准对象、重点扶持、稳健经营的原则，研究制定茶叶企业贷款资金使用监管方案，切实保障资金运转安全。市茶业局会同贷款行综合考虑茶企贷款总量、资金需求、信用状况和发展潜力等情况，分别研究确定不同茶叶企业贷款担保额度，在6个月内还清贷款的企业给予贷款利息全额贴息；在9个月内还清贷款的企业按照贷款利息的50%给予贴息，超过9个月未还清贷款的企业不予贴息。贴息资金在财政扶持茶产业发展专项基金中安排。

四是强化政策激励。在实施贴息贷款优惠政策的基础上，福安市出台以纳税为标准的奖励政策，根据茶叶企业的纳税额度，年度纳税额达100万元以上企业，地方政府给予评定纳税大户，并对纳税大户给予6万元奖励；同时，给予纳税大户企业贷款贴息支持，企业以纳税额为基数申请贷款，在9个月内还清贷款的企业贷款利息全部由地方财政给予全额贴息补助。

福安市2016年开始对纳税10万元以上企业实施贷款贴息扶持，同时对纳税100万元以上的企业给予奖励激励政策，其中2017—2018年度共贴息32万元，2018—2019年度共贴息43万元。政策的实施有力地促进了地方茶产业的持续健康发展，纳税百万元以上企业由2016年的6家增加到2019年的12家，整个茶产业纳税总额逐年提高，由2018年的2100万元增加到2019年的2800万元。

三、福鼎市质量兴茶实践

总结福鼎市茶产业在机制建设、品牌建设、质量安全管控、乡村振兴等方面的发展成效，并从推进基地化生态茶园建设、搭建茶园数据库、完善执法联动机制、提升白茶工艺整体水平、扩大品牌宣传等方面提出推动福鼎市茶产业进一步发展的对策与建议。

近年来，福鼎市茶产业围绕“兴一个产业、富一方百姓”宗旨，树立了以市场为导向、质量为重点、科技为动力、效益为中心的发展理念，充分依托本地资源优势和科技、人文力量，大力推进茶叶生产规模化、现代化、优质化、产业化、品牌化进程，全面提升茶产业发展水平。2019 年全市茶园可采摘面积约 2 万公顷，实现茶叶总产量 2.92 万吨，比增 7.5%，其中白茶产量 2.33 万吨，比增 27%。茶业综合产值达到 106.5 亿元，比增 100%。全市茶业龙头企业 130 家。

（一）福鼎市茶产业现状

图 3-1　福鼎市点头镇生态茶园（尤才彬摄）

福鼎市人口 58 万，其中涉茶人口 38 万人，茶业是福鼎的八大主导产业之一，为了加快茶产业发展步伐，福鼎市相继出台推动茶产业可持续发展的意见。按照总体规划，以全市实施功在当代、利在千秋的福鼎白茶品牌战略为标志，福鼎市进入了茶产业全面快速发展时期，传统的茶产业焕发出勃勃生机和活力。2018 年，福安市将原来的茶业工作领导小组改为茶产业工作领导小组，由市委书记亲自担任组长，不断扩大延伸行业管理范围，健全茶产业保障机制，为产业发展奠定坚实基础。每年召开全市茶业工作会议，专门研究部署推动茶产业发展的目标任务和具体办法。同时，围绕“茶业增效、茶农增收”的总体目标，建立健全保障机制，每年投入数百万元专项经费，积极扶持茶叶生产加工企业和有机茶基地建设以及开展科研、品牌宣传、市场营销等活动，为产业发展奠定坚实的基础。

1. 品牌建设，强力推进

近年来福鼎市抢抓机遇，通过开展丰富的品牌宣传推介活动，全力打造“福鼎白茶”特色品牌，充分挖掘福鼎白茶的文化内涵，提升福鼎白茶市场竞争力。福鼎白茶作为中国传统六大茶类代表之一，先后荣获了“中国驰名商标”“中国地理标志保护产品”“中国名牌农产品”“中国优秀茶叶区域公用品牌”“世博十大名茶”“百年世博中国名茶金奖”“中华文化名茶”“中国白茶标志性十大品牌”“北京奥运五环茶”等荣誉。福鼎白茶制作技艺被列入国家非物质文化遗产名录；福鼎白茶文化系统入选农业部第四批中国重要农业文化遗产。2020 年，福鼎白茶以 49.74 亿元的品牌价值位列中国茶叶区域公用品牌价值第 4 位，连续 11 年跻身十强前六。福鼎市品牌建设具体做法如下：

一是积极组团参展。主动为企业牵线搭桥，搭建宣传推介平台。通过政府组团参展、企业抱团出击的方式，积极走向一线市场，集中、高效、全面地展示了福鼎白茶的独特品质和竞争实力。近几年来，福鼎市积极组织茶叶企业参加全国性和国际性茶业展会 300 多场次。规模盛大的参展团、丰富的推介内容大大提升了福鼎白茶在国内外的知名度和影响力。

二是丰富茶事活动。每年举办形式多样的茶事活动，先后成功举办了首届中国白茶文化节、中国白茶“自然·健康·和谐”高峰论坛、第八届中国茶业经济年会、“中西文化融丝路，茶酒对话助扶贫”等一系列重要活动。连续成功举办了 8 届福鼎白茶开茶节，把开茶节办成茶青开采、茶市开张、茶企开工，助力乡村振兴开门红的全民庆典活动，促进福鼎白茶品牌提升。

三是扩大宣传。充分利用电视、报刊、网络等媒体，拓展影响力，强化福鼎白茶的品牌推介，加大品牌宣传力度。例如，与央视合作，推介福鼎白茶。2015 年开始，连续五年，央视新闻频道、2 套财经频道和 4 套中国新闻频道、湖南卫视茶频道以及福建省广播影视集团《午间新时空》专栏对一年一度的福鼎白茶开茶节进行直播，产生了可喜的宣传推介效果。

四是加强文化建设。自 2011 年开始相继在北京、上海、福州、厦门、重庆、广州 6 个城市建立福鼎白茶文化区域推广中心，让更多人更深入认识福鼎白茶优良品质、精致工艺和深厚的文化内涵。福鼎市又先后倾力铸造 26 集 3D 版原创动画片《太姥娘娘与白茶仙子》以及 2 部融合福鼎白茶文化、民俗文化、人文景观于一体的福鼎白茶微电影《最美的样子》第一、二部。此外，还推出《画说福鼎白茶》连环画，《福鼎白茶文化系统》等系列丛书。

2. 质量安全，严格管控

福鼎市高度重视茶叶质量安全，把茶叶质量安全放在茶叶生产的首位，持续实施质量兴茶、绿色兴茶，主要抓好几方面工作：

一是推进无公害茶园建设。全面引导茶企、合作社、茶农加强茶园基础设施建设，全面推行无公害茶园管理模式。积极引导茶企、合作社、茶农建设不用化学农药绿色示范茶园，全力推广有机肥替代化肥、推进绿色防控替代使用化学农药。截至目前，全市无公害和有机茶园认证面积达 3480 公顷（约占 25%）。组织市域内茶企积极应用省级可追溯平台，目前全市已有 358 家茶企入驻福建省农产品质量安全追溯监管信息平台。

二是发挥龙头带动作用。充分发挥龙头企业在基地建设、规范生产、清洁加工、质量安全、体系建设、诚信经营、科技示范等方面的模范带动作用。推动“龙头企业＋基地＋合作社＋农户”发展模式，提高组织化程度，辐射带动周边茶农共同发展。

三是加大质量监管力度。积极配合各级市场监管机构开展茶叶检测工作。完善“福鼎白茶信息查询系统”，方便群众对福鼎白茶生产及销售进行监督。建立茶叶质量安全黑名单制度，对被列入“黑名单”的企业，除依法给予行政处罚外，还将取消其“福鼎白茶”证明商标授权。

四是加强宣传培训。组织全市镇村干部、茶技人员通过广播宣传、张贴标语、悬挂横幅、发放资料和网络投放等方式走村入户宣传茶叶质量安全，发放《福鼎市茶叶质量安全倡议书》《福鼎白茶茶园生产科学管理手册》等科普资料5万余份。统筹各类培训资源，开展茶园科学管理与质量安全培训。

3. 机制建设，有效保障

一是健全茶企双月分析会机制。建立茶企双月分析联席会议机制，每两个月召开一次。针对当前茶产业的热点、难点问题进行探讨，为政府和企业搭建起沟通协商互动的新平台，共同推动福鼎茶产业可持续发展。

二是落实茶叶质量安全管理责任制。与各乡镇、涉茶部门签订质量安全目标责任书，将茶叶质量安全工作纳入乡镇年度绩效考核考评内容，落实茶叶质量安全乡镇属地监管责任。

三是完善茶叶质量安全监管机制。组织涉茶部门、乡镇茶技推广队伍组成茶叶质量安全联合检查组，不定期对茶叶重点领域开展执法检查，加大对违禁茶园投入品的查处力度，严禁高毒、高残留茶园农药进入茶园，打击侵犯福鼎白茶商标、假冒伪劣、落地晒茶等违法行为，净化福鼎白茶市场环境。

四是完善行业自律机制和茶叶标准制定。指导行业协会建设，举办全国茶叶标准化技术委员会白茶工作组会议，共同探讨白茶产业发展形势和标准化工作。发布《白茶仓储规范》团体标准，提高白茶仓储标准建设水平。

五是建立守护福鼎白茶检察机制。福鼎市检察院立足生态公益，从惩防污染环境、破坏生态犯罪入手，推进守护福鼎白茶的检察工作专业化、监督规范化，建立全面守护福鼎白茶的检察服务工作格局，不断推动福鼎白茶产业可持续发展。

4. 乡村振兴，有力助推

福鼎是产茶大市，茶业一直是农村经济的主导产业，也是农民主要的创收产业。在脱贫攻坚、乡村振兴进程中，茶业已经成为最重要的富农产业和精准扶贫的重要力量。福鼎全市涉茶人口近40万，农村家家户户都有茶园，茶叶就是农民的“钱袋子”。

平时，福鼎市充分发挥茶业龙头企业在脱贫攻坚方面的引领带动作用。一是采用结对帮扶、成果示范、资金扶持等方法，瞄准建档立卡贫困户，积极应用新技术、新理念、新方法，突出“造血”功能，助力脱贫攻坚。六妙茶业投资3000万元与赤溪村联合成立福建福鼎赤溪生态产业发展有限公司，创建畲村白茶品牌，推动赤溪村精准扶贫和美丽乡村建设。其他龙头茶企也积极承担社会扶贫责任，通过茶产业资源开发、茶旅结合产业培育、市场开拓、村企共建等多种形式，在贫困山区投资兴业、培训技能、吸纳就业、捐资助贫，参与扶贫开发，发挥辐射和带动作用。二是推动茶旅融合。围绕太姥山、嵛山岛等核心景区以及点头镇柏柳村等产茶区，整合茶旅优势资源，开发集茶叶采摘、加工、茶艺表演和旅游购物为一体的特色茶庄园旅游、生态观光游和休闲体验游，努力打造茶旅精品路线，加大茶旅市场开发。品品香白茶体验馆、河山白茶庄园、天湖太姥山绿雪芽白茶庄园、六妙白茶庄园、鼎白白茶庄园、大沁磻溪生态茶园、纪生缘生态茶园一年来游客络绎不绝，其中仅天湖太姥山绿雪芽白茶庄园一年来接待游客就达5.8万人次，接待考察团137批次。

当然，福鼎市茶产业发展所面临的困难也不少：一是外部市场冲击严重。目前，全国白茶产区已从福建逐步扩大至十多个省的部分地区，产量增幅大。省内外茶叶市场以及互联网上销售伪劣假冒福鼎白茶的侵权问题比较普遍，一些外地茶青及初制茶通过各种渠道流入福鼎市的现象时有发生。二是质量安全仍须加强。有的茶企、茶农缺乏共同维护品牌意识，不按绿色生态要求管理茶园、加工不卫生、粗制滥造、紧压茶掺杂不纯、年份不实等违规现象还有存在，有损福鼎白茶品牌声誉。三是同质化问题突出。带动力强的龙头企业不多，茶区初制厂、小作坊“小、散、弱”比较普遍，管理水平不高，影响整体竞争力。四是盲目存茶现象增多。由于目前老白茶市场卖点多，部分企业过度存茶，有的仓储条件达不到收藏标准，存在火灾隐患。此外，存茶存在跟不上标准逐年提高的风险。五是个别乡镇、部门责任落实不够到位，工作不够精细深入，浮于表面。

（二）进一步提升质量兴茶对策

1. 推进基地化生态茶园建设，巩固茶叶质量根基

通过推动农户小散茶园向龙头企业流转聚集形成基地，整村推进茶园统防统治，带动全市基地化生态茶园管理面积达到70%以上。持续依法打击毁林种茶违规违法行为，同时严控其他方式扩大茶园面积总量。坚持“两好两替代”，即生态维护好、园艺改造好、有机肥替代化肥、绿色防控替代化学农药使用。严禁茶园及周边使用除草剂，进一步推动生态茶园建设。

有计划推进密植免耕老茶园的改造，保持茶园生物多样性，每年安排改造更新667公顷左右老茶园；推行以精采春茶和白露茶为主的生产模式，对五六月份的二茶，提倡机采，用于制作炒绿等其他茶类或白茶衍生品，不用于制作福鼎白茶。

2. 搭建茶园数据库，全面启动信息化溯源

继续推动全市茶园面积普查、核对、建档、录入工作，争取在上半年制作发放茶农茶园信息卡；加快开展“茶青经纪人和茶叶生产经营主体”信息申报、登记工作；加强大数据平台软件开发和后台硬件的运营管理，本着有利、方便茶企茶农的原则，将茶农茶园信息与信用社银行卡信息安全绑定，实现溯源、收款等智能化，确保做到管用、好用、茶农茶企喜欢用。

大力推行茶青凭信息卡交易制度，确保茶叶产品来源可查询、质量可追溯；茶青销售者须提供茶农茶园信息卡或茶青经纪人卡方可进入市场交易，茶企收购茶青必须履行进货查验和索证索票法定职责，严禁无凭证、质量安全无保证的外地茶青流入福鼎市。取得SC认证的茶企都应主动纳入追溯信息化体系，严格执行“一品一码、赋码销售”制度。

3. 完善执法联动机制，确保监督有力有效

进一步发挥涉茶部门职能作用，加大联合执法监督，健全县市、乡（镇）巡查制度，部门之间、部门与乡镇之间要建立信息互通、从快从严查处机制。规范茶叶生产、加工、包装、标志码、销售秩序，加强散、乱、黑加工点的监管力度，严格执行违法失信“黑名单”制度。

农业农村局、市场监管局在国抽、省抽的基础上，加大茶青和成品茶的抽检力度，进一步扩大茶叶检测覆盖面；对茶叶农残超标问题实行零容忍，一经发现，主管部门要对茶叶生产经营主体寻根溯源，依法严肃查处，有关部门和行业协会对其中属于授权的企业实行“五取消一拉黑”，涉及违法的要及时移交司法机关，依法追究其刑事责任。

茶叶行业协会要发挥监督、协调和引导作用，完善行业自律，强化行业内部自我管理、自我约束；加强福鼎白茶证明商标授权监管；推行“一店一码”，严格规范店招店牌、茶叶包装标签标志的使用，实行企业委托加工向协会报备制，坚决制止外地企业借合作之名大量生产销售贴有“福鼎白茶”标志码的假冒伪劣产品。

乡镇要扛起茶叶质量安全属地管理责任，同时要配强力量，加强巡查监督，切实将压力传递到包村干部、村两委、企业、农户，深入开展有针对性、实效性的宣传培训，扩大覆盖面，不断强化茶农质量安全意识。要敢于动真碰硬，对使用除草剂和违禁农药的茶树及时台刈或铲除。

4. 把握好传承与创新关系，提升白茶工艺整体水平

弘扬工匠精神，传承福鼎白茶制作技艺，把好“重萎凋轻发酵”以及适温干燥的重要工艺环节，提高品质水准。开展制茶“比学赶超”竞赛，鼓励企业向标杆看齐，摒弃与福鼎白茶标准背道而驰、急功近利的念头，制出叫得响、经得起品的好茶。

创新生产流程和工艺，大力推行先进的自动化设备。力争用两三年时间，实现每个授权企业都装配使用仿阳光智能萎凋生产线和自动调温萎凋车间。龙头企业要发挥引领作用，带动全市茶企机械化、标准化、

自动化生产，促进茶产业转型升级。

（三）福鼎市实施“质量兴茶、绿色兴茶”案例

福鼎市高度重视茶叶质量安全，把茶叶质量安全放在茶叶生产的首位，持续实施质量兴茶、绿色兴茶。主要抓好几方面工作：

一是从源头保障茶叶质量安全。多年来，坚持每年组织全市镇村干部、茶技人员通过广播宣传、张贴标语、悬挂横幅、发放资料和网络投放等方式走村入户宣传茶叶质量安全，每年发放《福鼎市茶叶质量安全倡议书》《福鼎白茶茶园生产科学管理手册》等科普资料5万余份，统筹各类培训资源，开展茶园科学管理与质量安全培训。全面引导茶企、合作社、茶农加强茶园基础设施建设，推行无公害茶园管理模式。积极引导茶企、合作社、茶农建设不用化学农药绿色示范茶园，全力推广有机肥替代化肥、推进绿色防控替代使用化学农药。截至目前，全市无公害、绿色食品和有机茶认证面积达3533.33公顷。严格落实《福建省食品安全信息追溯管理办法》，组织市域内茶企积极应用省级可追溯平台，目前全市已有457家茶企入驻福建省农产品质量安全追溯监管信息平台。

二是大力推进茶园基地化管理。充分发挥龙头企业在基地建设、规范生产、清洁加工、质量安全、体系建设、诚信经营、科技示范等方面的示范带动作用，推行“龙头企业＋基地＋合作社＋农户”发展模式，全力推动农户小散茶园向龙头企业流转聚集，形成基地，提高茶叶生产组织化程度，辐射带动周边茶农共同发展。至2019年，全市已建设基地化生态茶园1万公顷，并在此基础上整村推进茶园病虫害绿色统防统治，以物理、生物和农艺措施为主，专业化植保无人机飞防，坚持“两好两替代”，即生态维护好、园艺改造好、有机肥替代化肥、绿色防控替代化学农药使用，带动全市基地化生态茶园管理。

三是实施产业链信息化追溯。建立福鼎白茶大数据平台，推行茶青凭证交易和“一品一码”制度，将茶农茶园信息与银行卡信息安全绑定，实现可溯源、收款智能化，并大力推行茶青凭证交易，严禁无凭

证、质量安全无保证的外地茶青流入市场。同时，利用大数据平台的监管功能，督促纳入省农产品质量安全追溯监管信息平台的企业及时建立生产经营档案，推行“一品一码、赋码销售”。2020年起着手搭建茶园数据库，开展全市茶园1∶500航拍、普查、建档、录入工作，全面摸清茶园情况，为农民发放智能化茶园证，将茶农茶园信息与信用社银行卡信息安全绑定，实现全市茶青全部凭证交易；开展“茶青经纪人和茶叶生产经营主体”信息申报、登记工作，茶青销售者须提供茶农茶园信息卡或茶青经纪人卡方可进入市场交易，茶企收购茶青必须履行进货查验和索证索票法定职责，确保茶叶产品来源可查询、质量可追溯、责任可追究。

四是加大质量安全监管力度。修订完善福鼎白茶相关标准，开展标准化生产示范基地创建活动，鼓励企业制定标准，要求493家SC认证企业执行白茶和紧压白茶国家标准、《地理标志产品福鼎白茶》福建省地方标准，完善茶叶种植、生产、加工、销售各环节的标准体系。积极配合各级市场监管机构开展茶叶检测工作，完善“福鼎白茶信息查询系统”，方便群众对福鼎白茶生产及销售进行监督。建立茶叶质量安全黑名单制度，对被列入“黑名单”的企业，除依法给予行政处罚外，还将取消其“福鼎白茶”证明商标使用授权资格。

五是不断完善质量安全保障机制。建立完善全市茶企双月分析联席会议机制，每两个月召开一次，针对当前茶产业的热点、难点问题进行探讨，为政府和企业搭建起沟通协商互动的新平台，共同推动福鼎茶产业可持续发展。市政府与各乡镇、涉茶部门签订质量安全目标责任书，将茶叶质量安全工作纳入乡镇年度绩效考核考评内容，落实茶叶质量安全乡镇属地监管责任。

六是严格落实行业自律规范。茶业行业协会充分发挥监督、协调和引导作用，完善行业自律运行机制，强化行业内部自我管理、自我约束；加强福鼎白茶证明商标授权监管，强化对福鼎白茶商标授权企业的质量安全跟踪稽查，发现问题及时督促整改，塑造规则清晰、公开透明、公平合理、诚信经营的有序市场。

四、武夷山市茶产业高质量发展对策

总结武夷山市茶叶种植面积、企业规模、品牌价值等领域的发展成效，及在推进转型升级、深化茶旅融合、注重生态保护、坚持质量兴茶、严格市场监管、扩大品牌影响等方面的举措，并从实施龙头培育专项行动、质量提升专项行动、标准管控专项行动、品牌建设专项行动、市场营销专项行动、融合发展专项行动等方面提出推动武夷山市茶产业进一步发展的对策与建议。

武夷山具有茶叶生长极佳的地理气候条件，是世界乌龙茶和红茶的发源地，是首批中国茶文化艺术之乡，素有茶树“品种王国”之称，有记录的茶叶品种、名丛、单丛近千种。武夷岩茶（大红袍）制作技艺为首批国家级非物质文化遗产。

（一）武夷山市茶产业现状

1. 武夷山市茶产业

茶产业是武夷山市重点发展的富民强市支柱产业，2019 年，武夷山市共有茶山面积 1.18 万公顷，涉茶人员约 12 万，占全市人口 50%，注册茶企 4560 家，规模以上茶企 31 家，通过 SC 认证企业 834 家，市级以上茶叶龙头企业 21 家，茶叶合作社 236 家，茶叶类证明商标 9 件，驰名商标 4 件。2019 年干毛茶产量 1.98 万吨，产值 20.58 亿元，税收入库 6300 万元，同比增加 797 万元。“武夷山大红袍”2015—2017 年连续三年荣获区域品牌价值十强，2017 年荣获“中国十大茶叶区域公用品牌”称号，名列中欧地理标志产品互认互保“100＋100”产品清单。2018 年，武夷山市获批筹建“武夷岩茶全国标志产品保护示范区”“全国武夷山茶产业知名品牌示范区”，“武夷岩茶”获评品牌强度为 937，品牌价值为 693.1 亿元，品牌价值继续占据全国茶叶类第 2 位。2019 年，“武夷岩茶”品牌价值获评 697.53 亿元，居全国茶叶类第 2 位，在地理标志产品区域品牌前 110 榜单上位居第 5 位，武夷岩茶在中国区域农业产业品牌茶叶产业排行第1位，正山小种排行第8位；武夷山市荣获“2019年中国茶旅融合十强示范县”“2019年中国茶业百强县”称号。

2. 提升武夷山市茶产业发展主要措施

武夷山市按照“控制面积、提升品牌、延伸产业链、做深茶文化、增加附加值”的思路，坚持“科学管茶、质量兴茶”原则，突出“三个转变”，实施“六个一”工程，切实推动茶产业可持续发展。

（1）推进转型升级，深化茶旅融合。

武夷山市推出茶园生态游、茶乡体验游、茶保健旅游、茶事修学游等茶文化旅游路线，培育一批以采茶、制茶、品茶为内容的旅游体验项目，推进中国茶旅小镇、茶博物馆等项目建设，不断丰富茶叶生产、茶艺表演、茶文化交流等旅游活动。

深化科技兴茶。积极与科研院校、茶企合作，充分利用各自优势，共同做好茶叶品种的科研、保护与利用，重点与武夷学院茶学院建立战略合作协议，建设茶产业6·18虚拟学院，开展茶叶科研项目合作。与福建农林大学建立战略合作协议，共同建立武夷山茶产业研究院，围绕优质、安全、高效、生态的产业发展目标，开展茶产业共性、关键科技攻关和政策研究，2019年重点开展茶园土壤及绿肥种植研究，建设30个茶园土壤监测点。鼓励茶企研发推广新技术、新产品，先后开发出茶饮料、茶食品、茶枕、茶垫等茶系列产品。建立母树大红袍管理登记制度和管护方案，联合福建农林大学课题组进行DNA指纹图谱课题研究。在全国率先推进并顺利完成“武夷岩茶品质安全评价研究”科研项目，通过分子标记建立的指纹图谱可以有效鉴别武夷岩茶不同的品种。成立了十多家茶科研机构，涉茶发明专利数26项，实用新型专利62项，外观专利330多项。加大政策扶持力度，建设香江茗苑、武夷星、福莲茶庄园、茶言精舍等集茶叶加工、旅游观光、品牌文化宣传为一体的工业旅游茶企业，推动企业上规模、上档次。鼓励涉茶企业积极开展金融资本运作，创新产品营销模式，提高产品市场销售量。鼓励茶企茶农利用“公司+农户”和组建茶叶合作社等方式抱团发展，引导和规范茶叶专业合作社发展，鼓励和支持整合小企业的资源和生产要素，实行联合或者重组，建立茶叶专业合作社联合社。支持茶文化公司与茶叶生产企业共同发展，有力传承武夷茶文化精髓，挖掘茶百戏等民间茶艺术产品，促进文化、产业、品牌共同发展。

（2）注重生态保护，既治标，又治本。

以《武夷山国家公园条例（试行）》实施为契机，开展大规模"退茶还林""生态修复"专项行动。构建"严防控、重查处、强保障"的长效管控格局，制定实施"三强化、三建立、三实行、一推动"等10项长效管控措施。委托福建农林大学负责，完成武夷山市茶产业五年发展规划初稿，初步完成第二次茶产业普查。依托项目带动，落实省级现代农业产业园项目，以发展产业融合项目及茶园安装物联网可视系统、智慧茶园观测点为重点，开发建立茶产业大数据管理系统，建立茶产业基础数据动态化管控指挥平台，采用科技手段，保护好武夷山良好生态环境。

（3）坚持质量兴茶。

一是加强全产业链质量监管。深入开展"质量兴茶、绿色发展"行动，做好从茶园到茶杯，从种植、加工到销售等各环节管理。建立可追溯体系试点企业60余家，督促381家茶叶生产企业从原料供应、生产过程控制、出产检验和销售管理四个环节建立记录台账，企业录入可追溯信息11540条。强化源头管理，印发《武夷山市人民政府关于开展农药市场整顿规范经营工作的实施意见》，建立农资产品购销监管平台，推行"凭证存药"制度，引导茶企（农）科学管护茶园，从源头上保证茶叶质量。实行违规使用农药有奖举报制度，推进茶叶主体严格自律、相互监督。启动"2018年茶园有机肥替代化肥示范县"项目，争取2018年"有机肥替代化肥"项目资金1000万元，建设有机肥替代化肥茶园面积1667公顷，争取2019年"有机肥替代化肥"项目资金500万元，建设有机肥替代化肥茶园面积833公顷，实施"水肥一体化"项目2家。

二是加强质量检测。发挥福建省茶叶产品质量监督检验中心（武夷

图 3-2 病虫智能诱捕监测预警设备（武夷星茶业有限公司供图）

山）作用，定期对茶叶产品质量进行抽检，加快推进国家武夷岩茶产品质量检验中心建设，加强对武夷岩茶、红茶的监测技术支持，推进国家级茶叶检测中心项目建设。

三是注重技艺传承。建立完善市茶叶专家人才库，逐步建立审评型、生产加工型、文化型、管理型专家子库，注重茶叶生产技艺传承人、工艺大师等专业人才队伍的管理，注重发挥好传承和培养的作用。2017 年首次引进“互联网＋斗茶”模式，在做好常规评比活动的同时，在全国设立100个互联网斗茶赛点，成功举办2017—2019年三届全市春茶评比赛活动。

（4）严格市场监管。

2018年出台《加快茶产业健康发展实施方案》《加强产销管理促进茶叶市场健康发展的实施意见》，对企业生产、市场销售、产品质量及包装物标准进行全方位、全过程严格监管。开展专项整治，针对“天价茶”现象，成立茶叶市场专项整治工作领导小组，对茶叶外包装不规范、以次充好、未明码标价、花名庸俗、外来茶叶流入、外地挂靠企业、景区茶园插牌、农药监管等8个方面内容开展专项整治。注重诚信建设，与528家茶企签订“倡导移风易俗、反对奢侈浪费、诚信经营茶叶”承诺书。规范诚信茶企的评选工作，完成第三届诚信茶企的评选，并注重发挥诚信企业在武夷茶叶价格体系建设中的示范作用，组织诚信企业对外公布企业茶叶产品价格体系，主动接受社会监督。建立“黑名单”制度，对过度炒作茶叶价格、存在质价严重不符和违法违规行为的茶企，列入失信企业“黑名单”。加强社会监督，设立制假售假及天价茶投诉举报渠道，发动诚信促进会、志愿者协会、茶业同业公会等社团组织开展茶企巡访和座谈、茶企签名倡议等活动，加强茶企自律，倡导“质价相当”。

（5）不断扩大品牌影响。

武夷山市实施品牌标准战略，积极制定完善产业标准，在2002年制定武夷岩茶国家标准的基础上，2018年10月底，国家市场监督管理总局、国家标准化管理委员会发布《地理标志产品　武夷岩茶》（GB/T18745—2006）国家标准1号修改单，于2019年4月1日起实施。制定完善红茶标准。2011年，武夷山市组织制定了《地理标志产品　武夷红茶》（DB35/T1228—2011）省地方标准，并于2015年对该标准进行了修订（DB35/T1228—2015），特别增加“金骏眉”品种的内容。制作武夷岩茶国家标准样品，2019年完成第6次武夷岩茶国家标准样品和首次武夷红茶省地方标准样品制作工作。

武夷山市实施品牌发展战略，加大茶叶品牌创建扶持力度，加强茶叶品牌营销推广，落实品牌创新升级奖励政策，积极引导茶企茶农提高品牌意识，鼓励茶企自主开展品牌创建活动。完成“武夷山大红袍”“正山小种”新图标证明商标注册和“正山小种”驰名商标申报。注重发挥“万里茶道”起点城市的品牌效益，鼓励品牌企业走出去，到全国大中城市开设品牌产品专卖店、连锁店、分公司，弘扬武夷茶文化，进一步做大武夷茶品牌。

2018年启动武夷茶地理标志证明商标和保护产品“两标合一”筹备工作，2019年4月起正式实施，统一设计专用标志标识，采取“茶青卡+商品标”模式，实行双重审核把关，强化武夷茶原产地保护，全力开展“认标购茶”宣传推广，保护武夷茶消费者权益。至2019年底，已授权试点使用“商品标”茶企业105家；茶青卡申领318户，面积达1787公顷。

武夷山市实施品牌营销战略，持续开展“浪漫武夷风雅茶韵”茶旅营销活动。落实武夷山大红袍推广中心建设，制定中心管理办法，鼓励企业对外开办武夷山大红袍会员店，授权设立了湖北、韩国、吉林3所“武夷山大红袍”推广中心，24家广东“武夷山大红袍”会员店。开展“名茶进名校”活动，举办武夷茶进同济大学专场活动，拓宽武夷茶消费群体。

（二）武夷山市茶产业高质量发展对策

武夷山市全力提升全产业链整体效益和核心竞争力，全方位推动武夷山茶产业高质量发展，到2022年实现“11363”的发展目标，即全市规模以上茶企100家，规模以上茶企产值100亿元，产值亿元以上茶企30家以上，产值5亿元以上茶企6家，茶产业税收3亿元。重点建立茶产业发展工作机制，成立茶产业高质量发展行动指挥部，内设“一办五组”，即办公室、龙头培育专项组、质量提升专项组、标准管控专项组、市场品牌营销专项组、融合发展专项组。按照“补短板、强优势”的要求，围绕“补链、延链、强链”目标，重点实施“六大专项行动”，落实21项重点工作，全面激发“链”式效应，实现茶产业全产业链发展。

1. 实施龙头培育专项行动

（1）做实产业规划。

结合“十四五”规划编制，科学编制武夷山市茶产业发展规划（2021—2025）。规划建设茶产业专业园区，对生态创业园区茶叶加工区进行扩园，一期规模667公顷，建设集茶加工、茶食品、茶具、茶机械、包装、仓储、物流、电子商务、研发等全产业链于一体的茶产业专业园区，形成以茶为主的绿色食品产业园区，推动茶绿色食品产业集中集聚发展。同时，在乡镇建设茶叶初加工集中区，就地就近服务茶农。

（2）鼓励增资扩产。

武夷山市鼓励武夷星、正山堂、香江、瑞泉等省级以上龙头企业增资扩产，进一步做大做强。2020年实施增资扩产的茶企21家，总投资18.36亿元，当年新增产值3.78亿元；实施规模以下转规模以上茶企30家；重点跟踪项目11项。

（3）实行整合重组。

武夷山市整合现有茶场、综合农场等国有茶业资源，组建国有茶业公司，助力茶产业高质量发展。鼓励引导茶企整合资源资本，采取合资合作、股份制等方式，加快整合重组。积极引导经营主体，创新“龙头企业＋合作社＋基地＋农户”模式，打造农业（茶业）产业化联合体，鼓励以村或乡镇（街道）为单位组建合作社，到2022年，整合、组建茶产业龙头企业或合作社10家以上。探索建立“茶生态银行”，通过资本导入将碎片化的茶山资源、茶数据资源、茶周边生态资源进行整合，促进资源保护利用和规模发展。

（4）开展延链招商。

武夷山市突出产业绿色化、高端化、集约化发展，紧盯产业链靶向发力，精准招商。深入挖掘茶叶健康功效，充分利用茶叶功能性成分，全面开发茶饮料、茶食品、茶保健品、茶化妆品等精深加工产品，提高附加值。支持香江茶业公司年产1万吨速溶茶粉等标准化生产线、八马茶文化研学体验园等项目建设。发挥海峡两岸茶叶包装总部作用，建设全省茶叶包装市场物流中心，促进全产业链发展，提高茶产业综合效益。

2. 实施质量提升专项行动

(1)打造生态茶山。

武夷山市按照“严禁增量、提质存量”的工作思路，持续开展违规违法开垦茶山整治，实施退茶还林、退茶还田生态修复专项行动；强化对违规违法开垦茶山常态化巡查，将整治违规违法茶山工作列入乡镇(街道)年终绩效考评内容。对现有茶山进行生态改造，围绕整治山场改造、生态茶园改造、茶林联动改造，打造三个生态质量提升示范片。

(2)建设绿色茶园。

武夷山市继续实施“有机肥替代化肥”项目，重点示范推广“有机肥＋绿肥轮作”，2020年建设示范面积840公顷以上。严格执行农药化肥进货报备和销售备案制度，严把农药化肥采购进货和茶园用药用肥准入关。坚决查处违法违规经营茶园禁用农药化肥和滥用违禁农药化肥行为，加强茶叶的农残检测。

(3)严格质量管控。

武夷山市健全从种植、生产、加工、流通全产业链质量监管体系，实现“从茶园到茶杯”的全程质量管控。加快推进国家武夷岩茶产品质量检验中心筹建进度，加强“一品一码”农产品质量溯源体系建设。支持获得SC认证的茶叶生产企业开展ISO9000、HACCP(危害分析关键控制点)等先进质量管理体系认证。完善失信惩戒机制，对出现诚信或茶叶质量安全问题不及时整改、规避监督检查等违规违法生产经营行为的茶企，列入产业发展“黑名单”，依法予以查处，并在新闻媒体、网站公开曝光。

(4)保护种质资源。

武夷山市开展茶树种质资源普查，积极对接《南平市保护茶叶原生品种条例》，加大对茶树种质资源的收集保护力度；出台《促进资源与利益共享的管理办法》，建立茶树种质资源保护基地和种质资源库。

3. 实施标准管控专项行动

(1)推行种植标准化。

武夷山市研究制定生态茶园建设、茶园管理技术标准，鼓励生态标准茶园及绿色（有机）、无公害茶基地建设，力争到2022年建设高标准生态茶园、有机茶基地1333公顷。

图3-3　武夷山千亩喷灌茶园（郑友裕摄）

（2）实行生产标准化。

武夷山市根据生产形势和市场需求，以《地理标志产品　武夷岩茶》（GB/T18745—2006）、《地理标志产品　武夷红茶》（DB35/T 1228—2015）为大纲，及时修订武夷岩茶、武夷红茶标准体系，制定武夷岩茶、武夷红茶标准样品。

4. 实施品牌建设专项行动

（1）强化品牌建设。

武夷山市加大“武夷山大红袍”“正山小种”公共品牌的宣传推广力度，积极引导茶企规范使用武夷茶公共品牌标识。到2022年，武夷山市南平市级以上龙头茶企全部使用武夷茶公共品牌标识。积极融入南平市“武夷山水”品牌战略，不断提升“武夷山大红袍”和“正山小种”的品牌强度和影响力。加大武夷茶市场专项整治力度，对销售假冒伪劣产品的企业予以坚决打击，切实保护武夷茶公共品牌，净化武夷山茶叶市场。

(2) 推行“认标购茶”。

武夷山市严格落实《武夷茶地理标志标识管理办法》，全面开展“认标购茶”行动，大力推广使用“茶青卡”“商品标”，正本清源，保护武夷茶原产地产品，保护消费者利益。

(3) 做强武夷茶博会。

武夷山市积极探索“引进来”和“走出去”相结合的市场发展模式，通过海峡两岸茶业博览会，每年精心策划一个主题，促进海峡两岸茶业和融共生，推动在茶业经济、商贸合作、茶文化交流等方面取得丰硕成果，打造永不落幕的茶博会。

(4) 做优斗茶赛会。

武夷山市进一步规范全武夷山市斗茶赛事活动，每年举办全市斗茶赛会活动控制在10场次。每年争取有1个以上影响力大的国家级赛会在武夷山市举办。

5. 实施市场营销专项行动

(1) 厘清目标市场。

武夷山市细分区域市场以及消费群体、消费特点，大力推广优质茶，规范打造精品茶，带动发展平价茶，有针对性地制定市场营销策略。鼓励创新研发茶衍生产品，健全武夷茶产品类型，不断提高产品竞争力。

(2) 建设交易平台。

武夷山市加快推进茶旅小镇茶文化会展中心、质检中心、交易中心等项目建设，将茶旅小镇打造成为全国有影响力的中国六大茶类线上线下交易平台、茶电商会议平台；打造“武夷山大红袍天下第一”展销平台，形成可溯源、物流配送、价格和质量保证的武夷茶旗舰店。

(3) 拓宽销售市场。

武夷山市加强与阿里巴巴、京东商城、“供销e家”等电商平台合作，对接京东、中茶厦门公司等大型企业，拓宽武夷茶销售渠道。建立健全线上线下营销网络，每年新增武夷山大红袍品牌推广中心3家以上。强化茶旅宣传营销，鼓励茶企“走出去”宣传推介武夷茶品牌，增加武夷茶国际国内茶叶市场份额。

五、漳平市茶产业发展现状与对策

总结漳平市茶叶种植、茶企规模、品牌价值的发展成效，及在推进转型升级、深化茶旅融合、注重生态保护、坚持质量兴茶、严格市场监管、扩大品牌影响等方面的举措，对漳平市茶产业发展制约因素进行分析，并从实施龙头培育专项行动、质量提升专项行动、标准管控专项行动、品牌建设专项行动、市场营销专项行动、融合发展专项行动等方面提出推动漳平市茶产业进一步发展的对策与建议。

漳平是福建省“生态农业试点县”、国家可持续发展试验区、国家农业综合开发县、国家级台湾农民创业园，先后获得“中国名茶之乡”“全国重点产茶县”“全国十大生态产茶县”“全国绿色原料（茶叶）生产基地”“全国乌龙茶加工示范基地”等5个国家级名片。漳平市高度重视茶产业，通过“项目带动、环境推动，加强领导、完善机制，落实责任、优化服务”等措施，进一步做大做强漳平茶产业，打响“漳平水仙茶”“永福高山茶”和“官田铁冠”三大特色品牌，推动漳平市茶业增产、茶企增效、茶农增收。

（一）漳平市茶产业发展现状

2018年，漳平全市共有茶园面积7380公顷，2019年全市共有茶园面积7471公顷，其中水仙茶面积3460公顷，高山茶2975公顷，铁观音1038公顷，产量10749吨，毛茶产值8.06亿元。销售方面，漳平水仙茶茶农批发均价约200元/千克，自产自销干茶均价约240元/千克，公司与茶农签订协议收购茶农干茶价格约300元/千克。茶厂或合作社收购茶青价格约24元/千克。铁观音销售以批发为主，价格为90元/千克。永福高山茶批发结合专卖、零售等模式，价格为300元/千克。

1. 漳平市茶产业发展成效

（1）集成推广茶叶绿色生产技术模式。

漳平市在集成推广茶叶绿色生产技术模式中，一是建立茶树病虫害监测预报制度，加大茶树病虫害防治技术培训和指导，做到对症下药，科学防治。二是根据全市茶园主要病虫害，做好以螨治螨、色板防治茶小绿叶蝉、大孢绿僵菌防治茶角胸叶甲、赤眼蜂防治茶尺蠖与茶毛虫、异色瓢虫防治茶蚜等绿色防控技术推广并建立示范片，将茶园主要有害生物均控制在允许水平之内。三是做好茶园采用无人机进行统防统治试点工作，以点带面不断提升茶树病虫害科学防治水平，避免病虫害防治盲目用药，杜绝农残超标，为茶叶质量安全把好第一道关。

（2）加大茶品牌宣传力度。

在品牌宣传方面，一是持续宣传，在央视、湖南卫视茶频道、广州电视台等主流媒体宣传漳平市茶叶品牌。二是组团参加各地茶事会议。2018 年，漳平市相继组团参加了北京、杭州、广州、厦门、福州、武夷山、安溪、龙岩等茶博会，以及中国国际农产品交易会、海峡两岸茶业博览会（武夷山）、厦门“9·8”投资贸易洽谈会、中国海峡项目成果交易会等综合性展会。与此同时，漳平在本市内组织多形式茶事活动，并注册了“水仙王子”“水仙公主”两个公共品牌，专供优质水仙茶使用。三是实地考察上海、山东茶叶市场，实地走访当地茶城、茶叶经销商，为下一步抓重点区域推广做足准备。

2. 漳平市茶产业发展制约因素

漳平市漳平水仙茶生产主要以南洋镇和双洋镇为主，茶园种植以散户为主，相对连片或集中连片很少，茶厂建设大部分以家庭小作坊为主，基础设施总体较薄弱，公共设施有待管护。茶园管理水平不高，水仙品种退化，压模造型工序未形成机械化，产品标准化程度低，影响茶品质。马路边晒青等不卫生加工茶叶、紧压茶假冒伪劣的现象时有发生，农残抑控措施有待进一步完善。茶类单一，以乌龙茶为主，产品系列开发有限与消费多元化、多样化、个性化趋势不相适应。漳平水仙市场规模较小，基本上以龙岩区域为主，经营分散，市场价格混乱，无序竞争时有发生，不利于产业的健康发展，极大地限制了漳平茶叶的知名度和影响力。品牌建设尚在起步阶段，主要靠政府推动，缺少有影响力的龙头企业自主创牌。

（二）漳平市茶产业发展对策

1. 加强组织领导

一是强化组织保障。进一步强化茶叶产业工作的地位和作用，加强顶层规划、设计、引领，成立茶产业发展专业委员会，相关单位负责人为成员，下设领导小组办公室负责日常工作，确保衔接有序、运转协调。二是在技术上，由市财政出资聘请国家级、省级、市级及本土著名茶叶专家为常年顾问，为茶叶的标准化生产、加工、营销提供技术和信息保障。

2. 丰富产品系列

一是开发 3 克、5 克的漳平水仙茶适合办公用茶、白领阶层和年轻人以及北上广大部分的消费者需求。开发净含量 5 克、7 克、8 克和 10 克的浓香型新产品，适合大众需求，便于网络销售。二是水仙品种是国家级优良种，适制性很强，除了乌龙茶外，红茶、白茶、绿茶品质也优，能够满足不同区域消费群体的需求。三是适当控制夏、暑茶的采摘，通过修剪培养树势，修剪下来的枝叶以及每季制作的茶叶下脚料，统一收集供给深加工企业作为提取茶多酚、氨基酸及生产茶饮料的原料，变废为宝。

3. 加强科技支撑

一是加快漳平水仙茶压模造型机研发，推广本地茶农自创的摇青机、压模造型机、全自动真空包装机，实现加工工艺各环节的机械化，提高效益，节约劳力和成本，使水仙茶初制加工机械化水平与生产效率大大提高，解决漳平水仙茶批量化、标准化生产难题。二是推进茶叶低碳包装新技术的应用，包装材料使用绿色环保的可降解纸制品，符合健康环保理念新时尚。三是与科研院校、农业院校、农科所等单位合作，进一步开展漳平水仙茶保健功效研究，提高消费者对漳平水仙茶保健功能的认识。

4. 强化品牌推介

一是继续强化品牌推介。借助央视和地方电视台有关栏目以及新媒体等平台宣传漳平茶叶，有重点地组团参加各地茶博会、农展会、咖啡和饮料展会等活动，以展示宣传漳平茶叶，打造漳平茶叶品牌。二是创新推介方式。加强与央视等国内知名媒体合作，通过拍摄漳平茶专题片、电影和动漫，聘请知名人员创作茶叶歌曲，编写漳平茶志，冠名体育赛事等形式；在茶叶重点消费区北京、上海、山东、深圳、厦门等地开展专项洽谈会、经销商对接会、品茗推介会、茶叶高峰论坛，通过地铁、列车、公交车、班车、的士及微信公众号（如古田红、红古田）等渠道投放漳平茶广告宣传推介漳平茶。三是挖掘漳平茶文化。漳平产茶历史悠久，茶文化底蕴深厚，要通过加大漳平涉茶民俗风情、茶史、茶文化的研究与挖掘，开展茶文化学术交流，漳平水仙茶传统加工技艺申报国家级非物质文化遗产和传承人认定等活动，丰富漳平茶文化内涵，提升漳平茶叶品牌价值。

六、华安县茶产业发展现状与对策

总结华安县茶产业在食品生产安全、茶叶产品多品类转变、茶旅产业融合发展、茶事活动等方面的发展成效，并从深化基础管理工作、提高产品竞争力、提升规模化经营水平等方面提出推动华安县茶产业进一步发展的对策与建议。

华安县种茶、制茶历史悠久，特别是近十几年来，县委县政府持续实施“兴茶富民”发展战略，华安县铁观音茶产业得到有效的发展。全县现有茶叶注册商标 107 个；SC（QS）认证企业 16 家，无公害基地认证企业 4 家、绿色食品认证企业 3 家、有机茶认证企业 4 家，通过欧盟、日本、美国有机茶认证企业 1 家，获得省名牌产品企业 6 家，省名牌农产品企业7家；省级龙头企业3家，省农牧业产业化龙头企业2家，市级龙头企业21家。华安县先后荣获“中国名茶之乡”“全国重点产茶县”“全国特色产茶县”“全国绿色食品原料（铁观音茶叶）标准化生产基地”“中国十大茶业转型升级示范县”“闽茶发展最佳服务奖”等多项国家级荣誉。“华仙茶都”被农业部批准为农业部定点市场、省级标准化农产品批发市场。“华安铁观音”成功注册地理标志证明商标，并被中国工商总局认定为中国驰名商标。

（一）华安县茶产业发展现状

近年来，华安县先后引进了金观音、金牡丹等优良品种，并大面积推广。全县茶叶加工户3500家以上，其中茶业专业合作社160家以上、家庭农场100家，精制加工企业100家以上；县外经营华安铁观音的专卖店100家以上。2018年，全县茶叶种植面积6047.80公顷，其中铁观音占茶叶种植面积的95%；全县干毛茶总产1.82万吨，茶叶总产值8.25亿元。2019年，全县现有茶叶总面积6569.73公顷，总产量1.872万吨（干毛茶），比2018年增长2.78%；一产产值84667万元，二产产值75288万元，三产产值198803万元，合计全产业链产值358758万元，比增2.5931%。2019年，华安县继续实施生态茶园建设方案，绿色示范茶园建设面积3226.67公顷，生态茶园全面普及。

1. 食品生产安全形成共识

光照人有机茶获得欧盟、美国、日本的认证以后，从2012年至今，每年都分别接受国家认监委、国家质监总局、南京国际环保部门、世界绿色环保组织随机在网上购买光照人有机茶进行抽查检测，连续七年都获得通过。福建哈龙峰茶业有限公司、福建佳香源茶业有限公司、福建厦门岩湖茶叶有限公司等茶叶企业也获得了有机茶认证。茶企、茶农都能自觉使用安全、高效农药和生物农药。

2. 茶叶产品由单一品种向多品类转变

近年来，为了适应市场需要，华安县部分茶农改种金观音、金牡丹等新品种。截至 2019 年 11 月，全县金观音种植面积 666.67 公顷，产量 2000 吨，产值 1.6 亿元。高车乡际头村洋竹径自然村与湖林乡吉土村的茶农种植金观音、金牡丹等新品种 266.67 公顷，取得良好的经济效益；十多年来，清香型铁观音占据全县茶叶主要市场。近年来，华安县根据消费者的多样性需求，引导茶企茶农制作铁观音清香、浓香、红茶、岩茶等茶叶产品，满足市场消费的多元化需求。

3. 茶与旅游、茶与健康养生融合发展

光照人有机茶与健康养生结合，不断有客户上门到厦门营销总部、沙建光照人有机茶基地实地体验有机生活，茶与健康养生结合，已经成为光照人茶业发展的新亮点。新圩镇官畲村茶叶质量远近闻名，经济效益明显，经过几年的进一步打造和建设，已经成为漳州市乡村振兴的典范，吸引了大批游客前来旅游观光。目前，哈龙峰等一批乡村茶叶休闲农庄已经在逐步规划、建设和发展中，世界文化遗产二宜楼是华安县最重要的旅游点，已经成为华安铁观音营销的重要窗口。

4. 多项茶事活动促茶叶营销

（1）组织参加各种茶王赛，提高茶叶知名度。

2018 年至今，华安县共有近百个茶样在各种赛事中获奖，有效提升了华安县茶叶品牌的知名度。

（2）加大宣传力度，拓展茶叶营销渠道。

华安县组织端午节国际龙舟赛、第三届华安国际山地马拉松赛、中国高石山地自行车赛（华安站）等重大活动，对华安茶进行宣传和推介，提高了华安茶的知名度。

（二）华安县茶产业发展对策

1. 加强宣传，不断塑造新形象

结合“全域生态旅游”发展战略，华安县在主要旅游线路、交通要道、旅游景点设立大型广告牌，以“绿色、生态、有机”的正面形象对华安茶产业进行大力宣传。华安县结合端午节国际龙舟赛、华安国际山地马拉松赛、中国山地自行车赛（华安站）等重大活动，加大对华安茶产业的宣传力度。县政府积极组织茶企、营销队伍参加知名的茶博会、推介会。华安县要继续创新茶王赛形式，将茶王赛办成华安茶人的节日，成为推介华安茶产业的重要渠道。

2. 茶旅结合，促进茶产业发展有新突破

华安县围绕绿色、有机生产模式，打造高端有机茶，提高茶叶产品的竞争力。一是在官畲村、二宜楼等旅游景点设立华安铁观音展览馆，专场茶艺表演，使之成为华安铁观音推介、营销的重要窗口；二是加快哈龙峰、岩湖等一批乡村茶叶休闲农庄的规划、建设，使其成为茶文化展示、茶生产体验、茶技术交流的新平台。

3. 多措并举，深化基础管理工作

（1）实施生态修复工程。

华安县建设具有“茶园周边有林，路边沟边有树，梯壁梯岸有草”特征的高标准示范茶园，示范带动各乡镇大力开展茶园生态建设。严禁在茶园中使用除草剂，保持茶园水土。华安县积极鼓励广大茶农对高坡度、环境恶劣、水土易流失等不适宜种植茶树的茶园进行退茶还林：一是对过度密植的茶园进行适当的减株，每亩保留3000～3500株茶树。茶树普遍留高70厘米以上，培育健壮树势，提高茶叶品质和产量。二是鼓励茶农对农田种茶和坡度大的山地茶园进行“退茶还粮，退茶还蔬，退茶还果，退茶还林”。

（2）实施土壤提升工程。

华安县建设涵盖耕翻土壤、施用有机肥、合理覆盖等内容的土壤改良示范片，充分利用培训会、群众大会、村民小组会等时机，向广大茶农讲透茶园土壤改良的重要性，提升全县茶园土壤质量。

（3）实施种性改良工程。

华安县对茶树严重衰老的低效益茶园进行重修剪或改植换种，在巩固铁观音发展的同时，发展金观音、金牡丹、黄玫瑰、紫牡丹等早芽、制优率强、适制性广的新品种，构建以铁观音为主、其他茶类共同发展的格局。

4. 精准扶持，提升规模经营水平

（1）重点扶持，发挥龙头企业带动效应。

华安县对龙头企业在基地建设、设备升级、品牌建设等方面优先给予资金扶持，鼓励茶叶企业进行技术改造和产品研发，提高企业技术水平和市场竞争力；引导企业到茶叶主产乡镇村通过承包、租赁、合作等方式扩大基地规模，创办茶叶初制集中加工场，推行“企业＋基地”“企业＋合作社＋农户”等生产经营模式，实现规模化、集约化发展。

（2）规范建设，发挥合作共赢作用。

一是开展合作社规范化建设。华安县以国家级、省级、市级、县级合作社示范社评选为契机，引导合作社按照“建、管、用”的要求进行规范化建设，实现茶叶专业合作社数量稳步增长、质量明显提升、制度更加健全、运行更加规范、效益更加显现。二是开展清洁化改造工程。华安县每年扶持部分示范社开展初制加工厂房清洁化改造，示范推动全县茶叶加工清洁化进程。三是提升专业化水平。引导合作社建立统一农资供应、统一病虫害指导防治、统一技术培训、统一质量管理、统一市场销售的“五统一”制度，并实现产前、产中、产后专业化服务。

（3）注重培育，积极发展家庭农场。

华安县开展示范家庭农场评定工作，加快建立县级示范家庭农场名录制度，培育和扶持一批经营规模大、人员素质高、综合效益好、示范作用强的示范家庭农场，促进产业规模化、集约化发展。

七、大田县茶产业发展现状与对策

总结大田县茶产业在基础建设、茶叶标准制定、茶旅产业融合等方面的发展成效，对大田县茶产业发展制约因素进行分析，并从茶叶基地建设、突破茶叶加工局限、强化茶叶品牌建设、推进三产融合、制定茶产业扶持政策等方面提出推动大田县茶产业进一步发展的对策与建议。

大田县是全国茶叶百强县，也是全国绿色食品（茶叶）原料标准化生产基地县，不仅有“中国高山硒谷”之称，还是全国唯一的“中国高山茶之乡”，先后荣获全国十大魅力茶乡、全国十大生态产茶县、全国茶叶优势百强县、全国最美茶园、全国绿色茶叶标准化生产基地县等称号。2009年，大田县主导制定了福建省地方标准《金观音乌龙茶综合标准　品种》（DB35/T903—2009）。2015年，农业部授予“大田高山茶”国家级农产品地理标志示范样板创建资格，全国仅有6个农产品地理标志入选。

近年来，大田县依托高山、区域独特的地理环境和气候条件，秉承当地深厚的传统制茶技艺，借鉴东方美人茶生产工艺，推陈出新、独树一帜，造就“大田美人茶”风味独具、艳压群芳、超凡脱俗的高贵品质，书写了“大田美人茶”的经典传奇，使之成为芸芸茶类中的“新生贵族”。

（一）大田县茶产业发展现状

大田县通过加大政策支持和资金投入、土地承租与承包等形式，加速山地流转，促进规模经营，引导茶农和茶叶加工企业采取“公司＋基地”“公司＋农户”等模式，从2000年以前的不足1333.33公顷发展到2019年的6353.33公顷，其中无公害茶园2787公顷、绿色食品基地3400公顷、有机茶园面积近133公顷。现有茶叶加工厂1310个（含家庭式加工厂），其中年产1000吨茶叶自动化生产线1条，年产100吨茶叶厂家21家，年产50吨茶叶加工厂36家，全县年加工干毛茶1.28万吨（其中名优高档茶2500吨），产值11.47亿元，茶叶全产业链产值比2018年增长9.2%。

1. 增强产业基础建设

（1）抓基地建设。

大田县陆续出台多项政策和发展规划，加大政策支持和资金投入。每年组织实施茶园梯壁割草留草、茶树留高、有机肥替代化肥、野荒茶基地保护等“五新”技术推广示范；组织实施现代茶业生产发展资金项目，改善茶园道路、蓄水池、沟渠、防护林（隔离带）等基础设施，推广生物、物理防治技术，建立绿色防控示范片，有3400公顷茶叶基地被农业部列为全国绿色食品原料（茶叶）标准化生产基地。

（2）抓质量管理。

大田县每年举办茶叶“五新”技术培训班，2019年组织大田美人茶生产加工技术培训（台湾张庆泉和翁朝亮授课），茶园高质高效管理与化肥减量增效技术培训（省茶科所尤志明、吴志丹授课）。专家现场传授理论和技艺，引导茶农加大投入，科学、精细管理，增施有机肥，安全用肥用药，合理采摘，提高茶叶品质。实施质量安全管理，应用标准化生产技术，加强质量安全检测，在重点茶企建立产品质量可追溯制度，确保从茶园到茶杯的安全。

（3）抓品牌建设与市场营销。

大田县通过建设茶叶专业交易场所和大力发展电子商务来打造市场，鼓励和引导茶农、茶商在县境外设立大田美人茶专卖店、现代茶馆茶楼等窗口，现已在福州、厦门、北京、上海等大中城市设立营销门店130余家。茶叶销往北京、上海、台湾、香港、山东、浙江、广东及本省各城市（三明市外）1.03万吨，销售收入8.77亿元，主要批发销售美人茶、红茶、铁观音及部分绿茶。至2019年，全县茶叶注册商标185件，其中省著名商标9件，106只茶样获省名优茶称号。举办系列茶事活动，2018年，大田县协助举办美人茶斗茶赛、首届大田美人茶艺技能邀请赛、三明市“高山茶杯”民间斗茶赛；协助举办中国茶叶学会第八届茶学青年科学家论坛、中国高山茶高峰论坛。2019年组织举办大田县第十四届中国高山茶文化节、闽台茶旅房车打卡赛（大田美人茶体验之旅），组织参加第三届中国国际茶叶博览会（杭州）等。

2. 进一步做好“美人茶”文章

（1）立标准。

大田县根据“美人茶”的特点，为让小绿叶蝉生长良好，发布《禁止使用禁用农药和除草剂的通告》，监控生产资料科学使用，推广茶园病虫无害化防治技术。2019年，由大田县牵头联合全省美人茶企业、合作社等相关单位起草的《美人茶》《美人茶栽培技术规程》《美人茶加工技术规程》《美人茶冲泡与品鉴》等四项美人茶团体标准通过评审并发布实施，对实现茶叶质量的安全保障、提高茶叶品质、打造名茶品牌具有先进性与引领性。

（2）优品种。

大田县根据市场行情和气候变化，加大适合制作美人茶品种选育与推广力度，加强美人茶生产加工、质量品鉴技术培训。大田美人茶成功入选第二届中国国际茶叶博览会品鉴用茶、荣获2018年“中国名优茶”金奖、蝉联海峡两岸茶王赛三届“茶王”大奖。

（3）强科技。

大田县围绕美人茶产业链建设，与中国农科院茶叶研究所开展科技合作，建立科技创新基地、成果转化基地、科技培训基地等平台。中国工程院院士陈宗懋评价“大田美人茶与一般工艺茶味道不一样，芳香馥郁，品质上乘”。大田美人茶已成为大田县一张亮丽名片，通过逐步努力，可成为全市乃至全省茶叶中的精品。

3. 茶旅产业融合发展

（1）创建国家茶公园。

大田县已完成《大田县第三轮茶产业提升规划》（以三产融合发展为主要内容）的撰写并组织实施，参与《国家茶叶公园标准及评定》的制定，委托福州品鉴旅游规划设计公司进行规划国家茶叶公园。成功申报屏山、吴山、济阳、谢洋等4个乡（镇）创建国家茶叶公园（是福建省唯一的国家茶叶公园试点）；成功申报以屏山、吴山、济阳等3个乡（镇）创建省级现代茶业产业园，成为首批全省12个省级现代茶业产业园之一。仙峰·茶美人景区成功创建国家AAAA级旅游景区。

（2）打造茶家乐旅游。

与福建电视台长期合作建立亲子体验游基地，开设采茶、制茶、品茶、赏茶等茶家乐活动，打造集茶事体验、亲子互动、娱乐科普于一体的体验式亲子文化教育基地。设立“开心农场”体验区，因地制宜开发了一批富有茶乡特色的“舌尖系列”。引进总投资2.84亿元的龙创生态茶谷项目，建成星级民宿“茶家大院”“古堡客栈”共计11幢，着力打造大田美人茶特色民宿群。

(3) 挖掘大田美人茶文化。

设立大田美人茶文化研究所，搜集整理茶文化资料，成立茶艺中心和茶艺馆，每年定期举办茶文化节、大田美人茶产业发展论坛及大田美人茶书画展。2018 年主持撰写《武陵绿茶——百年名茶》，完成《大田茶志》(评审稿) 编撰、《大田高山茶》和《大田高山茶简介》汉译英工作。大田美人茶以省级文艺示范基地、省级摄影创作基地、福建文学创作基地落户屏山茶乡为契机，积极推动国学“八艺”进茶园，充分挖掘南音、山歌会、高甲戏、布袋戏等当地民俗文化，不断丰富茶文化内涵。

(二) 大田县茶产业发展制约因素

种植规模偏小。大田县茶叶种植区域分散，以传统家庭经营模式为主，基地规模普遍较小、管理粗放，品种单一，茶园的规范化、标准化程度不高，茶叶品质难以保证，不利于制茶企业加工高档茶产品。

加工能力不足。大田全县仅 2 家省级和 7 家市级茶叶龙头企业，现有大部分制茶企业为作坊式初制加工厂，产量小、碎片化，市场竞争力和辐射带动能力不足。

品牌效应不强。大田美人茶在国内各大茶叶展会上屡获殊荣，但除了江山美人、允萱美人茶、象山岩美人茶等几家茶企品牌较知名外，与武夷岩茶、安溪铁观音、福鼎白茶等相比，无论在区域品牌还是企业品牌、产品品牌方面，都存在不小差距。

(三) 大田县茶产业发展对策

大田县将以“大田美人茶”品牌发展为契机，持续推进低产茶园改造提升，扶持壮大茶叶龙头企业，加强美人茶品牌建设，促进三产融合发展，努力把大田美人茶打造成为全市乃至全省茶业的特色精品。

1. 提升茶叶基地水准

(1) 加快茶园改造。

大田县按“头戴帽、腰系带、脚穿鞋”要求，推广茶园植树、梯壁种草留草、套种绿肥、茶树留高等技术，施用有机肥，提高土壤有机质含量，改善茶园生态条件。

（2）严格投入品监管。

大田县开展茶园、土壤、茶企、茶农普查建档工作，建立数据库，实现资源共享。依法实施食用农产品“一品一码”全过程追溯监管，实现生产有记录、信息可查询、流向可跟踪、责任可追究、产品可召回、质量有保障；健全县农业综合执法大队、县直相关部门与乡（镇）政府联合督查、检查和执法联动机制，加强对农药、化肥、除草剂等投入品的监管和规范使用，实行化肥、农药进货建档和销售备案制度。

（3）开发特色茶品种。

大田县加大美人茶茶树优良品种的选育和推广，促进茶类结构调整。围绕不同区域市场和不同消费群体的消费需求，对大田美人茶品进行创新，开发速溶茶、特色冷泡茶等系列茶产品。

2. 突破茶叶加工局限

（1）壮大龙头茶企。

大田县重点扶持大田江山美人茶业公司等一批产销、品牌一体的龙头企业，鼓励引导茶企与华祥苑、日春、八马茶业等国内知名企业嫁接联营，走企业联合、资本运作、股份制的发展路子；在吴山、屏山等重点产茶乡镇建设茶叶精深加工集中区，3 年内实现培育省、市茶业龙头企业 30 家的目标。

（2）发展精深加工。

大田县支持茶饮料、茶食品、茶药品、茶用品、茶点等与茶叶消费相关环节的产品开发，生产茶食品、饮料、伴手礼、日用品和保健品，延伸产业链条，提高茶叶资源综合利用率。年内力争培育年产值 1 亿元以上的茶叶精制和深加工企业各 1 家。

3. 强化茶叶品牌建设

大田县实施“区域公共品牌＋企业品牌”协同发展战略，支持茶叶企业注册企业商标，开展绿色食品、有机食品和 SC 认证。鼓励茶企参加省内外各类展示展销和茶文化展演，开展企业品牌与公共品牌结合的宣传推介。

举办各类茶事活动，全力打造全国、全省有影响力和辨识度的大田美人茶区域公用品牌。如拍摄电影纪录片《蝉茶》；通过网站、电视、微信、微博、抖音等多媒体开展大田美人茶相关知识普及等活动；开展茶诗、茶歌、茶故事文艺作品征集评选和大田美人茶包装设计大赛活动；举办“大田美人茶杯”全省摄影大赛和“茶艺大赛”；开展大田美人茶代言人、十大最美茶艺师、最佳茶艺表演队评选活动；设立高山茶文化节、开茶节；举办大田美人茶高峰论坛、高山帐篷节、网红打卡与茶企互动、特色农产品展示展销、美人茶体验等形式多样的推介活动；开展大田美人茶文化“进机关、进学校、进企业、进社区、进家庭”五进活动等，进一步展示茶文化品牌形象，推广大田茶品牌。

4. 推进三产融合

首先，推动产销衔接。大田县鼓励茶企茶农到省内外开设大田美人茶专卖店（专柜）、连锁店，如在三明饭店、福州三明大厦开设大田美人茶窗口。

其次，促进茶旅产业融合。大田县加快推进大田大仙峰·茶美人景区、国家级茶叶公园等一批茶旅融合重点项目建设，鼓励支持龙头茶企以茶为媒，把茶园变景区、把茶厂变展馆，开发茶园体验游、茶园养生游、茶区自驾游等茶旅融合产品，吸引游客观光旅游、养生体验。

再次，建设主题场馆。大田县在县城中心的原县农机中心和商业总公司地块，建设面积9000多平方米的大田美人茶文化创意园，引导茶叶企业、文创、抖音短视频营销、茶艺表演培训等不同业态入驻，加快形成集茶叶展示、销售、互联网线上营销、茶艺表演培训、茶叶包装设计、物流配送、仓储等为一体的茶文化产业园。在国家AAAA级大仙峰。茶美人旅游景区内建设大田美人茶主题馆，全方位展示大田美人茶的文化及产区地理风貌，在屏山乡、吴山镇建设美人茶精加工产业园，规划建设清洁化茶叶加工厂、茶叶烘焙中心，配套建设网络销售中心、茶叶展览馆、制茶体验中心等。

5. 制定扶持政策

大田县强化对发展茶产业的组织领导，县、乡党政主要领导亲自协调布置，细化茶产业发展规划，落实好已出台的《大田县推进茶产业转型升级实施意见》《关于进一步促进茶产业高质量发展的意见》《大田县茶产业高质量发展三年行动方案（2020—2022 年）》等，进一步完善推进茶产业发展的政策措施，引导鼓励实施茶园改造提升、壮大茶叶龙头企业、加强茶叶品牌建设、推进三产融合发展、强化质量安全监管、加强人才科技支撑等重点工作。

八、政和县茶产业品牌推广实践

总结政和县茶产业在茶叶品牌建设、组织茶叶赛事、提升产品质量、坚持绿色发展等领域的发展成效，并从打造中国白茶城、打造中国白茶博物馆、建设茶叶绿色高质高效项目等方面提出推动政和县茶产业进一步发展的对策与建议。

政和县是福建省茶叶主产区之一，主产白茶、红茶、绿茶（包括花茶），是白茶原产地和核心产区之一，是“政和白茶”“政和工夫”的原产地，被称为“中国茶业百强县”“中国白茶之乡”。目前，全县茶园面积 7000 余公顷，生态茶园近 5000 公顷。2019 年全县年产茶叶 1.5 万吨，产值 14.5 亿元。其中白茶 9200 吨，产值 11.8 亿元，销售额 17.8 亿元。全县共有大小涉茶企业、合作社近 400 家（其中茶叶加工企业 280 家），通过 SC 认证企业 65 家，省级龙头企业 3 家，中国白茶十强企业 3 家，规模以上企业 17 家。政和县委县政府重视“政和白茶”公共品牌推广，连续举办了七届政和白茶斗茶赛、三届白茶品鉴会以及开茶节、寻茶旅游等活动。2018 年，“政和白茶”公共品牌价值达到 46.17 亿元。2019 年 11 月，“政和白茶”地理标志证明商标被认定为中国驰名商标。“政和工夫”红茶驰名商标品牌价值 33.32 亿元。2020 年 1 月，“政和白茶”获全国绿色农业十大领军地标品牌。2020 年 9 月，“政和白茶”被纳入中欧地理标志保护与合作协定名单，进一步提升

"政和白茶"知名度，在国际层面强化了保护。

（一）政和茶叶品牌推广现状

1. 组织茶叶推介，展示茶业风采

（1）媒体推介。

2018年4月，政和县配合中央电视台"国家品牌计划—广告精准扶贫"栏目摄制组录制"政和白茶"公益广告，并在央视1套、2套等8个频道、每天20次左右滚动播出；配合福建电视台《风物福建》栏目摄制组录制《政和白茶纪录片》，并在福建电视台播放，提高了"政和白茶"的知名度、美誉度、认可度。

（2）展会推介。

2018年5月，政和县举办政和白茶推介会，同期组织福建省隆合茶业有限公司、福建政和瑞茗茶业有限公司、福建省政和云根茶业有限公司、福建省闽辉名茶有限公司、福建二五区茶业有限公司、福建大与实业有限公司、福建省政和县兰悦工贸有限公司7家企业参加第二届中国国际茶叶博览会，隆合茶业选送的政和白茶——白毫银针荣获第二届中国国际茶叶博览会金奖；同年10月，福建省隆合茶业有限公司、福建省政和云根茶业有限公司、福建政和瑞茗茶业有限公司、福建茂旺茶业有限公司、福建省闽辉名茶有限公司、福建省政和言生生态茶业有限公司、福建省泰云春茶业有限公司、福建二五区茶业有限公司8家茶企参加第六届中国西部（西安）茶业博览会，并做政和白茶专场推介会。通过不断外出展示推介，政和茶产业展示了自己的风采。

（3）平台推介。

政和县通过公共品牌平台权威影响，让茶叶营销拓展空间。2018年6月，福建省隆合茶业有限公司、福建省政和云根茶业有限公司、福建茂旺茶业有限公司、福建省政和言生生态茶业有限公司4家企业首批获得授权使用"武夷山水"区域公共品牌。8月，福建省隆合茶业有限公司、福建省政和云根茶业有限公司、福建政和瑞茗茶业有限公司3家企业入选中国白茶十强企业，政和县白牡丹茶叶有限公司、福建省闽辉

名茶有限公司获得中国白茶十强提名企业称号。政和县组织企业参加“放心茶企”评选活动，福建省隆合茶业有限公司、福建省政和云根茶业有限公司、福建大与实业有限公司、福建省闽辉名茶有限公司、政和县东平宏达茶厂5家茶企获“放心茶企”称号。

2. 组织茶叶赛事，提升产品质量

2018年8月，政和县举办第七届政和白茶全国斗茶赛，组织65家企业，收集130个茶样，经过预赛、决赛，最终评出白毫银针、白牡丹、寿眉茶王获奖茶样。政和茶叶加工设备加快技术改造，加工技术和产品质量提升明显，通过斗茶赛提高企业制好茶积极性，让政和茶叶提质增效。

2019年2月，政和县举办第二届“政和白茶”全国品鉴会，同年3月举办政和白茶开茶节，8月举办第八届政和白茶全国斗茶赛，进一步推动了政和县白茶产业发展，提升了政和白茶影响力。

3. 推广规范生产，确保产品安全

2018年，政和县争取绿色高质高效整建创建项目资金400万元，已完成茶叶绿色高质高效创建项目申报工作，同时成立了由县政府主要领导为组长的政和县绿色高质高效项目领导小组，由县政府分管茶业的副县长为组长的项目实施小组，由县茶叶技术专家、县农业局副局长为组长的项目专家指导组，并明确了各个组织机构的任务分工。争取政和菜茶种质资源保护与利用项目资金20万元，项目已安排由政和县岭腰乡锦屏村委会实施。

4. 坚持绿色发展，确保质量安全

（1）办班培训。

在全县范围，分片区适时举办春季茶园管理、茶叶质量安全管控与标准化建设培训，邀请专家进行授课，共举办8期，培训人数1200人次，实现全县十个乡镇全覆盖。

（2）农资监管。

组织农业执法、市场管理等执法部门不定期对农资市场检查、指导，特别是加强对茶园禁用农药的追溯管理。

(3) 茶叶检测。

在生产期间，不定期对企业茶叶抽样检测，共检测茶样150个，并根据检测报告对农残状况进行分析，指导茶农进行病虫防治。

(二) 政和县茶产业提升新举措

1. 打造中国白茶城

政和县主动作为，加快推进惠民项目建设。2019年11月26日，中国白茶城开工仪式在"中国白茶之乡"政和县举行，该项目建成后将为政和白茶产业持续健康发展、政和贫困户脱贫、农民增收以及乡村振兴事业提供更大的助力。中国白茶城总占地8公顷，总投资5亿元，总建筑面积约15万平方米，由中国供销农产品批发市场控股有限公司携手政和县人民政府联合出资兴建。中国白茶城建成后，将成为集茶叶展示交易、检测认证、茶仓储、白茶价格指数发布及茶文化旅游等功能为一体的"一站式"全国白茶集散中心，项目运营后预计年交易额可达20亿元。

2. 打造中国白茶博物馆

政和县致力于政和白茶品牌的建设宣传和茶文化的传播推广，提出了打造环石圳湾经济文化旅游产业带的思路。中国白茶博物馆项目建成后，将极大地提升政和白茶品牌知名度和影响力，加速推动环石圳旅游文化产业带的建设，结合朱子书院与中华紫薇园为石圳湾申报国家AAAA级景区创造有利条件。中国白茶博物馆建筑面积2.6万平方米，是面向公众开放的茶专题博物馆，馆设茶历史、文化、艺术馆，白茶精制、存储展示馆，茶学术交流中心，茶品牌文化展示中心，集白茶历史文化宣传、教育研究和白茶存储、展示、加工体验于一体。中国白茶博物馆建成后，将成为全国最大的白茶博物馆。

3. 建设茶叶绿色高质高效项目

政和县推进茶叶绿色高质高效创建工作，打造一批茶叶标准化示范基地，使用福建省农业农村厅绿色高质高效专项补助资金400万元，在全县范围内创建20个茶叶绿色高质高效项目点，打造两片观光茶山，资金主要用于有机肥、黏虫板、杀虫灯等物化投入及统防统治社会化服务、公共品牌宣传和技术培训推广三大方面。整个项目涉及茶园面积664公顷，统防统治面积511公顷，项目实施结束后可有效带动政和县茶园有机肥替代、病虫害绿色防控、环境友好生产方式推广，大幅降低化肥、农药使用量，促进政和茶产业绿色持续健康发展。

九、永春县茶产业发展现状与对策

总结永春县茶产业在茶叶种植、品牌建设、市场拓展、行业组织建设等方面的发展成效，并从生态茶园建设、培育龙头企业、延伸茶产业链、加快市场体系建设、加强政策扶持、加大科技兴茶力度等方面提出了推动永春县茶产业进一步发展的对策与建议。

永春县近年来茶产业稳步发展，取得明显成效。2007年通过福建省“无公害农产品产地整体认定”，2010年被中国绿色食品发展中心批准为“全国绿色食品原料（茶叶）标准化生产基地县”，是生产天然茶叶饮品的最适宜区；先后被授予“福建省十大产茶大县”“全国重点产茶县”“中国名茶之乡”称号，是全国最大佛手、闽南水仙生产出口基地。

（一）永春县茶产业发展现状

1. 产业发展初具规模

全县涉茶农户3.8万户、茶业从业人员8万多人，茶叶初制加工厂9000多家、精制加工厂7家，拥有省级农业产业化龙头企业1家、市级农业产业化龙头企业12家，茶叶年产值9.5亿元，涉茶总产值15亿元。茶业成为永春农村重要的支柱产业和农民收入的主要来源之一。

2. 面积产量稳步增加

永春是佛手、闽南水仙发源地，全县茶园面积5167.9公顷，年产

1.04万吨。其中佛手3066.7公顷、年产6900吨，铁观音1168.2公顷、年产1800吨，水仙800公顷、年产1500吨，其他133公顷、年产200吨。茶园面积超万亩的有坑仔口、玉斗、湖洋、一都和横口等5个乡镇；茶叶产量超千吨的有坑仔口、玉斗、湖洋和横口等4个乡镇。

3. 茶叶质量全面提升

自2007年以来，通过项目推动，全县共建设县、乡、村66个、2000公顷生态茶园示范片，辐射带动全县8666.67公顷茶园的生态建设和病虫生态防控，大大改善了茶园的生态环境，进一步促进了永春生态名茶优势产业的形成与发展。全县年产优质茶1.3万吨，优质茶率82.28%。绿色食品认证企业3家，SC认证企业14家，一品一码注册61家。

4. 品牌建设初见成效

1997年，永春佛手荣获中国农业博览会名牌产品称号，2001年永春铁观音荣获中国国际农业博览会金奖、闽南水仙荣获中国国际农业博览会名牌产品称号，三大茶叶主栽品种先后获得农产品的国家级最高荣誉。

永春佛手2006年获得国家地理标志产品保护，2007年荣获“中国申奥第一茶”，2008年确定为第六届全国农运会礼品茶，2009年获国家地理标志证明商标，2013年入选农业部名优农产品名录，2019年参与浙江大学中国农业品牌研究中心开展的“中国农产品区域公用品牌价值评估”，品牌价值16.41亿元。闽南水仙2009年获国家地理标志证明商标。

5. 茶叶市场有效拓展

目前，全县茶叶企业和茶庄茶店有1200多家，且北京、上海、广州、深圳、济南、福州、厦门等大中城市均有销售窗口，改变了原来主要靠外贸外销的局面。茶叶产品销售渠道通畅，深受消费者喜爱，2019年全县毛茶平均价达60元/千克，永春佛手、闽南水仙市场价不断攀升。

目前，全县有县茶叶同业公会1家，会员220多名；乡镇茶农协会5家，会员650多名；工商登记注册的茶叶专业合作社126家，社员5000多人。

（二）永春县茶产业发展对策

在稳定现有茶园面积的基础上，坚持以市场为导向，以建设生态茶园、提升基地档次为支撑，以培植品牌、壮大龙头企业为载体，以科技创新为动力，以提高品质、效益和增加茶农收入为目标，坚持发展精品战略，走高产优质高效路子，建立产加销一条龙、贸工农一体化的茶叶生产经营格局，扎实推进茶叶产业又好又快发展。

1. 实施生态茶园建设，发展无公害茶叶

（1）优化品种区域布局。

按照产业化、规模化、标准化、商品化发展的要求，调整茶树种植的区域结构，优化区域生产布局，不断提高茶树种植的规模化和集约化水平。其中，西北部中低山铁观音基地区以坑仔口镇、横口乡、一都镇为主，辐射玉斗、锦斗、桂洋、下洋、呈祥等乡镇。中北部中低山永春佛手基地区以玉斗镇、苏坑镇为主，辐射坑仔口、锦斗、蓬壶、达埔、吾峰等乡镇。中、东南部低山丘陵永春“闽南水仙”基地区以东关镇、湖洋镇为主，辐射东平、五里街、石鼓等乡镇。

（2）加快生态茶园建设。

茶园建设是茶叶产业持续健康发展的基础。坚持高标准建园原则，立足于保护生态环境，以茶园“头戴帽、腰系带、脚穿鞋”为建设模式，大力推行山顶等重要生态部位退茶还林、茶园套种绿肥、梯壁留草种草、园面铺草、路边空地种树，建设60片百亩高标准生态茶园示范基地，辐射带动全县茶园生态修复，发展生态名茶。2008年以来，大力实施“现代茶业生态茶园建设项目”，完成60个建设项目，建设标准化生态茶园2466.67公顷。

（3）加强质量安全管理。

建立健全茶叶质量安全保障体系，全面推广茶叶无公害生产技术，

积极创建茶叶标准化生产示范基地，严格控制化肥、农药的使用，确保成品茶的农残及有毒、有害物质达到限量标准要求。积极推进茶叶质量认证，树立永春茶叶品质优良、安全放心良好形象。大力推广“德盛植保模式”。在莉芳茶厂开展茶叶质量安全可追溯体系建设。

2. 培育壮大龙头企业，提高产业化水平

（1）推进企业技术改造。

按照优质茶种植加工标准，择优扶持一批产品质量过硬的初制厂，帮助其加大技术改造力度，改进工艺，提高优质原料生产能力。加大力度支持规模大、基础好的茶叶加工企业，积极引进和利用先进设备，改进生产技术，改进加工工艺，提升茶叶生产加工水平。2011 年以来，实施“现代茶业茶叶初制厂清洁化改造建设项目”，完成 60 家初制厂的改造升级。2012 年以来，共争取现代茶业省级资金项目 12 个，资金 787 万元，促使加工设备提档升级。

（2）加强培育龙头企业。

集中力量扶持一批有规模、有潜力、上档次、市场竞争力强的茶叶生产龙头企业，使其尽快做大做强，增强产业带动作用。大力推行“公司＋基地＋茶农”的经营模式，鼓励采取联合、租赁、收购、兼并等多种形式，实施规模化生产，形成茶叶规模优势和品牌优势，推进产业化经营。

（3）建设开放式茶产业。

适应经济全球化的趋势，实施“走出去、引进来”的战略，建设开放型、外向型茶产业。举办“茶王赛”、名优茶鉴评、茶叶推介等茶事招商活动，组织龙头企业参加茶博会、展销会。近年来，永春县举办了首届中国永春佛手茶茶王电视大奖赛、海峡两岸（永春）佛手禅茶高峰会、首届“永春佛手·茶韵天娇”形象大使选拔赛、福建水仙茶之旅—永春茶旅文化节、奥运冠军永春佛手茶文化推介大会，使永春佛手、闽南水仙的知名度大幅度提升。永春县加大招商引资力度，鼓励多种经济成分，吸引非茶企业投资茶业，开展与国内外茶叶大企业合作，促进茶叶深加工和形成广阔的营销网络。

（4）着力延伸茶产业链。

充分发挥永春佛手、闽南水仙品质优势，加强科工贸联合，强化茶叶新产品开发和深加工；鼓励利用现代生物技术开发生产药茶、保健茶及饮料茶，扶持引进新技术、新设备，生产茶多酚、咖啡因、茶多糖、茶色素等产品，进一步延伸茶叶产业链，提高附加值；支持汇源集团开发永春佛手茶饮料，厦门茶叶进出口有限公司开发了金花香橼茶，广受市场欢迎。

3. 加快市场体系建设，促进茶产品流通

（1）加强企业品牌建设。

永春县加大政府支持力度，打造以永春佛手、闽南水仙为主导的茶叶企业品牌。鼓励企业注册商标，按国际化标准进行茶叶生产和贸易，扩大连锁经营，加强文化包装，塑造企业品牌形象。以品牌带企业、以企业带行业、以行业带产业，推动茶产业发展。目前已获著名商标 4 件、知名商标 6 件。

（2）重视名茶品牌保护。

永春县加大对永春佛手地理标志产品保护、永春佛手、闽南水仙证明商标的宣传与保护，鼓励茶叶企业申请使用地理标志和证明商标。严格执行地理标志产品和证明商标的使用管理办法，统一质量标准、统一包装，树立名茶名牌的统一形象，共同维护名茶名牌声誉，充分发挥名茶名牌优势，带动永春茶业健康有序发展。

（3）推动茶叶市场营销。

永春县培植专业化的营销企业，建设营销队伍，策划特色鲜明的营销活动，加快对永春茶叶的整体宣传，努力培育一批具有较强竞争力与带动力的茶叶营销企业。积极探索现代营销方式，加快发展专卖店、专柜、连锁营销和茶叶企业到省内外建立专销市场。规范茶叶市场管理，打击不正当竞争，杜绝假冒伪劣产品。

（4）挖掘茶文化内涵。

永春县茶文化源远流长，博大精深。永春在北宋就有产茶的记载，清代有成片种植，历史上，不少文人骚客曾作诗咏唱永春茶叶。永春县鼓励成立各类茶文化促进组织，积极开展茶事活动。深入挖掘永春佛手、闽南水仙文化以及营养成分、保健功能、有机品质、清洁安全等内涵，提高永春茶叶品位，用文化包装“发酵”茶产业。

4. 加大科技兴茶力度，提升科学化水平

永春县制定中长期培训计划，深入开展“茶业万人培训工程”，邀请省、市及本县茶叶专家、老茶师授课，传授茶叶无公害生产加工技术、品牌建设、营销策略等，不断提高涉茶人员的素质。

永春县加强与高等院校、科研院所合作，强化应用技术研究，改进制茶技术，积极研发茶叶深加工产品，提升茶叶产品的科技含量。例如，与湖南农业大学合作，深度挖掘永春佛手茶的品质化学特点及健康功效与作用机理，为永春佛手茶的市场推广与消费拓展提供科学依据。

5. 搞好组织协调服务，推动茶产业发展

（1）加大政策资金支持。

永春县认真实施《关于加快茶叶产业发展的意见》《永春县农业产业化“十百千万”工程实施方案》和《永春县“十三五”现代农业发展规划》，强化服务，强化资源整合，提高资金使用的集中度，农、林、水、科技等方面资金的安排，都按各个部门的工作职责给予扶持；用项目带动理念推动茶产业发展，谋划项目，生成项目，积极争取上级在资金、政策上的支持和投入。商业银行和农村信用社对茶叶企业和茶农给予贷款支持。

（2）发挥行业组织作用。

永春县加强茶叶行业管理，充分发挥茶叶同业公会、茶叶研究会和茶叶合作社等行业组织的桥梁与纽带作用，做好茶叶行业发展和市场营销的协调、服务和监督工作，努力提高行业自我管理、自我服务、自主经营、自求发展的能力，为政府部门决策当好参谋。

（3）加强组织领导协调。

永春县各级各有关部门充分认识加快茶产业发展的重要意义，把茶产业作为推进现代农业建设、促进农民增收的重点产业来抓，切实加强组织领导和统筹协调，落实好茶叶产业发展优惠政策，增加茶叶产业投入。

十、平和县茶产业发展现状与对策

总结平和县茶产业在生态茶园建设、清洁化改造、茶事活动等方面的发展成效，并从生态茶园建设、推进产业融合发展等角度提出推动平和县茶产业进一步发展的对策与建议。

唐宋时期，平和就出产茶叶，茶香在历史的字里行间弥漫。2019年，平和县茶叶种植面积3400公顷，产量1.2万吨，涉茶总产值达20多亿元。平和是“中国茶叶（白芽奇兰茶）之乡”“全国重点产茶县”“中国十大最美茶乡”等。“平和白芽奇兰”品牌价值达27.97亿元。“平和白芽奇兰”先后通过农业部“中国农产品地理标志”和“中国生态原产地产品保护”认证，被认定为中国驰名商标。“平和白芽奇兰”地理标志商标还获得台湾证明标章注册，开福建省茶业之先河。

（一）平和县茶产业发展现状

平和县高度重视茶产业的高质量发展，从政策和资金上都给予了大力支持。2019年出台了《关于印发促进平和白芽奇兰茶高质量发展的若干措施的通知》（平政文〔2019〕91号），要求做大做强平和白芽奇兰茶产业，加快茶产业转型升级，促进茶产业高质量发展。截至2018年初，平和县通过三轮的现代茶业项目建设实施，共投入资金6000多万元（其中，中央财政扶持资金3000多万元），实施茶园道路水泥硬化100多千米，覆盖生态茶园1333公顷以上，清洁化建设（改造）茶叶初制厂60多座。

20世纪八九十年代，白芽奇兰茶的提纯、复壮、推广，把平和茶产业提升到一个新的水平。如今，平和白芽奇兰茶被确认为中国驰名商标，海峡两岸茶业交流协会、漳州市、福建省农业厅2015—2019年连续五年打造以白芽奇兰为代表的“漳州茶”。截至2020年，县委县政府已经连续13年举办了平和白芽奇兰茶王赛活动。县政府每年从县财政拨出近100万元开展白芽奇兰品牌创建工作、嘉奖获奖企业和组织茶叶展会展销。2016—2019年，连续四届参与海峡论坛·海峡（漳州）茶会暨平和白芽奇兰茶王赛活动，极大地提升了白芽奇兰品牌知名度。

（二）平和县茶产业发展对策

1. 建设生态茶园

一是生态调控。在茶园顶部、周围种植乔木防护林，林间栽种灌木树种；在茶园干道、支道旁种植行道树，行道树之间种植灌木型植物、草本植物或禾本科匍匐性植物进行绿化，增加生物多样性；在茶园空闲处种植乔木型或小乔木型绿化树；茶园梯壁留草，或套种平托花生、百喜草、圆叶决明、爬地兰等绿肥。二是农艺改良。推广应用白芽奇兰茶抗病虫茶树品种，增施有机肥，培养“茂大壮”树势。实行机械化采摘；施行中耕除草，推广茶园修剪，清蔸亮脚，改善通风透光条件；强化冬季清园封园，减少越冬虫口基数。三是物理防控。利用害虫的趋性，采取光诱、色诱、性诱等措施，控制茶园虫害。推广LED杀虫灯、黏虫色板及性信息素诱捕器。四是生物防治。推广使用微生物、植物源、矿物源等农药进行防治。

2. 茶园基础设施建设

完善茶园道路建设，对茶园道路进行硬化，达到晴雨畅通的标准；在空旷地或田林交界处，建设蓄水池或蓄水坑，以改善茶园的生态和满足茶园灌溉，做到有水能蓄、涝时能排、旱时能灌。

3. 推进茶旅产业融合

平和县拥有高峰生态谷、云端筑梦、天醇、名峰山、阳山、晨晖等一批知名茶企和白芽奇兰茶生产基地。平和县茶文化历史悠久，历代文化名人如王阳明、黄道周、陈天定、蔡新、林语堂等在平和县留下了诸多茶文化趣闻。近年来，平和县积极打造生态茶园观光游，促进茶旅产业融合发展。

漳州九龙江阳明投资有限公司打造的高峰谷茶旅游项目范围覆盖钟腾村、榜眼府第及周边土楼、高峰茶场、上官峰行政村和下官峰自然村。景区规划面积200公顷，规划建设年限6年，分期建设“五区一谷”，分别是：高峰茶世界、榜眼府文化区、官峰驿站、鹅将军乐园、下官峰世外桃源和清心谷。

漳州大芹云顶茶业有限公司承建的“云端筑梦”旅游开发项目，占地总面积200公顷，是省级在建重点项目、漳州市旅游设施和景区提升六大工程之一，项目由台商吴松柏引进和借鉴台湾的休闲、酒店经营管理经验，将生态农业与乡村旅游有机地结合在一起，主打特色生态农业游，是目前平和县最高端的乡村游项目之一。

平和名峰山有机茶基地将成为集万亩有机茶园观光、攀登名峰、休闲养生、户外拓展、会议旅游、品尝农家美食、休闲娱乐等于一体的星级旅游景点。

第四部分　福建省重点龙头茶企发展案例

总结福建省主要茶产区重点龙头企业发展情况，通过对福建省茶产业发展案例的解读，运用6个经典案例从企业人才培养、销售转型与产品升级、品牌营销、精准扶贫、标准化工作、品牌与科技创新等角度，对壮大福建省重点龙头企业、提升福建省茶产业发展水平进行解读。

一、福建省重点龙头茶企发展情况

省级重点龙头企业是指以农产品生产、加工或流通为主业，通过合同、合作、股份合作等利益联结方式直接与农户紧密联系，使农产品生产、加工、销售有机结合、相互促进，在规模和经营指标上达到规定标准并经省农业产业化联席会议审定、省政府批准后认定的农业企业。

截至2019年底，根据《福建省农业产业化省级重点龙头企业认定和运行监测管理办法》的通知（闽农综〔2019〕115号），福建省农业农村厅等11个部门联合公布2019年农业产业化省级重点龙头企业增补名单，共244家企业入选。至此，福建省农业产业化省级重点龙头企业数量达到926家。

（一）宁德市重点龙头企业发展情况

2019年，宁德全市茶园面积6.20万公顷，毛茶产量10.43万吨，毛茶产值39.83亿元，全产业链产值达161.37亿元，分别比2018年增长5.11%、4.5%、12.26%和15.52%。全市1/3人口、70%的农户从事茶叶生产及相关产业，茶区农民茶叶收入已占人均可支配收入的30%以上，部分重点茶区甚至超过50%。全市拥有各类茶叶生产经营主体 4000 多家，市级以上农业产业化重点龙头企业 186 家，占全市总量的 41.4%。农业产业化省级重点龙头企业 68 家，占全市总量的 46.9%，农业产业化国家级重点龙头企业 1 家，总资产近 40 亿元，年产量接近 4 万吨，年加工能力约 4.5 万吨，年销售量约 3.5 万吨，年销售额近 50 亿元，从业人员超过 6400 人。

表 4-1 宁德市重点龙头茶叶企业基本情况

企业名称	总资产（万元）	年产量（吨）	年加工能力（吨）	年销售量（吨）	年销售额（万元）	从业人数
福建省宁德市赤溪茶叶有限公司	5458	442	1000	421	7899	35
宁德市白马山茶叶有限公司	5872.6	71.63	150	56.69	6812.18	147
宁德市日长农业开发有限公司	2600	15	50	11	360	11
福建省海上茶香茶业有限公司	5539.83	84.09	130	68.01	5883	86
福建江南茶业有限公司	2000	240	500	230	8640	33
宁德市畲家金闽红茶叶有限公司	1272	100	100	120	601	28
福建省峻山野农业发展有限公司	5360	92	105	90	6830	82
福建省大沁茶业有限公司	1347.11	200	150	102	7157.98	270
福建鼎白茶业有限公司	9025.8	800	1000	610.5	14826	238
福建省董德茶业有限公司	15000	130	130	100	2000	120
福鼎市芳茗茶业有限公司	5800	300	600	400	7000	110
福建省高山香白茶产业城有限公司	5100	800	1000	450	6500	78
福建省广福茶业有限责任公司	7328	265	376	227	15318	187
福建广林福茶业有限责任公司	5000	120	100	95	3500	75
福建华香茶业有限公司	6803.36	4240.5	450.1	4070.9	8319.4	185
福建康来颜茶业有限公司	20600	526	2209.2	486	14603.9	357
六妙白茶股份有限公司	16348	601.62	601.62	603.59	21556	219
福建品品香茶业有限公司	43722	1830	2000	1355	61471	603
福建顺茗道茶业有限公司	7812	635	1000	312	8523	65
福建省天湖茶业有限公司	17447.19	2372.86	2372.86	2283.37	35936.74	809

续表

企业名称	总资产（万元）	年产量（吨）	年加工能力（吨）	年销售量（吨）	年销售额（万元）	从业人数
福建省裕荣香茶业有限公司	6185.93	537.9	800	495	6923.3	113
福建誉达茶业有限公司	3350	280.38	178	251.98	2954	96
远古大荒（福建）控股有限公司	5662.72	54	216	23	9427.5	216
福建瑞达茶业有限公司	13098	655	583	462	9225	69
福建宝丰源茶业有限公司	1876.69	437.64	550	416.28	5557.61	85
福安市艾绿茶业有限公司	5371	208	289	185	5603	30
福安市红新茶业有限公司	5500	650	700	600	4000	36
福建省天荣茶业有限公司	4000	1000	1050	1000	9000	68
福建隽永天香茶业有限公司	7000	1400	1400	1300	15288	83
福建新坦洋集团股份有限公司	15062	175	200	167	15348	135
福建省茗绿农业发展有限公司	860	100	100	100	360	8
福安市金福龙茶业有限公司	1206.65	1200	1500	1200	4850	20
福建省大地茶业有限公司	1000	3000	3100	2800	8000	60
福建林芝友缘茶业有限公司	5211	398	410	400	5044	110
春润（福建）农业发展有限公司	4778	30	50	28	7650	26
福安市茗春馨香茶叶有限公司	4561.21	1000	3000	900	7406	70
福建万润达茶业集团股份有限公司	23325	43	50	39	3457	65
福建省兴旺茶业有限公司	4556.05	3500	5000	3250	7560	86
福建省同泰春茶业有限公司	5118.84	162.37	185	156.78	4023.75	73
福建省天禧御茶园茶业有限公司	4351	130	200	123	2300	56
寿宁县春伦茶业有限公司	3837	26	33	25	5489	75
寿宁县兴昌茶厂	2300	100	1000	125	5000	52
寿宁县裕发茶业有限公司	4325	354	354	352	8110	268
福建瑞隆农业综合开发有限公司	2600	320	615	280	1200	28
寿宁县天池峰茶业有限公司	2150	15	35	10	350	12

续表

企业名称	总资产（万元）	年产量（吨）	年加工能力（吨）	年销售量（吨）	年销售额（万元）	从业人数
寿宁县梦之乡农业综合开发有限公司	1291	120	150	110	1198	20
福建永和春农业综合发展有限公司	2500	1800	2000	1800	8300	25
寿宁县闽轩茶叶有限公司	3800	400	500	400	8000	33
寿宁县满堂宏茶业有限公司	4500	500	600	500	4800	38
寿宁县叶叶香茶厂	1000	450	500	450	2100	23
寿宁县锦山茶业有限公司	2800	350	600	400	1100	20
福建大南山茶业有限公司	4100	120	200	110	2200	26
福建省周宁县绿立茶业开发有限公司	5460	315	308	300	4821	29
福建归来客有机茶叶有限公司	2200	60	70	55	3200	10
福建海雾茶业发展有限公司	3708	145	180	140	5850	60
福建省碧源生态农业发展有限公司	3910	155	185	150	5841	60
周宁县华兴茶叶有限公司	2520	2000	2600	1800	4300	50
周宁县莲峰生态农业发展有限公司	5789	228.7	228.7	228.7	4574	130
福建张一元茶业有限公司	4600	220	750	220	5100	28
福建福寿长生态农业有限公司	4100	125	300	136	4000	106
霞浦县永兴茶叶有限公司	1896	40	150	40	1200	36
霞浦县目海茶业有限公司	1368	220	300	180	4975	28

数据来源：宁德市农业农村局。

（二）泉州市重点龙头企业发展情况

截至2019年底，泉州市共有农业产业化国家级重点龙头企业4家，农业产业化省级重点龙头企业17家，总资产超过17.4亿元，年产量超过1.16万吨，年加工能力超过2万吨，年销售额接近15亿元，提供就业岗位接近5000人，经济社会效益明显。

表 4-2　泉州市重点龙头茶叶企业基本情况

企业名称	总资产（万元）	年产量（吨）	年加工能力（吨）	年销售量（吨）	年销售额（万元）	从业人数
福建八马茶业有限公司	32937	815.71	1000	752.57	20882.19	301
福建安溪铁观音集团股份有限公司	20709	512.89	1000	460.32	12309.45	765
中闽魏氏茶业股份公司	23586	528.54	1000	462.83	11885.00	163
安溪华祥苑茶基地有限公司	6038	591.15	1000	532.92	11350.00	103
福建省华虹茶业有限公司	4219	291.25	1000	233.00	3728.00	89
福建省高建发茶业有限公司	4500	184.75	1000	147.80	2956.00	75
福建省安溪县冠和茶业有限公司	6989	451.82	800	411.45	7952.00	146
福建年年香茶业股份公司	8086	350.19	600	280.15	5603.00	1000
福建省安溪举源农业综合开发有限公司	6500	174.48	800	139.58	3350.03	600
福建儒家茶业有限公司	3378	452.08	600	361.67	8680.00	366
福建省安溪县兴溪茶业有限责任公司	5195	851.80	600	721.44	10903.00	151
福建省誉丰国心茶业有限公司	15210	137.12	600	109.70	2852.10	32
福建省安溪县华源茶业有限公司	4156	560.34	800	488.28	9862.06	75
永春县魁斗莉芳茶厂	12000	2600	4000	2500	19000	230
永春县蓬壶茶厂	2500	600	1500	550	3600	80
泉州市九斗生态农业有限公司	3500	102	150	102	2350	120
泉州市金斗洋生态农业有限公司	3500	50	100	45	2200	90
永春北硿华侨茶厂	2000	60	500	60	550	30
永春县岩山茶叶专业合作社	800	350	500	350	1225	60
永春县魁斗莉芳茶厂	12000	2600	4000	2500	19000	230
永春县蓬壶茶厂	2500	600	1500	550	3600	80
泉州市九斗生态农业有限公司	3500	102	150	102	2350	120
泉州市金斗洋生态农业有限公司	3500	50	100	45	2200	90
福建理想实业有限公司	4000	23	30	22	2200	120
泉州市日泰茶业有限公司	5000	2000	3000	2000	5860	80

数据来源：泉州市农业农村局。

（三）南平市重点龙头企业发展情况

作为福建省茶叶主要产区，2019年南平全市茶园面积3.98万公顷，毛茶总产7.55万吨，均居全省第三位，茶产业已发展成为南平市绿色发展和精准扶贫开发的支柱产业。南平市现有工商注册茶叶企业5600余家，其中规模以上茶企77家，规模以上茶企加工产值115.5亿元；市级以上重点龙头企业50家，其中农业产业化国家级重点龙头企业2家、农业产业化省级重点龙头企业、农业产业化市级重点龙头企业28家。其中农业产业化省级龙头企业总资产达到19.93亿元，茶叶年产量10260.48吨，年加工能力17589.7吨，年销售量为8819.7吨，年销售额为22.19亿元，从业人员约2854人。

表4-3 南平市重点龙头茶叶企业基本情况

企业名称	总资产（万元）	年产量（吨）	年加工能力（吨）	年销售量（吨）	年销售额（万元）	从业人数
武夷星茶业有限公司	54355	500	720	265	46923	442
福建武夷山国家级自然保护区正山茶业有限公司	15680	255.5	600	200	16637	460
福建和翼生态茶叶发展有限公司	3623	85	150	83	2161	26
邵武市留仙峰茶业有限公司	5000.95	143.7	143.7	130.7	5228.85	36
武夷山凯捷岩茶城有限公司	10266.12	2600	5000	2600	10653.71	380
福建省武夷山市永生茶业有限公司	11774	641	800	473	8529	162
武夷山香江茶业有限公司	18980	51.68	200	45	7217.8	201
福建武夷岩生态茶业有限公司	6060	36	50	36	6769	58
武夷山市绿洲茶业有限公司	3268	362	500	275	35809	110
武夷山市北岩岩茶精制厂	5560	150	200	130	4800	98
武夷山市正袍国茶茶业有限公司	4239.8	148	300	148	15518.3	60
武夷山市骏德茶厂	2431	39.6	90	30	3026	50
武夷山市古茶道茶业有限公司	4802	88	88	32	9230	65
武夷山市桃渊茗茶叶科学研究所有限公司	5255	150	150	125	5909	126

续表

企业名称	总资产（万元）	年产量（吨）	年加工能力（吨）	年销售量（吨）	年销售额（万元）	从业人数
武夷山市九龙袍茶业有限公司	5021.6	362	600	312	4954	96
武夷山市其云岩茶有限公司	4720	48	48	35	5860	86
福建省建瓯市龙兴茶叶有限公司	6000	1200	3000	900	2600	30
福建御壶春茶业有限公司	4413	1800	2300	1350	5125	90
福建省建瓯市苑北茶叶有限公司	5008	600	1000	500	6344	18
福建省政和云根茶业有限公司	10000	250	500	500	6000	120
福建茂旺茶业有限公司	8000	150	350	100	6000	60
福建省隆合茶业有限公司	4821	600	800	550	5893	80

数据来源：南平市农业农村局。

（四）三明市重点龙头企业发展情况

截至2019年底，三明市茶企共有10家农业产业化省级重点龙头企业，年产量3319吨，年销售额66000多万元，提供就业岗位2000余人，经济与社会效益显著。

表4-4　三明市重点龙头茶叶企业基本情况

企业名称	总资产（万元）	年产量（吨）	年加工能力（吨）	年销售量（吨）	年销售额（万元）	从业人数
福建省双秋农业有限公司	2380	170	200	155	5180	386
福建省苏福茶业有限公司	1650	950	1100	950	7400	550
三明市鹤翔春生态农业有限公司	4676	90	138	83	4560	98
福建一笔峰茶业有限公司	4868	95	150	91	4986	103
福建大田大方广茶业有限公司	4150	156	160	150	13775	148
福建仙顶实业有限公司	2904	72	80	70	5828	38
福建省状元茗茶有限公司	3600	43	100	38	4001.46	127
福建省友定白茶有限公司	6000	55	70	55	4600	260
福建省沙县宏苑茶业有限公司	3740	225	280	220	5122	260
福建三明华达茶叶有限公司	6390.5	1463	15000	1283	11030.5	44

数据来源：三明市农业农村局。

（五）漳州市重点龙头企业发展情况

截至 2019 年底，漳州市共有农业产业化国家级龙头企业 1 家，农业产业化省级龙头企业 12 家，总资产超过 27 亿元，年产量达 1.5 万吨，年加工能力超过 2 万吨，年销售额接近 22 亿元，提供就业岗位超过 3600 人，经济社会效益明显。

表 4-5　漳州市重点龙头茶叶企业基本情况

企业名称	总资产（万元）	年产量（吨）	年加工能力（吨）	年销售量（吨）	年销售额（万元）	从业人数
漳州天福茶业有限公司	104197.98	4500	8000	1800	78205.79	1200
大闽食品（漳州）有限公司	100000	7907.08	8880	10825.68	88000	451
漳州九龙江阳明投资有限公司	15000	15	50	15	1000	300
漳州茶厂	12000	585	1000	585	4520	155
福建哈龙峰茶业有限公司	9177	700	712	647	17861	290
漳州光照人茶业有限公司	5141.76	20	100	18	11628.73	181
漳州茶之序文化发展有限公司	5023	205	350	205	2050	400
南靖洋顶岽茶业有限公司	5000	15	30	10	1000	50
福建裕健龙公司	5000	170	200	142	3400	160
漳州福星茶业开发有限公司	3437.45	360	500	320	5800	86
福建天醇茶业有限公司	3456.60	239.36	239.36	239.36	7091.13	150
福建省日进茶叶有限公司	2580.3	53	80	50	2746.3	120
福建硒来乐生态农业有限公司	2000	150	500	120	3000	60

数据来源：漳州市农业农村局。

（六）龙岩市重点龙头企业发展情况

龙岩市采取了多项措施积极培育扶持茶叶龙头企业，龙头企业队伍进一步扩大，梯队层次进一步合理。截至 2019 年，培育出 5 家农业产业化省级重点龙头企业、19 家农业产业化市级重点龙头企业（种植类重点龙头企业 12 家、加工类重点龙头企业 7 家）。这些龙头企业不仅涵盖了龙岩市漳平水仙茶、武平绿茶、台式乌龙茶、特色品类茶、保健茶等五大主要茶叶品类企业，还涵盖了种植、加工、深加工等方面企业。5家农业产业化省级重点龙头企业分别是：福建漳平鸿鼎农场开发有限公司、福建漳平台品茶业有限公司、福建大用生态农业综合发展有限公司、福建鑫宏峰茶业有限公司、福建好日子食品有限公司。12家种植类农业产业化市级重点龙头企业分别是：福建省上杭县儒溪茶叶有限公司、福建鑫宏峰茶业有限公司、福建省富源山茶业有限公司、福建省长汀县天茗茶业有限公司、福建归龙山农牧有限公司、福建漳平生富农场发展有限公司、漳平市九鹏茶叶有限公司、福建大用生态农业综合发展有限公司、福建秀雨农业发展有限公司、福建漳平勇福茶叶有限公司、福建品昕农业发展有限公司、福建陈泰昌茶业发展有限公司。7家加工类农业产业化市级龙头企业分别是：福建好日子食品有限公司、武平县年年春茶业有限公司、福建漳平尚顺农场开发有限公司、漳平市岳山茶业有限公司、金绿源（中国）生物科技有限公司、福建漳平台品茶业有限公司、福建漳平鸿鼎农场开发有限公司。

（七）福州市重点龙头企业发展情况

截至2019年底，福州市共有农业产业化国家级重点龙头企业3家，农业产业化省级重点龙头企业9家，农业产业化市级重点龙头企业5家，总资产超20亿元，年产量接近7万吨，年加工能力约9.5万吨，年销售量约6万吨，年销售额近50亿元，从业人员近4000人。

表4-6　福州市重点龙头茶企业基本情况

企业名称	总资产（万元）	年产量（吨）	年加工能力（吨）	年销售量（吨）	年销售额（万元）	从业人数
福建省南湖山茶业有限公司	3697.27	15	20	10	3291.31	51
福州文武雪峰农场有限公司	3639.26	19	50	12	4001.57	39
罗源生春源茶业有限责任公司	9378.21	1050	1200	983	15569.8	83
罗源县西洋农林牧专业合作社	1253.04	800	1050	684	1955.65	50
福建省麒麟山茶业发展有限公司	5896.85	350	500	325	9895	398

续表

企业名称	总资产（万元）	年产量（吨）	年加工能力（吨）	年销售量（吨）	年销售额（万元）	从业人数
福建省卢峰茶业有限公司	4338.95	311	380	275	5303	36
闽榕茶业有限公司	22500	500	4500	350	52000	380
福建春伦集团有限公司	31336	2651	3500	3100	143963	336
福州市帮利茶业有限责任公司	5537	8000	13000	8000	16451.68	120
福州东升茶厂	6599.15	27500	42000	23200	7053.36	385
福州福民茶叶有限公司	34076.71	2800	2800	2619	59982	284
福建省蓝湖食品有限公司	6822	360	750	350	38256.13	5532
福建闽瑞茶业有限公司	4099.54	1024	1500	976	15189.75	114
福州鼎寿茶业有限公司	5305	900	850	800	9161.20	209
福建满堂香茶业股份有限公司	19386.72	8937	12000	8914	71318.5	553
福建茶叶进出口有限责任公司	35139.78	11369	11369	9862	35608.84	386
福建联合闽津茶叶有限公司	1636.3	526	475	503	6269.38	351

数据来源：福州市农业农村局。

（八）厦门市重点龙头企业发展情况

厦门茶叶进出口有限公司为农业产业化国家级重点龙头企业，年产量4466吨，年销售量3328.17吨，年销售额44611万元。

表4-7 厦门市重点茶企业基本情况

企业名称	总资产（万元）	年产量（吨）	年加工能力（吨）	年销售量（吨）	年销售额（万元）	从业人数
厦门茶叶进出口有限公司	29715	4466	6000	3328.17	44611	651

数据来源：厦门茶叶进出口有限公司。

（九）莆田市重点龙头企业发展情况

截至2019年底，福建金溪茶业有限公司为福建省农业产业化重点龙头企业，年产量2300吨，年销售额达2.5亿元。莆田市涵江天林茶叶农民合作社年产量1500吨，年销售额达1.5亿元。

表 4-8　莆田市重点茶企业基本情况

企业名称	总资产（万元）	年产量（吨）	年加工能力（吨）	年销售量（吨）	年销售额（万元）	从业人数
福建金溪茶业有限公司	25000	2300	2300	2000	25000	110
莆田市涵江天林茶叶农民合作社	15000	1500	1500	1500	15000	89

数据来源：莆田市农业农村局。

二、福建省重点龙头茶企案例

（一）福建茶叶进出口有限责任公司人才培养

福建茶叶进出口有限责任公司创建于 1950 年 2 月 20 日，是中粮集团旗下中国茶叶股份有限公司全资的专业实业公司，福建省农业产业化省级重点龙头企业，主要经营茉莉花茶、白茶、乌龙茶、红茶、绿茶、黑茶等，是中国茶叶行业中经营茶类产品品种最多、最齐全的专业公司。公司经过 70 年的经营，已形成国际品牌业务、国内品牌业务、国内外饮料原料业务齐头并进的发展格局。

公司经过几十年的发展，汇聚了一代又一代产、学、研、销等各方面的包含茶学、质量安全、化学分析、贸易、营销、管理、法学、语言等的专业人才，国内 985、211 院校在内的本科、研究生以上学历占比达到 86％，技术团队、营销团队及管理支撑团队各占比约三分之一。

公司团队拥有享受国务院特殊津贴专家、商务部对外援助物资项目评审专家、国家科技专家库专家等国家级专家，以及公司首席高级技师、高级工程师、带徒名师和福州市劳动模范。公司也将这些技术力量回馈社会，由这些专家担任相关高校的客座教授、研究生导师、福州市职业能力建设专家库专家等。公司还被授予福建农林大学园艺学院专业学位研究生实践基地，为社会培养更多的茶学、市场营销及管理等方面的专业人才。

公司茶叶专业背景人才占比 33％，分别来源于福建、安徽、浙江、湖南、四川、云南、广东等十几所高等院校的茶学专业，有助于做到各茶类生产加工技术的全覆盖，有助于茶学专业知识的交流与互补。公司素有师徒传承的优良传统，目前本部35岁以下年轻员工占比达55%。公司每年对新入职的员工都会指派师傅，进行传、帮、带学习，加速茶学技术团队人才培养。

公司团队不仅致力于企业产品研发，而且在产、学、研结合方面颇有建树：不但获得国家发展改革委颁发的“国家高技术产业化示范工程”称号，还与福建农林大学、福建出入境检验检疫局等合作，共同参与完成国家乌龙茶、茉莉花茶、白茶等研究项目。

公司团队利用丰富的专业知识参与多项国家、行业、地方标准的制定，包括《茉莉花茶加工技术规范》国家标准（GB/T34779—2017）、《茉莉花茶》国家标准（GB/T22292—2017）、中华全国供销合作总社《加香调味茶》行业标准、《烘青茉莉花茶》福建省地方标准（DB35/799—2007）的制定及《评茶员国家职业技能标准》审订等。

公司员工还发表了关于茉莉花茶、白茶、茶产业、农药残留等方面的论文，如《茉莉花污染对花茶农药残留量的影响》《茉莉花茶保质期与保存期研究》《不同光质萎凋对乌龙茶品质形成的影响》《中国无公害茶叶发展的现状与趋势》《福建茶叶出口现状与发展对策》《基于游离氨基酸组分的白茶滋味品质研究》《出口欧盟茶叶的病虫害防治技术》《福建名优绿茶产地土壤环境质量现状评价》《茶在食品领域中的应用研究进展》《福州口岸出口欧盟茶叶卫生状况浅析》等，编撰《中国白茶史》等。

2019年3月，在福建省人力资源和社会保障厅及福州市人力资源和社会保障局的关心指导下，福建茶叶进出口有限责任公司危赛明技能大师工作室被遴选为福建省“2018年省级技能大师工作室”，并于2019年5月正式授牌。危赛明技能大师工作室以茶叶审评、拼配、加工技能提升、技术工艺传承与改进、研发创新、标准化建设、高级技术人才培养等为工作重点，充分发挥高技能人才在技能攻关、技能推广、技艺传承等方面的重要带头作用，同时在促进产业转型升级、引领企业高质量发展、助力乡村振兴等方面也起到了积极的作用。工作室现有成员 22 人，其中高级技师 8 人、技师 4 人、高级工 9 人、中级工 1 人，是一支技艺精湛、具有创造力和战斗力的技术团队。

自 2018 年 8 月起，工作室在公司生产、采购、研发、销售、质量安全等相关技术岗位签订了“高级技师带徒弟”的师徒传承协议，现有高级技师 8 人，意向培养学徒 14 人，以促进公司高级技师技艺传承，让公司高技能人才资源充分发挥作用，保证高级技师通过传、帮、带，提高技能人才的专业知识和技能水平，加快培养高技能人才。

2019 年，工作室先后研发了盛世牡丹、印象中茶、“子鼠开天”生肖饼、老树白茶（2019）、国饮中茶、太姥银针（2019）、十三年老白茶、银针白毫（2019）等 34 款茶叶新产品。

一款好产品的诞生不仅离不开专家的专业与智慧，同时也离不开生产一线技能人才的生产与实践。公司下属福兴工厂拥有一大批专业技能人才，在保障日常生产的同时，还不断在技能上比武创新：组织生产型班组开展创新创效、节能降耗竞赛；组织一线员工开展师带徒、技能比武等活动，为进一步人才培养、提质增效提供有力保障。

福建茶叶进出口有限责任公司的产品就是诞生于一个这样的团队，他们以专业的态度、工匠的精神，始终致力于福建各茶类品种的生产、推广、加工、研发、研究、管理和国内外贸易；始终致力于福建白茶的传承与发展，复兴福建白茶，正本清源；始终致力于振兴福州茉莉花茶，在传承传统工艺的基础上进行研发和创新；始终努力以“国际标准”打造“国际品牌”，以“国有企业”的担当实现“国民消费”，为广大消费者奉献安全、自然、健康、营养、美味的茶产品。

（二）厦门茶叶进出口有限公司销售转型与产品升级案例

厦门茶叶进出口有限公司创建于 1954 年，是中粮集团有限公司旗下中国茶叶股份有限公司控股的有限责任公司。公司占地近 3 万平方米，主营“海堤”牌乌龙茶，集研发、加工、贸易为一体，特别致力于福建乌龙茶的开发与推广。公司建有全电脑控制的一体化生产线，将传统工艺与现代加工技术相融合，实现了生产过程的自动化，年加工能力可达6000吨。公司还拥有一批经验丰富、长期从事茶叶相关领域工作的高级技术、管理人才，与中国农业科学院茶叶研究所、厦门大学等高校和科研机构有着广泛的合作，是福建省规模最大、专业化程度最高、生产标准最严、产品系列最全的乌龙茶生产加工商和进出口贸易商。公司出口及内销产品以“海堤”牌乌龙茶为主，共计六大类160多个品类，销售网络遍及东南亚、日本、欧美和中国香港等近六十个国家和地区。

1. 销售转型——出口转内销的新战略

20世纪90年代以来，我国茶叶生产迅猛发展。国内市场的产品结构发生巨大转变，大宗茶主导的茶类结构开始转变为名优茶引导市场。与此同时，日本、美国和欧盟等发达国家和地区纷纷出台新的茶叶进口标准，以保护本国市场和居民的消费安全，并对进口茶叶实施更严格、更苛刻的技术性贸易壁垒，这严重阻碍了我国茶叶在这几大目标市场上的出口。

新世纪，迎来了厦茶的“转型年”。此时的厦茶面对的是全新的国内市场：由大宗茶占95%转变为名优茶占60%的市场结构，我国茶叶市场的供给与需求状况随之发生变化，名优茶成为市场的主导，其中就包括乌龙茶。与此同时，品牌企业新秀迭生，国民的品牌茶消费意识日渐浓烈。

综合当时的市场情况，厦茶正式实施了两大战略转型，一是企业从以出口为主转型为开拓国内市场，依照欧盟的生产标准，以闽南和潮汕地区为核心区域拓展，以广东、福建、浙江、江苏、上海、山东的沿海城市为重点，逐步向内陆城市拓展，稳步推进专卖店布局；二是产品线逐渐从中低端向高端、高科技含量转型，从原来散装向中高档礼盒转型，如推出新版大红袍、老枞水仙等。

厦茶布局国内市场的时期也是厦茶品牌的重塑期，优质的茶叶、长期稳定的质量、平价消费，外加专卖店扩张形式，厦茶也从超市、乡间小店散卖的形象转变为高品质形象。由于厦茶的市场认可度高，“海堤”

茶专卖店吸引了全国各地大批量的经销商和加盟商。

与此同时，厦茶积极投入生产研发。2003年，日本出台“肯定列表制度”之后，公司以党员带头求突破，2005年11月，公司正式成立产品研发部，2006年开始运作。厦茶产品线不断丰富，在保留原有的“百姓茶”同时，厦茶推出了新版大红袍、老枞水仙等。而在礼盒的研发过程之中，厦茶仍然不忘国有企业生产为民的社会责任，以高价性比的产品征服市场。

自2008年起，厦茶连续10年实现年销售额20%以上增长，2018年销售额逆势增长28%，传统专卖店连锁网络销售额年增长达80%。10年来，中茶海堤控制的产区茶叶资源超1万公顷，销售额增长了6倍，专卖店从无到有在各省市遍地开花，销售渠道遍布全球59个国家和地区。

2. 产品升级——新厦茶崛起

几十年来，厦门茶叶进出口有限公司将武夷山作为重要的原料生产和采购基地，长期以来与这片土地共生长同发展。在新厦茶发展史上，“抄底大红袍”是其转向内销市场、提升品牌的标志性事件。

2007年底，一场席卷全球的金融危机打乱了全世界的经济节奏，各行各业举步维艰，不仅厦茶公司遭遇新的瓶颈，作为茶叶产区的武夷山同样面临市场急剧萎缩的考验。此时的厦茶已经开始把市场重点从国际转向国内。专卖店渠道开拓的中高档产品研发初见成效。

2009年3月15日，厦茶首次采用合同方式，与当时武夷山的5家“大户”——武夷山北岩岩茶精制厂、武夷山市永生岩茶厂、武夷山市香江茶叶有限公司、武夷山南方岩茶厂、武夷山市马头岩茶叶研究所一一签下了战略合作协议，正式拉开了厦茶的岩茶战略布局，协议采购数量高达1150吨，采购金额上亿元。

武夷山主要茶叶生产企业“统一步调”与厦茶集体签约的事件，得到了福建乃至全国茶叶界的关注，也惊动了当地的主管部门。同样是为了推进武夷山的茶产业发展，当地政府对厦茶的到来十分欢迎：“金融危机，茶叶受到的影响很大，茶农心中不稳，厦茶提前下订单，也给茶农吃下定心丸。”

正是“抄底大红袍”这一“冒险”之举，厦茶一炮打响。这个一向很少在国内市场抛头露面的低调国企，一下子成为行业乃至全国关注的对象。可以说，对厦茶而言，这是一个企业行为，但对于武夷山来说，却是下了一场“救市”及时雨，武夷山的茶产业，就在厦茶的护航中平稳地度过了危险期。

接下来的合作中，为了进一步规范基地的茶叶品质，厦茶不惜重金，以高于市场的收购价保证了茶叶的持续供应，并以农药补贴、种植培训、安全教育等方式加强与茶农的黏合度。厦茶的目标十分明确，将合作对象锁定在当地的生产大户，一是保证茶叶的采购数量；二是集中当地的优质茶叶资源；还有非常重要的一点是，这些大户长期从事茶行业，茶叶的生产比较规范，质量具有安全保证。

“抄底大红袍”之举奠定了厦茶在岩茶生产中的地位，甚至成为行业的“定盘星”。金融危机的阴影刚刚散去，市场炒作阴风来袭。就在厦茶抄底大红袍后不到两年的时间，闽北茶价格出现了异动，大红袍、水仙等价格上涨迅猛。

厦茶的贡献得到了武夷山当地茶农及政府的认可。在武夷山市政府向茶农征求“武夷岩茶（大红袍）推广奖”的投票箱中，厦门的茶企——厦门茶叶进出口有限公司成为得票率最高的企业。武夷山市委市政府特别邀请厦茶参与武夷山有史以来第一届发展茶产业表彰大会，大会肯定了厦茶对武夷大红袍发展的贡献，并授予厦门茶叶进出口有限公司“武夷岩茶（大红袍）推广奖”。在这个基础上，厦茶开始针对岩茶产品进行新的梳理和升级，衍生出新的产品，形成了厦茶自有的岩茶茶叶体系。这次“抄底大红袍”之后，厦茶的内销市场全面破冰，厦茶也开启了产品升级、品牌提升的新时代。

在接下来的数年间，厦茶在全福建省调动铁观音、大红袍、水仙、黄金桂、香橼等各类茶的优质原料试制，经过反复试验比对之后，来自福建永春的佛手茶，因其色香味俱佳的特色，最终被选为海堤金砖的原材料。永春佛手茶，又名香橼种、雪梨，因其形似佛手、名贵胜金，又称“金佛手”，是乌龙茶中的名贵品种之一。作为厦茶重要的生态茶园基地之一，永春佛手茶的批量供应成为可能，“海堤金砖”——金花香橼也得以市场化。

与黑茶、乌龙茶的制作不同。用“乌龙茶+黑茶”创新工艺生产制造的海堤金砖，先有传统乌龙茶的晒青、摇青、烘焙等制作过程，再经过海堤茶独有的27道工序，而后经过高温杀菌、茶叶净化，在一定温湿比例的室内进行发花。

与传统黑茶需要存放5年口感才能顺滑上市不同的是，海堤金砖在生产的当年就可以饮用。而黑茶之所以需要存放，是因为传统黑茶制法需要带梗发花，一定要存到一定年限才能去掉涩味。海堤金砖则是挑完梗再发花，口感上自然更胜一筹。

海堤金砖上所生的“金花”其实是茯砖茶通过“发花”工艺长成的自然益生菌体。这种古已有之的技艺通过厦茶的创新得到了提升。在加工过程中，海堤金砖茶经过了一道独有的“发花”程序，生成一种有益菌——“冠突散囊菌”，它一方面吸收茶叶中的有效成分作为自身生长发育的营养，另一方面通过自身的代谢，产生各类小分子化合物，使其内里金花茂盛，独具菌花香和枣香，特殊口感和功效便由此而生，这正是它不同于其他紧压茶的独特之处。同时，金花香橼依然是质量安全高标准的“免洗茶”。

2006年至今，厦茶从技术创新入手，沿着产品创新展开，再到管理创新跟进。十五年来，海堤研发新品50多个，2019年实现销售额4.46亿元，缴税超5000万元。

（三）八马茶业股份有限公司品牌创新案例

八马茶业以弘扬中国茶文化、“让天下人享受茶的健康与快乐”为使命，为消费者提供中国好茶。截至2019年，全国连锁门店超1800家（含签约及装修中店面）。八马茶业连续4年入选“中国品牌价值500强”，2019年品牌价值126.23亿元。八马茶业多次获国际奖项，如国际金骆驼奖、国际发明金奖，以高品质的产品和服务体验，成为“2019

中国茶业最受消费者认可品牌”。

1. 创新品牌

(1) 构建全产业链。

创建于1997年的八马，从原来的茶业出口公司逐步开始自创品牌，并由深圳区域至全国范围辐射连锁店，发力内销，然后构建以品牌建设为核心的全产业链，最后通过创新模式实现线上与线下融合，并成功转型到礼茶与自饮茶的统一。正由于企业与时俱进，生产和市场紧密衔接，企业投入大量资金建设营销渠道和生产加工基地，培育了优秀的管理团队，推行规范的企业管理制度。近年来，八马经受住各种严峻的考验，销售逆势增长，利润稳定增长。

(2) 品牌打造。

20世纪90年代，绝大部分茶企忙于提升茶品质时，八马就意识到品牌的重要性了。于是最早提炼出“来自铁观音发源地的真诚奉献”的广告语，后来又改为“原汁、原味、原产地”。率先推出了第一本精美的企业画册，聘请专业模特拍摄了第一个铁观音八道茶艺，至今，很多茶店上还挂着由厦门小白鹭歌舞团演员张琪玲演绎的茶艺图。2011年，赛珍珠铁观音全球品鉴会从泉州启程，至2018年升级为东湖之光全球巡回品鉴会，目前已走过立陶宛、希腊、俄罗斯等24个国家69个城市，取得了良好的国际影响效应。自2017年起，八马茶业作为中国茶代表，多次礼献茶叙外交，为金砖国家领导人厦门会晤、海丝国际艺术节、中印东湖茶叙等国事活动提供服务。2018年，八马茶业成为首家入选CCTV大国品牌茶企，同时也是唯一入选央视“改革开放40年40品牌”茶企，已连续四年上榜“中国品牌价值500强”，2019年品牌价值达126.23亿元。

(3) 现代化管理。

八马很早就导入ERP管理系统，通过规范的财务管理促使企业降低成本、照章纳税、提质增效，通过建立现代企业管理制度，从而提升企业竞争力。同时，八马推行CRM、OA等现代化管理系统，利用互联网、大数据等现代信息技术，构建先进的现代企业管理制度，让企业紧跟时代步伐。

（4）资本运作。

为了做大做强，八马茶业自2013年起，先后引入多家知名投资机构，改善股东结构并建立健全内部控制制度和公司治理结构。同时，适时进行股权融资、员工激励、登陆全国中小企业股份转让系统等资本运作，实现资本增值。

2. 创新营销

八马茶业以保证品质和打造品牌为基础，拓展渠道和立体营销为重点，全方位构建立体营销体系。

（1）建连锁渠道。

目前，八马在全国拥有超1800家连锁门店。1997年，八马与沃尔玛达成战略合作伙伴关系，在沃尔玛设立专柜。紧接着，八马的专卖店也开进了麦德隆、华润万家、吉之岛等大型商超，并在深圳、北京、厦门等一线城市开设大型旗舰店。如今，八马茶业全国直营门店超300家，加盟店、商超店合理布局，相得益彰。

2007年，八马开拓特许加盟。因强大的品牌吸引力，目前，合作优秀加盟商已超1000家。2019年逆势开店，连锁店以平均每天超1家的速度增长。

（2）发展电商。

八马于2011年才涉足电商，先后在淘宝、天猫、京东、唯品会等主流电商平台开设网店。由于有强大的线下品牌和渠道做支撑，八马电商发展速度惊人，现已跻身传统茶企电商前三甲。2019年，八马线上销售超过2亿元，多年稳居乌龙茶电商第一位。同时也开辟了铁观音电视购物频道的先河，目前已经在十几个购物频道开设专档销售，其中东方购物平台6年销售超250吨铁观音。

作为一家传统茶企，八马茶业积极拓展建立电商销售新渠道。目前，八马电商已进驻的平台达到70多个。自2011年入驻淘宝商城以来，八马已稳居全网（淘宝＋天猫）传统乌龙茶茶企第一，天猫双11销售更是年年创新高。

（3）全员营销。

八马提出全员营销的企业管理理念，制定了一整套营销激励制度，人人可开微店，人人可做销售。现在，八马90%的员工都在做营销，营造了全员营销的浓厚氛围。

3. 启示

（1）专心致志。

几十年来，任凭茶叶消费市场如何变化，八马一直专注安溪铁观音并拓展到各大名茶，将茶产业链各段发挥到极致，从茶园基地到生产加工，产品质量到市场营销，处处凸显专注的力量。八马坚信，茶叶行业永不衰败，只要坚持和执着，终究会成功。

（2）团队建设。

八马的成功，离不开一支高素质的职业团队。这支优秀团队，尽心尽力，在八马这个大平台上挥洒自如，与企业共同成长。茶企大部分是家族企业，企业要做强做大，要改变观念，搭建平台，引进人才，才能在竞争激烈的市场中找到蓝海。

（3）稳健经营。

二十年来，八马坚持稳健经营，照章纳税，特别注意防范资金风险，销售回款率基本达到100%，从而保证企业经营有充足的资金流。此外，八马注重投资的安全性和回报率，除了用于企业经营资金外，从不投资自己不擅长或者管理不到位的产业。

（4）品牌定位。

八马有强烈的品牌意识，对品牌定位有特别深刻的认识，舍得在品牌建设上投资。因此，八马在全国拥有很高的知名度和美誉度。旗下明星产品赛珍珠、东湖之光、小浓香家喻户晓，深得市场好评。

（5）渠道建设。

商业竞争，渠道为王。八马实行生产与销售两条线管理方式，特别注重销售渠道建设。没有销售渠道，一切都是零，无论是线上和线下，企业都要注重渠道建设。

(6)社会责任。

八马历年来积极承担社会责任。在2020年突发的严峻的新冠疫情面前，八马茶业发出郑重承诺，发布六项硬核措施：一是支援疫情防控，捐款捐物累计超250万元；二是3000万元让利回馈消费者，促进亿万民众身心更健康；三是对广大茶农与供应商不压价、不欠款，有困难提前支付货款；四是大量采购湖北名茶，尽量帮扶疫区；五是持续性投入7000万元以上资金支持加盟伙伴发展；六是不裁员不减薪，全体八马人同舟共济。

(四)福建春伦茶业集团有限公司精准扶贫案例

福建春伦茶业集团有限公司是一家以生产全球重要农业文化遗产——福州茉莉花茶为主的农业产业化国家重点龙头企业。长期以来，企业在自身发展的同时，坚持义利兼顾，主动利用茶产品生产涵盖三大产业的特点，发挥从农村基地原材料种植到加工、销售接“二”连“三”的全产业链优势，实施茶产业精准扶贫工作。通过产业带动等方式，达到让农民脱贫致富，让农村变得美丽，让农业得以发展。目前，春伦集团已投入上千万元用于实施精准扶贫。

1. 公司茶产业精准扶贫项目实施

(1)项目精选，确保实效性。

为了提高茶产业精准扶贫效果，集团改变原先工厂与茶农单一的买卖关系，通过创建农村合作社、完善利益联结机制等方式，将单户生产的茶农组织起来，建立起覆盖省内10个基地，茶园面积达2800公顷的规模化生产基地，带动了周边6666.67公顷以上茶园的发展。目前，来自茶产业的收入占茶农年总收入的85%以上，有效带动了10多万茶农的就业生产和收入。

(2)方法多元，构建新机制。

一是盘活土地，创造就地上岗就业机会。集团将农户手中闲置的土地流转起来，带动当地基础设施建设，使之产生价值。通过雇佣当地村民参与种植和日常维护管理，为富余劳动力创造就业机会。永泰县梧桐镇周边土地广袤，适合茉莉花种植。春伦集团在梧桐镇的春光村租地建立茉莉花种植基地，通过雇佣当地村民参与种植和日常维护管理，为富余劳动力创造了就业机会。采收季节时，农户既有茉莉花采收收入，又有租金收入，每年每户至少增收 3 万元以上，来自茉莉花的收入占花农年总收入的 90％以上。为了提高扶贫效果，集团在永泰县尝试实施公益捐款加生产带动、合作开发的综合方式，引导农民种植茉莉花，并由集团直接向农民收购茉莉花。近几年，集团每年发放给当地工人工资达 800 万元左右。二是产业助力，选准激发农户的兴奋点。2012 年，集团在罗源中房成立了罗源生春源茶业公司，并通过实施“公司＋合作社＋农户＋标准”的模式，建成福建省现代农业（茶业）项目高效安全生态茶园建设试验示范基地。仅此一项，就吸引了当地 2000 多户村民重新回到茶叶种植行业，带动了周边 866.67 公顷茶园的建设，来自茶产业的收入占茶农年总收入的 85％以上。实现了企业与农户的互利共赢，成为服务“三农”以工哺农的示范点。

集团还在中房村、叠石村采用“企业支部＋村支部”和一个党员带动 10 家农户的方式，充分发挥致富门路广、信息资金多、经营理念活的优势，积极协助村里进一步理清发展思路，引导农民发展新型农业，并传授现代化管理经营理念，组织免费技能培训班，提高广大农户就业能力和生活质量，切实把“创新、协调、绿色、开放、共享”的发展理念落实在精准扶贫的行动上。

2. 公司茶产业精准扶贫项目经验与启示

福建春伦茶业集团有限公司通过资金、技术、管理和先进理念，帮助当地贫困群众接受市场理念、转变发展观念、增强致富能力。坚持“输血”和“造血”相结合，创建农村合作社、完善利益联结机制等方式，实施精准扶贫。

（1）盘活土地，就地上岗，带动就业。

集团在永泰县梧桐镇的春光村、春阳村和白杜村等租地连片建设茉莉花种植基地，通过雇佣当地村民参与种植采摘和日常维护管理，为富余劳动力创造就业机会。集团每年还捐款 5 万元，用于坂埕村的开发建设。

(2) 统筹兼顾，绿色发展，产业扶贫。

建设生态型的美丽乡村来发展旅游业，吸引游客，带动周边经济。春伦集团已连续数年在永泰县梧桐镇开办茉莉花开采节，邀请众多国内外游客来参观和体验福州茉莉花的采摘活动，极大地激活了农户参与的积极性。目前，永泰县梧桐镇的春光村、春阳村、白杜村等的耕地基本都被用于种植茉莉花。每年的茉莉花开采节吸引了大量游客，成为发展乡村旅游的亮点。

(3) 建档立卡，精准到户，精准脱贫。

企业通过产业扶贫、商贸扶贫、捐赠扶贫、智力支持、技术指导、带动就业等多种方式，切实增强帮扶贫困村、建档立卡贫困户的“造血功能”，加快推进脱贫攻坚进程。

（五）武夷星茶业有限公司标准化工作案例

武夷星茶业有限公司创办于2001年，是集茶叶繁育种植、生产加工、经营销售、科学研究及茶文化传播于一体的农业产业化国家级重点龙头企业。武夷星秉持“一心做好茶”的核心价值观和“诚信、创新、感恩”的经营理念，以“弘扬茶为国饮，倡导健康生活”为使命，以实现“中国茶行业旗帜性企业”为发展愿景。

回溯武夷星近年来发展的历史，成功的一个关键要素就是，坚持打破传统的行业束缚，将茶叶从传统的农产品范畴向工业化、商品化领域推动。公司深刻剖析了茶的多元属性，认识到标准化工作对其发展的重要性，结合其创新的经营理念，总结出一套适合于自身的标准化发展道路。公司成立企业标准化小组，从武夷岩茶的制作、加工、生产、销售的全产业链出发，收集国家、行业、地方标准以及有关资料，制定了武夷岩茶标准综合体，明确各个环节管理过程的技术要求，实现了茶叶质量管控的全程创新标准化，为行业的发展提供参考和借鉴。

1. 茶园管理标准化

武夷星根据茶园常见生物种群特点及生态规律，在茶园设计方面，构建“林—果—花—茶—草”生态复合型的立体式茶园系统。生态园较高位置种植防风林，道路两边种植行道树、遮阴树；零星边角种植花草和绿肥作物，梯壁种植护坡植物。防风林的树种选择植株相对高大、抗风力强、生长快、具有一定经济价值的杉树、樟树等；行道树、遮阴树选择落叶和常绿树种搭配，如樱花、四季桂、红豆杉、红枫、罗汉松、枸骨等；茶园顶部植株以常绿树种为主，四周空缺地种植以落叶树种为主，园间零星边角种植灌木型花木类为主，如山茶花、茶花、月季花等。茶园梯壁种植爬地兰、黄花菜等，以豆科作物如花生、猪屎豆、黄豆等为主。陡坡、沟边及茶园间作套种茶肥1号、波斯菊等绿肥作物和嫩草。通过一系列标准的茶园布局及建设，茶园天敌种类大幅增加，逐步成为鸟的天堂、昆虫的世界，生物链非常丰富，通过国内外有机认证，得到国内外植物学专家的高度认可。

武夷星结合武夷岩茶栽培管理和养护的经验和数据的记录分析，将茶园管理和茶树养护的过程定义为33次田间管理：防护林养护1次→水土流失防护1次→清理茶面茶3次→锄草12次→病虫害防治（物理防治1次、生物防治3次）→开沟2次→施肥2次→深翻1次→劈山边2次→修剪2次→修边2次→客土1次。

在茶园病虫害防治方面，武夷星与闽台作物有害生物生态防控国家重点实验室和陈宗懋院士工作站针对茶园的生态、病虫害的发生规律等开展了深入的合作和研究，针对闽北茶园的特点制定绿色防控周年历，高标准规范农事活动过程，从而实现不使用化学农药就能保证茶园高效生产、茶产品绿色生态有机的目的。

2. 加工制作标准化

工艺流程方面：每一泡茶都须经历81天的制作与等待，历经21道制茶工序（7道初制程序：采摘→萎凋→做青→杀青→揉捻→烘焙。14道精制程序：毛茶归堆→人工拣剔→机械色选→平面原筛→2次风选→人工复拣→色选复拣→匀堆→2次焙火→拼配→匀堆→进仓）。

生产装备方面：开发武夷岩茶自动化做青系统及初制加工生产线，实现了生产过程实时监控，可同时监控多个厂房数据，实时显示每台做青机的状态和运行时间等信息；完善了生产数据记录，对指定做青的整个运行过程进行跟踪记录，包括人工操作的部分；提供了完整的数据分析，根据阈值设定对记录数据进行分析处理，形成初始工艺参数，并完整保留参数，为茶叶生产制造大数据夯实了基础。

武夷星与设备厂家合作开发出适合武夷岩茶的自动化称量填充包装机、自动收缩膜机、贴标机、喷码机、封口机、打包机，成品茶依次通过上述装置从而实现茶叶的自动包装，组成的自动化、连续化包装生产流水线，实现了茶叶包装的自动化、清洁化和现代化，实现茶叶大规模、高效率、卫生安全茶叶小包装。

3. 评审与质检标准化

为满足高质量发展的要求，在茶叶形成过程中，武夷星开展32道质量检测（环境监测6次、理化生化农残检测8次、夹杂物检测5次、感官评审13次）：每年邀请第三方机构进行环境监测，包括土壤环境，生产加工区的空气质量、水质、噪声、粉尘以及生产区域三废的监测。为实现全程质量跟踪，在鲜叶采摘开始的前7天即开展鲜叶的污染监控，并通过对待采购毛茶、毛净茶、待包装的半成品及成品茶实施全阶段的理化农残检测，来保障成品安全。为不断提升对自身的要求，武夷星自有检测中心通过近5年的努力，斥资1000万元进行升级改造，于2019年通过国家CNAS实验室认证。

依据《中华人民共和国食品安全法》等，武夷星制定了严格的《武夷星质量日常监督检查管理办法》，将所有质量要求细化为110项检查项目，结合重要程度按日、月、季度的频次，划分到产品质量相关的11个部门，由质管部质量监督人员负责实施，并成立质量仲裁小组，对监督检查中产生的异议进行最终的裁决。

4. 推动标准化水平提升

（1）茶树品种AI育种系统。

武夷星依托茶树种质资源圃，对数百种福建及全国主要茶树品种进行基本信息的收集和展示，包括形态特征、生物学特性、品质特性、抗逆性、抗病性等，在茶树种质资源采集系统大数据的基础上，选择想要的新品种性状（如产量、品质、抗性、发芽期、花果、生化成分等），利用AI技术进行匹配，筛选出最适合的父本和母本，极大地提高了茶树品质选育的效率和效果，同时为企业提供更系统、更科学的茶树品种信息，从而为开发更受消费者欢迎的产品服务，满足多样化、个性化的消费需求。

（2）物联网环境和病虫害监控系统。

武夷星在茶园搭建小型气象站，对风速、风向、雨量、空气温度、空气湿度、光照强度、大气压力、PM2.5和负氧离子浓度等气象要素进行全天候现场监测。将专业配套的数据采集通讯线与计算机进行连接，通过PC大屏或者手机APP等实时显示茶园的环境信息，为茶园管理提供更加及时和精准的信息决策。

为更精准地掌握病虫害发生规律，武夷星构建茶园病虫害预测预警系统，通过传感器将茶园的土壤温度、含水率、环境温度、湿度、风力、风向、降雨量、大气压等环境指标以及病虫害发生信息实时采集并传输至数据平台，通过长期的数据积累，系统生成各类病虫发生的规律，结合所在茶园病虫害发生的类型和数量，可进行实时的病虫害发生实时预警，若出现异常情况可在第一时间采取最合理的应对措施。

（3）茶叶智慧园可视化管理系统。

武夷星利用物联网技术，建设武夷星茶业智慧园，集互联网、移动互联网、云计算、物联网和大数据技术为一体，展示企业的综合信息情况，包括园区布局、企业状况、产品信息、物联网数据、电商服务信息、可追溯体系等，实现武夷星全供应链质量管理信息化，让管理者通过一张图即可掌握整个智慧园企业生产经营情况。可进行园区布局查询和展示、智慧园物联网数据查询和展示、智慧园生产数据查询和展示、智慧园农产品销售数据查询和展示，为公司提供精准化种植、可视化管理、智能化决策服务。

武夷星在生产车间搭建车间环境传感器，在茶叶加工过程中监控温度、湿度、光照度、CO_2浓度等环境因子，并安装智能化设备调节控制茶叶加工的温湿度等，实现最佳加工环境来保障茶叶的品质稳定。

（4）茶叶溯源管理系统。

武夷星建立茶叶质量安全管理可追溯体系，引进和开发茶叶可追溯系统。该系统提取了茶叶的栽培管理、生产加工、销售等供应链环节消费者关心的公共追溯要素，建立了食品安全信息数据库，一旦发现问题，能够根据溯源进行有效控制和召回，从源头上保障消费者的合法权益。此外，通过扫码，消费者可适时了解茶园农事管理、施肥、病虫害防治、茶叶生产加工、销售、茶叶冲泡方式及茶叶相关知识、故事的相关信息。武夷星实现茶叶产品“从茶园到茶杯”过程透明化管理，让消费者放心，也是公司的一种有效的产品防伪举措。

（5）企业内部流程管理系统。

武夷星结合茶企特点，通过应用 ERP 管理系统和“两化融合”管理手段，将各部门、各区域集中管控，实现信息资源高度共享，保证企业基础数据的唯一性、共享性和准确性，促使内部管理流程的优化和高效，以便更精准和快速地应对市场变化，提升核心竞争力。

5. 创新标准化管理实施效果

武夷星通过综合运用先进的病虫害绿色防控手段，构建绿色生态供应链，实现茶园基地所产茶质量安全标准远超国家标准，其中较大部分符合有机茶标准，所有自有茶园达绿色标准。对于一些茶园常用药如联苯菊酯、氯氰菊酯、溴氰菊酯、甲氰菊酯、吡虫啉、噻嗪酮等严于国际先进水平 25～500 倍。产品多项质量安全指标领先于国内外同行，使得公司成为可口可乐、农夫山泉、泸州老窖等大型公司在茶叶原料需求上的稳定供应商。

同时，武夷星建立了福建省智慧茶园、农业部绿色防控、国家标准化示范区、福建省茶产业体系综合试验站、福建省创新驱动服务站、南平市农产品加工产业集群窗口服务平台示范点及省级院士工作站，向社会示范先进的标准化管理经验。每年为福建省内中小微茶企提供近 2000 批次的检测服务。在技术推广方面，与政府及高校联合举办培训，推广先进成果，培训人次达 4000 余人，近年来累计带动农户 2.7 万户，促进闽北地区农民增收共计近3亿元。

（六）福建品品香茶业有限公司品牌与科技创新案例

福建品品香茶业有限公司位于“中国白茶之乡”——福鼎，创立于1992年，是一家集茶叶种植、加工、销售、科研、出口及白茶文化推广为一体的农业产业化国家级重点龙头企业，是全国茶叶标准化技术委员会委员单位，白茶国际标准、国家标准制定单位，中国茶叶流通协会副会长单位。

1. 品牌建设

为加大加快公司品牌形象的推广和传播力度，使产品营销与公司整体形象宣传形成合力，进一步增强社会对公司产品的信心，品牌得到更多群众的认识及喜爱，多年来公司不断加大品牌投入。

（1）品牌建设情况。

公司成立于2004年，主营“品品香”和“晒白金”系列白茶产品、“香朵朵”茉莉花茶。在销售上，公司开展“多条腿走路”的销售模式，第一，实行终端品牌产品销售，建立直营连锁及加盟店；第二，与国内老字号及出口茶叶贸易商合作，为其提供茶叶产品；第三，通过出口贸易，积极参加国际茶叶专业展会，加大展示及宣传力度，寻找出口商机，产品实现自主出口美国、韩国、加拿大、日本、德国等国家和地区；第四，完善网络销售模式，建立公司网店，以寻求销售业绩的进一步突破。近年来，公司加大广告及品牌宣传投入力度，积极参加国内外茶叶博览会和茶叶质量评比活动，在国内外重大茶叶质量评比大奖赛上屡获大奖，提高了“品品香”牌茶叶市场竞争力和产品知名度，赢得广大消费者的青睐和业界的认可，树立了企业品牌形象。

（2）品牌建设取得的成效。

公司高度重视品牌建设，线上线下两手齐抓，通过搭建各种形式的宣传平台，进行形式多样的宣传报道，积极组织举办茶事活动如品品香白茶健康中国行、品品香白茶文化之旅等，提升了品品香品牌美誉度、知名度和诚信度。

公司已成功注册商标 130 多项，2020 年“品品香”品牌价值达 9.74 亿元、“晒白金”品牌价值达 2.48 亿元。

2. 科技创新

品品香公司围绕发展战略，通过自主创新，不断提高企业核心竞争力。公司通过多种途径搜集茶行业技术信息，并结合信息对品品香自身拥有的技术进行评估，为制定战略，确定产品、技术开发与改造的目标和计划提供充分依据，并以国际茶行业先进技术为目标，采用合适途径来提高组织的研发水平、技术水平和创新能力。

（1）积极开发、引进、消化和吸收适用的先进技术和标准。

公司通过国家级技能大师工作室、福建省白茶企业工程技术研究中心等平台，开展福鼎白茶的品质跟踪和新产品的开发与研究，不断引进、培养科研人员，提高企业研发实力。为打造成为中国白茶品类品牌代表，公司不断招贤纳才，形成了一支以福鼎白茶非遗传承人林振传领衔，数位资深茶师及一批年轻技术骨干组成的团队，同时还聘请福建农林大学孙威江教授担任茶叶品质安全顾问，金心怡教授担任技术创新指导。公司参与了 3 项国家标准、6 项地方标准、1 项行业标准的制定。

（2）积极推进专有技术的形成和使用。

公司积极推动制定、实施知识产权战略，将知识产权保护贯穿于技术创新全过程，通过增强企业知识产权保护意识和法制观念，使企业真正成为知识产权创造、保护和实施的主体。2018 年，公司荣获“国家知识产权优势企业”称号。公司制定了《知识产权奖励激励制度》，鼓励公司员工进行专利申报，逐步完善企业知识产权体系，通过科技创新，形成了公司的专有技术和专利技术。目前，公司共获得 5 项发明专利、59 项实用新型专利、26 项外观设计专利。其中《花香白牡丹茶及其加工工艺》《白茶自动萎凋方法及其装置》2 项发明专利获宁德市科学技术进步三等奖、香朵朵茉莉花茶设计获德国红点奖。

同时，公司高度重视与外界的技术交流及产学研合作，制定《项目管理办法》等，每年对公司内的技术开发项目给予专项经费支持，引进技术，吸收转化，自主创新，促进公司的技术进步，降低生产成本，提升公司的可持续发展能力。

(3) 研究转化及应用情况。

“花香白牡丹茶及其加工工艺”研究弥补了普通白茶外形不够美观、香气淡薄、滋味醇和不足等问题。用此工艺制成的白茶香气高，不仅具有毫香还有明显的花香，深受消费者喜爱。该技术2012年获得国家发明专利。

“白茶自动萎凋方法及其装置”研究采用除湿供热、循环利用，温湿度自动调控，以电代煤，节约生产人工成本约50%。该技术2015年获得国家发明专利、2017年获宁德市科学技术进步奖三等奖，并获得2019年福建省专利三等奖。

与福建农林大学开展产学研合作，成功研制出LED光源萎凋复合式白茶自动化生产线，填补了LED在茶叶初制加工中的应用的空白，把合适的阳光、温湿度的室外环境搬到室内，打破传统制茶靠天吃饭的困境，大大提高白茶的生产效率。同时，该技术在茶企中广泛应用推广，直接带动兄弟企业新建自动化萎凋生产线十多条，提升了全行业的标准化、智能化生产水平。

现阶段在研究的“白茶优质高效精加工自动化生产线”，计划引进连续化、自动化精加工生产线，通过设备引领企业发展，解决白茶传统精制单机作业所带来的产能低、用工成本高问题，提高茶行业的现代化和智能化水平。

（七）福建新坦洋集团股份有限公司品牌发展战略案例

福建新坦洋集团股份有限公司成立于2000年，是一家集茶叶种植、生产研发、观光农业为一体的农业产业化省级重点龙头企业及省级旅游企业。2020年，新坦洋品牌价值12.46亿元，位列全国茶叶企业第三位。

1. 制定品牌战略，打造红茶知名品牌

(1) 积极推进品牌认定，造就红茶知名品牌。

新坦洋在进行品牌打造过程中，紧跟政府步伐，根据品牌建设相关政策，主动对接政府及相关部门，逐步推进企业品牌认定，从 2011 年的宁德市知名商标，到福建省著名商标、福建省名牌产品、福建省名牌农产品，到 2015 年 6 月新坦洋的第 7177760 号图形商标被国家工商行政管理总局商标局认定为中国驰名商标，实现福安茶叶企业自主品牌驰名商标“零”的突破，从而打造中国红茶知名品牌。

（2）提高专业化服务水平。

公司不断更新观念，创新思维，确立了“以市场为导向、以客户为中心”的经营理念，在服务内容和服务方式上狠下功夫。一方面严格执行国家“新三包”规定，坚持“三为主”的商品退换原则，切实让消费者满意；另一方面牢固树立“大服务”观念，明确提出了顾客满意率要达到 95％以上、三年内以每年 1％的速度递增目标。为实现这一目标，公司从细微处入手，强调使用文明用语，禁用文明忌语；要求营业员微笑面对顾客，统一着装，挂牌上岗，在各门店都设立了监督台和顾客意见簿，公开了监督投诉电话，自觉接受群众和社会各界的监督；不断增加各门店的服务措施，方便客户，营造宾至如归的服务环境，深受消费者欢迎。

2. 严控产品质量，让消费者喝到放心茶、健康茶

（1）强化品牌管理，实施全面质量管理。

公司把“质量是企业的商誉和生命”作为经营理念，不断通过各种方式提高企业管理人员和一线职工的质量意识和质量管理水平。秉承全产业链质量安全管理理念，实施全面质量安全风险控制，从源头、过程到终端的全流程关键环节的质量安全风险，明确控制标准、管理职责和资源配置，打造引领茶行业品质、让消费者放心的公司产品。

（2）重视加工过程，严控品质安全。

新坦洋的每款产品都有自身的加工标准，制茶师傅生产时严格根据每款茶叶标准进行生产，同时保证加工过程的卫生控制，同一车间不同时加工两种不同茶类的茶叶。车间内不堆放与茶叶加工无关的其他物品。在制品、半成品、成品均不得与地面直接接触。落地茶及废弃物分别盛放在指定地点并有明显标识的专用容器内，并进行及时处理。对不

合格品单独存放并标识，查明原因后应采取有效措施加以纠正。

在品质检验与控制上，公司设立了与加工能力和业务内容相适应的质检部，并配备了进行茶叶质量检验需要的仪器设备和专业质检人员。定期检定校准检测设备、仪器和器具，使其保持良好的工作状态。公司质检部建立并完善企业的产品质量检验制度，对进厂原料、半成品、成品进行检验，确保产品质量和卫生安全，并保存所有质检原始档案。

3. 优化经营结构，实施创新经营，不断创新商业模式

新坦洋品牌成立至今始终坚信：决定企业未来发展规模的根本在于企业选择什么样的商业模式。多年来，新坦洋一直在探寻适合中国茶界及企业自身发展的商业模式。

（1）“名人名茶名店”模式。

新坦洋成立之初，就确立了“名人名茶名店”红茶专卖店连锁经营第一盈利模式，以“传承百年品牌，造福天下茶人”为企业目标。发展连锁专卖店，关键在于稳扎稳打，避免快速的扩展而忽略专卖店的经营管理。自新坦洋建立第一模式以来，相继推出“伴手茶第二模式”“标样茶城”等多项创新盈利模式，为全国加盟商带来更广阔的盈利空间。

（2）伴手茶模式。

2013年，新坦洋引进英国百年老店成功实践模式，经过创新后，“伴手茶模式”正式上市，完全突破中国传统的茶叶店模式，体现新时代茶人买茶、喝茶的新观念。伴手茶模式产品完全褪去传统茶叶浓重的外包装设计，简便的包装、快速的体验、平价化的价格体系，完全符合新时代茶人买茶、喝茶的新观念。伴手茶模式产品价格体系设置为企业生产成本价直接供应，让消费者感受到“物超所值”，简便的包装、快速的体验、平价化的价格使伴手茶模式产品拥有无可比拟的营销优势。

（3）标样茶城模式。

2019年，新坦洋推出首个中国茶类实物标准样的专卖平台——标样茶城。标样茶城是根据中国茶类五大标准体系，以统一文字标准和实物标准为基础建立的茶产品管控机制。标样茶城主营六大茶类国家标准样、地方标准样、企业标准样、行业标准样、团体标准样，旨在贯彻中

国茶类标准，普及茶标准，解决消费者选购茶时“不信任”的顾忌和“三农”问题，深入开发中国茶市场，力争做强做大茶产业，使之成为惠及消费者、投资者和广大茶农的民族产业、民生产业。

（4）坚持标准化，把握话语权。

新坦洋始终坚信“一流的企业做标准、二流的企业做品牌、三流的企业做产品”的理念，积极开展标准化工作。通过标准化实现企业方针政策，为企业生产、技术、管理活动提供必不可少的依据。新坦洋的标准化工作贯穿于生产、技术、管理各个方面，对企业加快新产品开发、提高产品质量、降低生产成本、改善经营管理、开拓国内外市场、提高企业经济效益等方面具有十分重要的作用。

新坦洋在做好企业自身的标准化建设的同时积极参与行业内标准化组织，是国际标准化信息共享联盟常务理事单位、全国茶叶标准化技术委员会（TC339）委员单位、全国电子业务标准化技术委员会（TC83）委员单位、全国食品工业标准化技术委员会（TC64）委员单位、全国电子商务质量管理标准化技术委员会（TC563）委员单位、福建省电子商务标准化技术委员会（SAFJ/TC18）委员单位、福建省茶产业标准化技术委员会（SAFJ/TC20）委员单位。同时从2013开始致力于中国红茶标准化建设工作，成为全国茶叶标准化技术委员会红茶工作组秘书处承担单位，2016年获批成为全国电子业务标准化技术委员会茶叶电子商务工作组秘书处承担单位，在茶叶领域拥有较高的话语权。近年来，新坦洋参与红茶领域以及茶叶电商国家标准的制修订工作，参与制（修）订了国家标准《红茶　第1部分：红碎茶》《红茶　第2部分：工夫红茶》《红茶加工技术规程》《电子商务质量管理术语》《电子商务交易产品信息描述　茶叶》、国家标准标准样品《坦洋工夫茶感官分级标准样品》、国家标准外文版《Product of geographical indication-Tanyang Gongfu tea》、行业标准《花果香型红茶加工技术规程》《桂花茶》《电子商务交易产品质量抽检规范：茶叶》《电子商务交易产品追溯信息编码与标识规范：茶叶》等。

第五部分　福建省茶产业专题报告

一、宁德市红茶产业发展现状与对策研究

——以坦洋工夫为代表

池玉洲　宋丹丹*

摘要： 本文立足于宁德市红茶产业发展的历史，全面总结红茶产业在新时代所取得的新成效，分析制约宁德市红茶产业发展的主要因素，从项目带动、质量安全、品牌创建、市场提升、龙头培育、三产融合等方面提出发展思路。

关键词： 红茶产业　坦洋工夫

工夫红茶是中国特有的红茶，也是中国传统出口商品，创制于清道光年间，咸丰元年以“坦洋工夫”茶标运销世界，与之同时代的福鼎白琳工夫一起引领了闽红三大工夫的发展，成为闽东人民共同的文化记忆，见证了中国近现代茶叶历史。坦洋工夫在历史发展进程中形成的独特品质、独特制作技艺和深厚文化底蕴，在全国红茶品类中具有特殊地位。

宁德市红茶产业发展概况

史料表明，坦洋工夫是最早由小种红茶演变的工夫红茶之一。在

* 池玉洲，宁德市茶产业发展中心教授级高级农艺师；宋丹丹，宁德市茶产业发展中心高级农艺师。

1842年之前，坦洋工夫已经创制成功并成为重要的出口货物。1851年，为适应世界各国对红茶的需求，坦洋工夫经过传承发展，正式以“坦洋工夫”为茶标，运销西欧，是近现代中国出口的主要红茶产品。1949年以来，闽东茶叶生产仍然以红茶为主，出口苏联和东欧等国家。1969年之前，红茶占毛茶收购比重均在75%以上，其中1952年达93.5%，1955—1960年间红茶年出口量高达2000～3000吨，1960—1970年红茶年出口量在1000～2000吨之间。1956—1966年，福安茶厂因持续生产坦洋工夫红茶以供出口连续荣获“红旗十年不倒”光荣称号。后由于国际形势的变化，实行“红”改“绿”，红茶收购逐年减少，但生产依然延续，1980—1989年福安茶厂的“白云山”牌坦洋工夫红茶两次获国家轻工部优质产品奖，1990年荣获福建省消费者协会信得过产品称号。

进入新世纪，国内茶叶市场迅速升温，随着全国各地名茶的兴起，2006年，福安市成立茶业发展领导小组，制定了福安茶产业发展的“五个一”战略工程，其中重点之一就是打造一个公用品牌——“坦洋工夫”；同年10月，福安市首次开启“坦洋工夫”品牌创建序幕，在北京人民大会堂举办“坦洋工夫”新闻发布会。此后十多年，在各级党委政府和广大茶人的共同努力下，“坦洋工夫”品牌知名度不断提升，带动了宁德市红茶产业快速发展，为区域经济社会发展、农业增效和助力脱贫攻坚做出了重要贡献。

宁德市红茶产业发展成效

(一) 产业特色愈发凸显

宁德市历来高度重视茶产业发展，经过各级党委政府和广大茶企的合力共为，2019年全市红茶产量达到22961吨，比2005年的451吨增长了50倍，明显高于同期全市毛茶产量1.03倍的增长幅度。2011年后，红茶生产区域迅速扩大到全市九县（市、区），产量占全市毛茶产量的比重从2004年的2.95%提高到2019年的22.02%，全市红茶产量占全国红茶产量的比重从 2005 年的 0.94%提高到 2019 年的 7.47%，其中最高年份 2010 年达 11.19%；占全省的比重从 2010 年的 74.76%调减到 2019 年的 43.77%。

（二）品牌效益持续提升

自 2005 年宁德市提出“以茶类整合打造宁德茶叶公共品牌”思路，宁德市深入挖掘坦洋工夫深厚的历史文化底蕴，通过连续十五届的坦洋工夫斗茶展示会及举办全国红茶高峰论坛、茶博会、茶艺小姐大赛、茶文化研讨会等一系列国内外大型茶事活动，坦洋工夫的品牌知名度和影响力不断提高。福安市先后荣获“中国茶叶之乡”“中国十大产茶重点县”“中国十大生态产茶县”“国家区域性良种繁育基地”等称号。2018 年，中国茶叶流通协会授予福安市“中国红茶之都”称号。“坦洋工夫”先后获得“国家地理标志保护产品”“国家地理标志证明商标”“国家级非物质文化遗产”“中国驰名商标”等荣誉，成功入选 2019 中国农业区域公用品牌目录和中欧地理标志协定保护名录。近年来，宁德市包含红茶品类的“寿宁高山茶”“周宁高山云雾茶”及“天山红”“古田红茶”“屏南小种”等区域公用品牌不断涌现，共同带动了一方产业持续较快发展。

（三）质量安全持续向好

为确保茶叶质量安全与茶产业持续健康发展，各级政府认真贯彻落实宁德市人大常委会《关于促进茶产业发展的决定》等一系列法律法规，采取“源头监管、生产监控、市场监测”等措施多管齐下，大力推行茶园农业投入品追溯管理制度，开展茶叶质量安全检查和产品质量督查抽检，实施“一品一码”质量安全可追溯制度建设等，建立了较为完善的质量安全保障体系，茶叶质量安全水平不断提高。2015 年，宁德市获批“国家级出口茶叶质量安全示范区”，现有 30 家企业通过出口茶叶生产企业备案，茶叶“三品”产地和备案基地监控面积达 2.3 万公顷以上，通过认证的“三品”茶叶产品达 240 多个，2020 年底纳入福建省“一品一码”食品安全信息追溯管理平台的茶企数量占全市农产品生产企业的比例超过40%。福安被认定为“全国无公害茶叶示范基地市”和“全国绿色食品(茶叶)原料标准化生产示范基地市”，福鼎、蕉城、古田成为“国家农产品质量安全县(市)”。

(四)市场渠道不断拓展

新世纪以来，随着宁德市“坦洋工夫”品牌知名度的提高，以“坦洋工夫”为代表的红茶系列产品在北京、山东等全国重点茶叶销售区深受欢迎，特别是利用近年推广的高香型茶树良种所制作的高香型红茶，深受消费者青睐。广阔的市场培育了一大批营销队伍，仅福安茶商在全国茶叶重点销售区开设专卖店、连锁店和专柜就达2000多家，创办了多家大型茶叶专业市场，拥有3万多人的营销队伍。新开张的福安富春茶城与原有茶叶批发市场相互辉映，共同拥有茶叶经销商户500多户，年交易额达17亿多元；全市茶叶电子商务发展迅速，仅福安现有登记在册的茶叶电商企业就有150多家，入驻电商平台的网店数百家，年成交额3亿多元。同时，部分龙头企业通过自营出口、代理出口、电子商务、国际茶展、采购商订购等途径在国际红茶市场拥有一席之地，为闽东红茶参与国际市场竞争创造了有利条件。

(五)科技兴茶成效明显

近年来，福安市结合中央和省级茶业重大项目的实施，建成标准化生态茶园近1.3万公顷，推广优新茶树良种近1万公顷，推广绿色防控面积约1.3万公顷，累计完成初制厂清洁化改造升级近300家，建成一批茶叶初精制连续化自动化生产线，为发展现代茶业奠定了良好基础。福安十分注重强化茶产业的科技支撑，坚持每年举办茶叶科技培训班，提高茶农、茶企、基层茶技干部的科技种茶水平和红茶加工工艺。政府部门和茶企不断加强与科研院所的产学研合作，在开展系列国家、省地方标准制定的基础上，坦洋工夫实物标准样通过审定，《地理标志产品 坦洋工夫》外文版通过评审，其中两项标准先后荣获福建省标准贡献奖，进一步强化了红茶产业的顶层设计。目前，福安茶产业拥有各类国家发明和实用新型专利100多项，有力地推动了红茶产业向科技化、现代化发展。

宁德红茶产业的转型升级依然存在诸多的困难和制约因素，主要有：一是产业发展缺乏领军企业，产业集群尚未形成；二是品牌影响力急需进一步提升；三是质量安全隐患依然存在；四是市场竞争日益激烈，企业生存空间受到挤压；五是政府各项配套服务还有待加强。

实现红茶产业高质量发展的对策与措施

（一）实施项目带动战略

认真贯彻落实《中共宁德市委关于深入学习贯彻习近平总书记回信重要精神努力走出一条具有闽东特色的乡村振兴之路的决定》有关部署，立足区域产业发展，在抓好茶树品种改造和生态茶园建设的基础上，结合国家、省级茶产业重点建设项目在宁德的布局，加快推进福安市数字农业试点县、坦洋茶谷文旅基地、茶叶出口示范基地等项目建设，尽快搭建起区域茶业大数据平台系统，集移动互联网、云计算、物联网和大数据技术为一体，提升茶叶质量安全管理追溯系统、电商销售平台、业务支撑和服务平台建设水平，建成一批智慧数字茶园和产学研销合作示范基地，形成集产学研销、体验观光、文旅文创等多功能于一体的茶产业融合发展区，助推乡村产业振兴。

（二）提升质量安全水平

一是大力推动产业绿色发展。完善茶叶产区的区域性发展规划，注重茶叶生产基地建设与生态环境保护相结合，严格按照《福建茶叶绿色发展技术规程》，集成茶园生态改良、基础设施配套、茶园土壤管理、茶园绿色防控等技术，实现茶园化肥农药减量增效，加快推进茶叶绿色发展。二是抓实投入品源头管控。进一步完善农资监管平台，从源头上把好茶园投入品准入关，推行茶园农资投入品登记备案和实名购买制度，杜绝茶园禁限用农药进入茶区。三是加快推进“一品一码”追溯管理制度。各地要按照《福建省食品安全信息追溯管理办法》的要求，加快推进茶叶企业“一品一码”追溯管理制度，做到来源可追、源头可控、去向可查、责任可究，实现从茶园到茶杯的全程监管。四是组织开展专项督查治理。由行政执法部门牵头，各职能部门配合，针对茶叶生产企业尤其是初制加工企业开展专项整治，依法严肃查处生产、加工领域违法违规行为，指导加工企业完善生产及工艺设备，帮助企业建立健全质量保证制度，加强从业人员加工技术培训，从源头保证茶叶质量安全和产品品质。

（三）打造中国红茶集散中心

一是打造原产地专业市场。利用福安富春茶城正在逐步完善的有利时机，发挥各方优势，提升茶城建设水平，全力打造中国工夫红茶集散中心，借助市场影响力提升闽东红茶的知名度。二是完善市场服务功能。尽快形成交易规范、配套齐全的产地中心市场，配套建设市场管理服务中心、茶叶电子商务中心，以及茶叶价格信息发布、仓储、物流、检测、交易、文化交流、教育培训等公共设施，增强辐射带动能力，使之成为闽东北、华东的区域性专业市场，乃至中国有影响力的红茶集散地。三是大力发展茶叶电子商务。加大对中心市场商户的政策扶持，鼓励商家加强与实体茶叶企业合作，积极发展线上线下电子商务；支持引进淘宝、京东等电商企业进驻开展市场电商服务，支持茶叶企业和茶业协会自建茶叶垂直电商平台，地方政府要加强与第三方电商或者物流企业的沟通合作，开展多种形式的网络营销，提高中心市场的辐射带动作用。

（四）培育壮大产业龙头

一是加大对宁德市级以上龙头企业的扶持培育。按照“特色化、规模化、产业化”的要求，选择基础条件好、市场潜力大的龙头企业，在资金补助、项目申报、科技创新、税费优惠等方面整合资源，支持企业提高产业集中度、延伸产业链。对龙头企业实行“一企一策”指导帮扶，根据企业发展的实际需求，有针对性地在用地、融资、人才等企业发展短板方面进行扶持，帮助龙头企业做大做强，促进产业整体提升。二是实施龙头企业回归工程。制定优惠政策吸引在外乡贤或跨界龙头企业回归创业，借助他们已有的完整、成熟的营销渠道，介入茶叶种植管理、生产加工、产品销售一体化经营，打造全产业链现代茶叶企业。三是加快茶叶加工集中区建设。

（五）做强坦洋工夫品牌

一是高层次打造坦洋工夫品牌，充分挖掘坦洋工夫的卖点和宣传亮点；继续采取政府搭台、企业唱戏等方式，积极组织茶叶企业参与国内外各类大型展览展销活动，举办斗茶展示会、高峰论坛以及非遗申报、非遗传承人评选认定等重大茶事活动，进一步提升坦洋工夫的知名度。二是讲好坦洋工夫品牌故事。深入挖掘地方红色资源、历史、民族、旅游、习俗等文化底蕴，讲好习近平总书记主政宁德期间四进坦洋村提出“不断放大坦洋工夫品牌效应，因地制宜壮大茶叶经济”的故事；将坦洋工夫的发展与福安的好山好水、历史文化和名人典故、畲族文化、地方习俗相结合，讲好坦洋工夫良好的品质特征、丰富的产品系列和优异的保健功效、美好的象征寓意等，吸引更多消费者走近坦洋工夫。三是加强品牌的保护。积极引导公共区域品牌授权茶企主动参与公共品牌的培育、建设和维护，抱团做大，扩大坦洋工夫的影响力。

（六）促进三产融合发展

当前应依托福安市的产业发展基础，围绕富春茶城至社口、晓阳的茶旅线路，整合“坦洋工夫”品牌、坦洋茶场、坦洋村、省茶科所、白云山地质公园等丰富的自然、文化、社会、科技、产业资源，集茶叶种、产、研、销、文、旅、养等为一体，带动茶业三产业融合发展。县域范围则以坦洋茶谷文旅基地建设为抓手，打造展示坦洋工夫品牌、闽东茶产业形象的新景区。要将茶文化旅游基地、茶乡旅游纳入全市“美丽乡村”总体规划，统筹配套建设各项基础设施，突出景点培育，将其纳入闽东精品旅游线路，同时加强茶旅观光基地的人才培训和指导监督，促进茶旅文化产业健康发展。

参考文献

[1] 蓝图. 近代闽东茶叶贸易与早期资本主义全球化——以福建坦洋工夫茶叶贸易研究为中心 [J]. 历史地理，2010 (1)：206—230.

[2] 叶乃寿. 宁德茶业志 [M]. 福州：福建人民出版社，2004.

[3] 林清菊. 提升坦洋工夫品质 壮大福安茶产业 [J]. 蚕桑茶叶通讯，2019 (1)：39—41.

[4] 吴礼辉. 福安茶品牌“坦洋工夫”的发展与壮大 [J]. 福建茶叶，2012 (3)：55—56.

[5] 杨江帆，谢向英，徐清，李灵. 福建茶叶生态建设与产业发展研究 [J]. 武夷学院学报，2008 (6)：5—13.

[6] 林丽清. 发展“坦洋工夫”历史名茶 打造“中国茶叶之乡”特色产业 [J]. 茶叶科学技术，2009 (2)：41—42.

二、福州茉莉花与茶文化系统保护现状及发展对策研究

杨文文*

摘要：阐述福州茉莉花与茶文化系统农业文化遗产特征，对比分析与云南普洱古茶园与茶文化系统、安溪铁观音茶文化系统在保护与发展过程中管理机制等方面的异同，并提出完善茶叶类全球重要农业文化遗产管理体系的对策建议。

关键词：农业文化遗产　福州茉莉花与茶文化系统　管理机制

* 杨文文，福州市绿色食品发展中心农艺师。

2002年，联合国粮农组织（FAO）提出“全球重要农业文化遗产”（以下简称GIAHS）倡议。我国是最早响应GIAHS倡议的国家之一，并为推动GIAHS事业蓬勃发展做出突出贡献，得到了FAO总干事等的高度赞赏。截至2020年12月，全球共有22个国家的62个系统被FAO认定为GIAHS，其中我国拥有15项GIAHS。2014年4月29日，福州茉莉花与茶文化系统在意大利罗马被联合国粮农组织认定为全球重要农业文化遗产。农业文化遗产具有乡村振兴的多种资源，不仅能够可持续地提供粮食和其他生态系统服务，还承载着宝贵的农业生物多样性、巧妙的资源管理知识、传统农耕文化以及农民多年与自然相处形成的独特景观。通过分析我国3个茶叶类农业文化遗产保护与发展方面的异同，对福州市进一步完善GIAHS管理体系及以农业文化遗产为抓手促进乡村振兴具有重要的现实意义。

福州茉莉花与茶文化系统遗产特征

（一）悠久的历史

茉莉花源于西方。我国最早关于茉莉花的记述来自西汉陆贾（约前240年—前170年）的《南越行纪》，以陆贾的生卒年推断，茉莉花在我国的栽培历史已超过两千年。福州应该是我国最早引种茉莉花的地区之一。福州自古出产名茶，方山露芽、鼓山柏岩茶均作为唐十四个贡茶之一。北宋花茶初现，中医对香气和茶保健的认识诞生花香茶。明朝时期窨制技术得到较大发展。明万历年间，福州茉莉花茶成为一种可以批量制作的商品。清朝咸丰年间，由于福州人才辈出，加之慈禧太后对茉莉花的偏爱，福州茉莉花茶逐渐成为贡品。中华人民共和国成立后，福州茶厂的外事礼茶一直被列为外交部礼茶。基辛格在回忆录中说，1972年毛主席在书房会见尼克松总统时，喝的就是福州茉莉花茶。在《中国名茶录》里，福州茉莉花茶被列为茉莉花茶类唯一的中国历史名茶。

(二) 优越的栽培环境

福州属于典型的亚热带海洋性季风气候，一年四季温暖湿润，雨量充沛。地势由西北向东南倾斜，北部、东部为山地和丘陵，南部是平原，闽江横贯其中，下游为盆地。经过淋溶作用的酸性土壤宜于茶树生长，冲积平原呈微酸性或中性的沙壤土，土壤条件优良，适宜茉莉花和茶树生长。

(三) 独特的窨制工艺

福州茉莉花茶传统窨制工艺独特，一大特点是“见茶不见花”，通过复杂的工序来实现“茶引花香，以益茶味”。每一窨次对温度、湿度、下花、烘干等的要求都十分严格。2014 年，花茶制作技艺（福州茉莉花茶传统窨制工艺）入选国家级非物质文化遗产代表性项目名录（增补名录）。

(四) 多重的医疗功效

福州茉莉花茶不仅具有茶的功效，还具有茉莉花的功效，可以解抑郁、抗辐射、镇静安神等。福州话有一个词叫“透脚”，就是形容喝了茉莉花茶的感受，从头到脚都爽了。

(五) 丰富的文化内涵

福州茉莉花茶文化内涵丰富多彩，茶文化、香文化、海上丝绸之路文化等等融为一体。茉莉花是爱情之花，“茉莉，莫离”寓意爱情，寓意乡愁，福州人结婚有“三茶六礼”，冰心称之为故乡的茶，簪花佩戴传承至今。文人雅士赋予它更多浪漫气息，“国色牡丹无香，天香茉莉无色”，寓意茉莉乃天香。“天香开茉莉，梵树落菩提”表明茉莉的佛家天香身份，它与瑞香、忍冬、石榴花合称佛教的“四大圣花”。

(六) 生物多样性

福州茉莉花分为单瓣、双瓣、多瓣，一般种植在江边湿地沙洲，每年都有上千万只的越冬候鸟飞临此地栖息。茉莉花种植一般采取蘑菇土做底肥，深沟高垄，有效保持水土，有的地方用龙眼树、橄榄树、柑橘树、白玉兰树等与茉莉花套作。

三个茶叶类农业文化遗产保护与发展比较

普洱古茶园与茶文化系统是世界第一个茶农业文化系统，包含着完整的古木兰化石和茶树的垂直演化过程，于 2012 年 9 月入选 GIAHS。源于外域的茉莉花与源于中国的茶结合，孕育出的福州茉莉花与茶文化系统见证了 2000 多年来东西方文化的交流，于 2014 年 4 月入选 GIAHS。安溪铁观音茶文化系统于 2019 年 10 月被农业农村部推荐申报全球重要农业文化遗产。三个茶叶类农业文化遗产保护与发展方面既有相似之处，也有各自独特之处。

（一）管理机制

我国农业部门长期秉承“保护优先、合理利用，整体保护、协调发展，动态保护、功能拓展，多方参与、惠益共享”的方针，形成了“国内外互动、上下级联动、专家技术支撑”的工作机制。

1. 福州茉莉花与茶文化系统管理机制

2011 年 8 月，福州市成立“福州海峡茶业交流协会”，旨在整合资源，服务申报全球重要农业文化遗产。随后，福州市成立申遗领导小组，下设申遗小组办公室，挂靠福州市农业局（现福州市农业农村局）。2014 年 8 月颁布实施《福州市茉莉花茶保护规定》。2014 年 9 月，福州市成立“全球重要农业文化遗产福州茉莉花与茶文化系统联合研究中心”，邀请专家学者共同为福州全球重要农业文化遗产事业提供智力支持。

2. 普洱古茶园与茶文化系统管理机制

普洱市出台《普洱市古茶树资源保护条例》，规范古茶树资源科学保护及开发利用，对全市区域内26座古茶山约9万公顷古茶树资源实施立法保护，建立古茶树资源档案库、数据库。各县级人民政府制定专门的保护办法，在古茶树集中分布的古茶园建立保护区。将核心区澜沧景迈、芒景，宁洱困鹿山，镇沅千家寨划定为古茶园保护范围，并设立保护标志。成立澜沧景迈古茶战略诚信联盟，制定古茶加工技术规范和古茶产品标准，提高古茶产品质量。将核心区澜沧景迈、芒景、翁基列入全国第一批传统村落，对古村落民居进行规划维修整治、环境整治和消防设施建设；对宁洱困鹿山古茶园村寨进行搬迁，推动古茶树资源可持续利用。

3. 安溪铁观音茶文化系统管理机制

安溪县制定管理规定，全面加强文化遗产管理保护；成立领导小组，全力推动申遗以及保护发展工作；推行“山长制”，对茶叶产区实施最严格的生态保护；在全国首推农资监管与物流追踪平台，构建质量安全全程可追溯体系；开办茶业职业技术学校、茶文化传习所，对专业合作社开展业务培训；建立全国唯一涉茶本科院校——福建农林大学安溪茶学院，与中国科学院、中国农业科学院等单位合作，强化人才和科技支撑能力；通过“五联”推动“五变”，打造“五个共同体”，58%的农户加入合作社或进入企业务工，形成多方参与的利益共享机制，带动13.8万农户增收致富。

(二) 主要措施

根据国情、农情和农业文化遗产特点，我国在GIAHS的保护与发展中主要采取的措施有丰富保护实践、制定管理办法、重视监测评估、多渠道开展宣传、积极开展国际交流与合作等。

1. 福州茉莉花与茶文化系统保护与发展主要措施

一是基地建设。加强对新植茉莉花基地的补贴力度，至2020年，福州市新植茉莉花基地每亩补贴3000元，全市广种茉莉花，重大场合摆放茉莉花，立项建设帝封江茉莉花湿地公园，并根据《福州市茉莉花茶保护规定》对茉莉花基地实行分级保护。二是政策扶持。2020年，福州市政府出台了《关于支持福州茉莉花茶产业发展九条措施》，支持福州茉莉花茶产业做大做强。三是品质提升。制定修订福州茉莉花茶国家标准和行业标准等。开展福州茉莉花茶茶王赛和福州茉莉花茶传统窨制工艺传承人传承大师赛，以赛促进，提升福州茉莉花茶品质和制作工艺水平。四是广泛宣传。组织企业参加各种大型展览展销活动；建设多种福州茉莉花茶文化展示馆文化馆等；编写福州茉莉花与茶文化系统有关读物；开展各种民俗和节庆活动；拍摄专题纪录片和各种宣传视频；投放公益广告等。五是信息监测。在全市6个县（市、区）建立9个信息监测点，实现了福州茉莉花与茶文化系统全球重要农业文化遗产信息监测常态化。

2. 普洱古茶园与茶文化系统保护与发展主要措施

一是积极发展休闲农业与乡村旅游，将普洱古茶园纳入休闲农业与乡村旅游规划，并以全球重要农业文化遗产资源丰富休闲农业内涵。二是打造普洱绿色食品品牌。三是打造普洱茶金字招牌，在云南率先发起茶企业诚信联盟，参加大型展会推介普洱茶。四是引导和推动一二三产业融合发展，以打造龙头企业和发展庄园经济为抓手，促进产业融合。

3. 安溪铁观音茶文化系统保护与发展主要措施

一是开展名茶山评选，推行"山长制"，保护茶业产区生态。二是出版书籍、创作茶歌茶舞，加大茶文化系统研究和展示力度。三是发展茶庄园业态，建成22座茶庄园，每年吸引超过百万"铁粉"消费体验。四是大力发展线上销售，市场占有率连续多年居全国前列。

（三）启示

1. 核心区监管有待进一步优化

福州茉莉花与茶文化系统，在区域布局上覆盖连江县、仓山区、长乐区、闽侯县、永泰县、晋安区6个县（区），范围虽广但县级各项工作开展仍较少。在遗产特征上，涵盖了茶叶种植、茉莉花种植、茉莉花茶加工制作销售过程，包含历史、文化、功效、生态、景观、生物多样性等内容，但是同样存在泛而不精的问题。普洱古茶园与茶文化系统与之相比，核心区划分非常明确，并且政策的制定围绕核心区的保护与发展进行，这为福州茉莉花与茶文化系统 GIAHS 保护与发展工作提供了很好的借鉴。

2. 种质资源保护有待进一步提升

福州茉莉花与茶文化系统，包含茶叶种质和茉莉花种质，与普洱古茶园和安溪铁观音系统相比，仍缺乏专业的茶树种质资源圃和茉莉花种质资源圃，在种质资源收集保存方面的工作较为薄弱。今后应加快推进茉莉花种质资源圃建设，保护茉莉花种质资源。

3. 与休闲农业融合发展有待加强

与普洱古茶园和安溪茶园在休闲发展方面相比，福州茉莉花园与茶园的美学、文学等价值没有得到充分激发，目前缺少典型的休闲农业示范点和茶庄园、花庄园等。今后的保护与发展工作也将从这个方面开展有益探索。

建议

(一) 保护与发展 GIAHS 权责前移和分类保护

充分发挥地方的主动性和能动性，推动遗产分布的县级人民政府进行专项保护，并编制规划，将遗产保护工作落实到人。福州茉莉花与茶文化系统有别于其他系统的地方，在于它的基础是茉莉花种植和茶叶种植，核心是传统窨制工艺，附加值是悠久而丰富的历史文化。在对整个系统进行保护和发展的过程中，建议从种植、加工、文化挖掘等方面进行分类保护，有针对性地制定不同的保护办法并加以实施。

(二) 加强产业扶持、科研投入

福州茉莉花与茶文化系统最大优势是将农业与工业完美结合，通过福州茉莉花茶的制作销售，盘活整个体系，茶农花农增收，农民真正受益。振兴福州花茶产业，是保护与发展农业文化遗产的内生动力，加强对产业的扶持力度，培育龙头企业，延伸产业链，促进一二三产业融合发展。农业文化遗产的保护与发展不仅要夯实基础，更要尖端引领。科研投入的增加，是实现农业文化遗产的创新发展和高质量发展的基础。建议相关项目安排和资金投入向保护和发展GIAHS方面倾斜，增加对农业文化遗产保护的支持力度。

（三）将GIAHS保护与发展纳入乡村振兴计划

福州茉莉花与茶文化系统蕴含了丰富的生物、技术、文化等内容，对乡村振兴战略的实施具有深刻的现实意义。福州茉莉花茶产业振兴也是最活跃的乡村振兴。建议将坐落在遗产分布区域的乡村，纳入GIAHS保护与发展计划，充分发挥GIAHS的资源优势，助力乡村振兴。

（四）加强GIAHS的宣传普及

农业文化遗产的有关工作在国际和国内起步较晚，与其他遗产概念相比，普及率和知名度有所欠缺，福州茉莉花与茶文化系统的内涵仍未被普通大众熟知，福州茉莉花茶墙里开花墙外香的现象依然存在，建议加强对GIAHS福州茉莉花与茶文化系统的宣传推广。

参考文献

[1] 农业农村部国际合作司. 从传统中汲取智慧，让古老拥抱现代——中国“全球重要农业文化遗产”新进展与新使命[J]. 世界遗产，2018（Z1）：20—21.

[2] 农业农村部国际合作司. 促进农耕文化交流互鉴——“南南合作”框架下中国对全球重要农业文化遗产保护的贡献[J]. 中国投资，2018（17）：42—46.

[3] 张灿强，沈贵银. 农业文化遗产的多功能价值及其产业融合发

展途径探讨 [J]. 中国农业大学学报（社会科学版），2016（2）：127—135.

[4] 奥登，郑江闽. 茶与花，东西合璧 [J]. 世界遗产，2014（10）：30—35.

[5] 小筑. 窨得无上味　茉莉花茶窨制工艺 [J]. 世界遗产，2014（10）：46—49.

[6] 林舟. 福州市居住区植物配置浅析 [J]. 福建建材，2015（11）：65—67.

[7] 闵庆文，张永勋. 福建福州茉莉花与茶文化系统 [M]. 北京：中国农业出版社，2014.

[8] 郭莉. 福州茉莉花茶文化与两岸临水夫人信俗之渊源探析 [J]. 福建茶叶，2015（4）：57—60.

[9] 小筑. 山水孕天香　茉莉花与茶的种植与采摘 [J]. 世界遗产，2014（10）：42—45.

[10] 郑江闽. 福州茉莉花与茶文化系统农业文化遗产特征及其保护与发展研究 [D]. 福建农林大学，2016.

三、新冠肺炎疫情对福建省茶叶出口贸易影响及对策研究

林荣铨　吴志勇　雷陆英　陈俊铭*

摘要：通过对新冠肺炎疫情前后的茶叶出口贸易量数据对比，分析福建省茶叶出口贸易存在的问题，并对福建省茶叶出口贸易的发展前景提出相关建议，对促进福建省茶叶出口贸易有重要的参考价值。

关键词：新冠肺炎疫情　福建茶叶出口

---

* 林荣铨、吴志勇、雷陆英、陈俊铭：武夷山海关工作人员。

茶叶是福建省传统重要的出口农产品之一，近年来一直占据福建省出口贸易的重要地位。福建省茶产业通过不断调整和优化，茶叶出口渐渐形成了以乌龙茶、白茶、绿茶、红茶和花茶等多茶类的出口格局。2020 年，新冠肺炎疫情对福建省贸易行业造成了一定影响，特别是茶叶出口贸易量呈下滑趋势，反映出福建省茶叶出口贸易在应对疫情风险、调整贸易结构、提高生产效率等方面存在不足。

福建省茶叶出口贸易的基本情况

据统计，2019 年福建省茶叶总产量达 43.99 万吨，同比增长 5.2%，居全国第一；茶叶出口量 2.98 万吨，位居全国第四；茶叶出口金额 51508 万美元，同比增长 33.14%，位居全国第二。新冠肺炎疫情暴发以来，由于相关贸易国采取封闭措施，物流运输业务停滞，加之茶叶出口企业复工晚、招工难等问题，对福建省茶企的出口贸易受到了较大的影响。据统计，2020 年 1—7 月，福建省茶叶出口量为 13956.33 吨，同比上涨 0.52%，增幅同比下降 0.53%；货值 25818.35 万美元，同比下降 0.42%，增幅同比下降 33.02%（表 5-1）。

（一）出口数量波动较大

2020 年 1—2 月，受国内新冠肺炎疫情影响，福建省茶叶出口数量呈大幅下降趋势，福建省茶叶出口贸易受较大影响；3—4 月，国内新冠肺炎疫情得到明显控制，福建省出口茶叶积压的外贸订单得到释放，茶叶出口量大幅回升；5—7 月，国外疫情日益严重且部分国家采取闭关政策，茶叶出口反复波动。

（二）出口均价持续上涨

2020 年 1—2 月，受国际货币汇率及疫情影响，福建省茶叶出口均价不减反增，呈上涨趋势；3 月后，国内疫情逐步得到控制，福建省茶叶企业复工复产，茶叶出口均价与出口数量波动较为一致。

表 5-1　2020 年福建省茶叶出口数据（1—7 月）

时间	出口量（吨）	出口量同比去年（%）	美元（万）	美元值同比去年（%）	平均价格（美元）	平均价格同比去年（%）
1 月	1927.27	−4.90	3541.81	2.86	18.38	8.16
2 月	720.61	−29.25	1014.68	−20.80	14.08	11.94
3 月	2263.76	26.05	3642.34	12.02	16.09	−11.14
4 月	2814.50	24.26	5558.64	35.88	19.75	9.35
5 月	1636.08	−23.12	2865.96	−33.09	17.52	−12.97
6 月	2477.83	20.43	5223.84	16.37	21.08	−3.38
7 月	2116.29	−18.39	3971.08	−21.93	18.76	−4.34
合计	13956.33	0.52	25818.35	−0.42	18.50	−0.93

（三）主要出口国（地区）影响较大

福建省茶叶出口市场主要为日本、东盟（10 国）、中国香港。2020 年 1—7 月，福建省茶叶出口香港地区 2659.39 吨，同比下降 8.8%；出口东盟 3931.27 吨，同比上涨 8.14%；出口日本 4711.37 吨，同比上涨 4.59%（表 5—2）。因国外疫情形势严峻，海外集装箱一箱难求，预计福建省茶叶出口将持续受到影响。受全球范围内的疫情加剧蔓延影响，国际贸易环境发生重大变化，福建省茶叶出口难度加大。

表 5-2　2020 年福建茶叶主要出口国（地区）数据（1—7 月）

出口国（地区）	出口量（吨）	出口量同比去年（%）	美元（万）	美元值同比去年（%）	平均价格（美元）	平均价格同比去年（%）
中国香港	2659.39	−8.83	11666.27	−7.54	43.87	1.42
日本	4711.37	4.60	2519.99	15.28	5.35	10.22
东盟（10 国）	3931.28	8.14	10895.50	26.46	27.71	16.94
合计	12042.97	0.22	25909.01	4.18	21.51	3.95

疫情对福建省茶叶企业影响

（一）企业茶叶出口利润减少

根据武夷山市场调查发现，茶叶企业受疫情影响，招工难、薪酬高问题尤为突出，导致劳动力成本大幅上涨，采茶工人工资增长10%～20%，占茶叶价格30%比重。同时，全球经济受疫情影响，市场消费能力下降，茶叶出口价格降幅明显。据统计，2020年1—7月福建省茶叶出口均价为18.50美元/千克，同比下降0.93%，增幅下降29.23%，受国际汇率波动影响，茶叶出口利润将不断减少。

（二）企业出口订单不稳定

疫情初期由于不能复工复产，前期订单无法如期完成生产，导致订单滞压。目前，国内疫情基本得到控制，企业复工也基本到位，但国外疫情日趋严重，企业受国内外疫情暴发的时间差以及欧美、日本等国家为防疫采取封关等措施的影响，面临着不断减少甚至取消订单的巨大考验，加上全球主要经济体国家因疫情影响产生的经济深度负增长，造成市场低迷，必将对福建茶叶出口带来延续性的第二波冲击。

（三）茶叶出口结构存在风险

据统计，2019年福建省出口绿茶8611.05吨，出口红茶15382.93吨，出口合计占同期全省茶叶出口总量的80.5%，出口市场主要集中在欧盟、日本等，贸易结构存在偏单一、依赖的风险。新冠肺炎爆发以来，受疫情影响国家经济均受到严重影响并且持续升温，茶叶进口商处于停摆状态，新订单减少迹象显现。以日本为例，日本为防范疫情，将“紧急事态宣言”持续延长，对企业继续全面要求停业。受此影响，福建省对日本等主要出口国的贸易量将长时间大幅度减少。

（四）茶叶企业原有的产业链受到冲击

福建省茶叶海外销售，主要的产业链模式为茶叶基地—外贸公司模式、海外代理公司—海外消费模式，营销方式较为传统和落后，营销和供应方式仍以线下销售为主，主要通过外贸渠道出口，线上交易程度不高，外销渠道单一。受新冠肺炎疫情影响，外贸公司或外贸代理公司贸易受挫，茶叶企业丧失对外销渠道，造成产品积压，人工成本、生产成本上升，资金周转困难，导致已复工复产企业再一次面临减产停产风险。产品供销环节环环相扣，上下游任何一方的停滞将导致整个产业链的崩塌。

（五）部分茶叶企业将面临裁员或倒闭

国际茶贸易市场需求下降，导致福建省茶叶出口贸易订单减少，加之茶叶企业前期复工复产难导致生产受阻，合同履行难度大，以及国际物流受阻产生流动资金缺口等，对企业生存和发展带来了极大挑战。福建茶叶企业普遍规模较小、家庭作坊式企业较多、资金实力不足、抗风险能力较弱等问题在疫情期间凸显。受企业人工成本和市场订单影响，茶叶企业的成本压力将进一步增大，利润空间必然会被进一步压缩。在国际市场外部环境尚未明了之际，茶叶企业自身面临的生存危机，导致企业必然会选择裁员或降薪等措施降低自身成本，甚至关停来降低风险。

相关建议

（一）转变原有生产模式，科学应对疫情风险

福建省茶叶企业应不断增加投入，联合有关科研单位开发高科技生产设备，积极探索采用先进智能机器等新生产模式取代人工采茶、人工揉茶、人工焙茶及人工包装等落后生产工艺，不断提高生产效率，降低

劳动力成本。充分利用电商平台的优势，打造“C2M”商业模式，即通过网络直接对接工厂，减少中间渠道，降低交易成本，有效疏通销售渠道，满足每位消费者的个性化需求，实现生产、需求的无缝对接，降低库存，扩大销售量。

（二）优化茶叶营销结构，谋求国内外双循环

福建省要优化茶叶营销结构，鼓励企业创新营销策略，利用好国内现有茶博会、农博会等展销平台，积极引导企业走出去参加国内外各种产品展销会、推介会，在保持已有的优质品牌红茶以及绿茶的出口贸易量同时，努力开拓除日本、中国香港等主要交易地区以外其他国际市场，利用各国不同的风土人情，开发新类别、新产品，匹配市场需求，走多元化发展道路。同时，福建省还要充分利用国内巨大的内需市场优势，大力开拓国内市场，提高福建茶叶在国内市场的占有率，谋求国内外双循环，打好组合拳，促进福建省茶产业全面健康发展。

（三）规范农肥使用，指导企业应对贸易壁垒

近年来，相关贸易国对我国茶叶贸易实施了技术性贸易壁垒，福建省应着力提高茶叶生产品质，特别是开展农药品种及含量制定标准研究。同时，政府相关部门应加大对国际茶业市场行情、贸易壁垒及近期因疫情导致的非关税壁垒情况的信息搜集，及时通报茶叶企业，指导企业在种植茶叶过程中对各种农药、化肥等化学药品进行科学使用，并在改良茶树种植、改进产品生产工艺等方面给予技术帮扶，有效应对技术贸易壁垒。

（四）加大政策支持，帮扶企业走出困境

特别是在新冠肺炎疫情期间全球经济受到严重冲击持续低迷的形势下，福建省茶行业的对外贸易发展，离不开政府政策引导和支持。政府相关部门应及时出台对茶产业的相关扶持政策，在银行资金借贷、税收减免、技术指导等方面给予支持，帮助企业解决当前困难，充分利用好

“一带一路”、开通中欧班列等积极措施，带领福建省茶叶行业走上快速发展的健康之路。

参考文献

[1] 智研咨询. 2019年中国茶叶产量、产值及销售情况统计分析[EB/OL]. 2020—5—18 [2020—7—28]. https：// m. chyxx. com/view/863967.html.

[2] 123茶网. 2019年我国茶叶进出口贸易情况简析 [EB/OL]. 2020—03—03 [2020—10—03]. https：// m. sohu. com/a/377352211_120065616.

[3] 许科敏. 企业复工复产遇新困难，如何确保产业链“不掉链”?[EB/OL]. 2020—05—01 https：// www. chinanews. com/cj/2020/05—01/9173168.shtml.

四、智慧化有机茶庄园的建设与启示

李福德　刘钰懿　汪健仁　黄金水　魏伙霖
曾炳南　王志友　代　剑　许勇泉　苏　峰*

摘要：为进一步探索智慧农业技术集成应用解决方案和产业化模式，推进智慧农业在茶行业的实践，安溪桃源依托国家政策支持、资源环境和技术人才优势，利用大数据、云计算、物联网、移动互联等现代信息技术，在茶叶全产业链领域开展数字农业试点，推进茶庄园智慧化建设，打造我国农业智慧化的茶庄园示范样板。文章主要介绍了桃源智慧化有机茶庄园建设的背景、做法及措施、取得成效和带来的思考与启示，以期为我国茶行业的智慧化发展提供新的思路。

关键词：智慧农业　茶庄园　物联网　大数据

* 李德福，安溪县农业农村局高级农艺师；刘钰懿、许勇泉，中国农业科学院茶叶研究所；汪健仁、黄金水、魏伙霖、曾炳南、王志友、代剑，安溪县桃源有机茶场有限公司；苏峰，福建省种植技术推广总站教授级高级农艺师。

随着我国经济的不断发展转型，对农业的要求越来越高，农业必须根据社会发展需求，对其自身的发展结构作出一定的改变。智慧农业是农业生产的高级阶段，是集新兴的互联网、云计算和物联网技术为一体，依托部署在农业生产现场的各种传感节点（环境温湿度、土壤水分、二氧化碳、图像等）和无线通信网络实现农业生产环境的智能感知、智能预警、智能决策、智能分析、专家在线指导，为农业生产提供精准化种植、可视化管理、智能化决策。

2018年，《中共中央国务院关于实施乡村振兴战略的意见》提出要大力发展数字农业，实施智慧农业林业水利工程，推进物联网试验示范和遥感技术应用。茶叶是中国的传统农业，为促进传统茶产业向现代茶产业转变，引进智能化设备，开发数字化系统，发展智慧茶业是当前茶叶发展和变革的方向。2017年，安溪县发布《关于深入实施茶业庄园化战略的通知》，明确提出至2020年，建成一批特色鲜明、生产方式绿色、经济效益显著、辐射带动有力的“金牌茶庄园”，庄园化、集约化管理的茶庄园占全县茶庄园面积80%以上，让茶庄园成为引领安溪茶产业“二次腾飞”的新名片。桃源智慧化有机茶庄园项目根据国家政策倡导的“生产智能化”“管理数据化”及“经营网络化”建设理念，围绕种植、生产、仓储和销售四个方面完善升级原有设施和平台，利用现代信息技术，通过智能化手段开展数字农业试点，成为当地领先的智慧化农业产业园。同时，以“品雅”为产品品牌，以“添寿福地”为文化品牌，以当地古茶文化、古村落文化、农耕文化、母亲河晋江源为依托，借助闽南古式大厝建筑风格，并融合安溪特色茶文化，打造以养眼、养耳、养肺、养胃且养心为特色的智慧茶庄园。

智慧化茶庄园建设要点

茶庄园是指在一定的原产地区域内，采用发达国家的农业管理方式，按照我国绿色茶叶标准建立的、可以追溯的茶园和茶叶加工厂。茶庄园具有严格的种植标准、加工标准；鲜叶流向和干茶流向可以追溯；遵循可持续发展理念，通过环境保护、人文关怀等措施，使之长期品质稳定，符合低碳理念。下面以安溪桃源茶庄园为例，介绍智慧化茶庄园的建设要点。

（一）基础设施

供电：用电取自安溪县供电公司，项目区建有完善的供电网络，专线三相电力直达基地，并配置有1座250kVA（千伏安）变压器，电力容量能够满足需要。

供水：所在基地灌溉用水为基地中的自然山泉水，并有8000平方米水库，水量充足，能够满足项目用水需求。

通信：配置专用移动基站并以高速光纤宽带为主的高效迅捷的网络，各类信息能够及时传输交流，为项目的建设提供了便利条件。

（二）智慧化茶园管理智能化

项目以户外茶园、生产加工厂房、深加工标准化厂房作为升级改造主体，通过在产前、产中、产后各环节配备水肥一体化系统、精准环境测控系统、生产过程管理系统、采后商品化处理系统以及农产品质量安全追溯系统，构建茶叶数字农业物联网综合管理平台，实现了从种植、加工、仓储、物流到销售全过程的数字化、信息化与智慧化。

1. 茶园自动化喷灌

将山泉水和饮用水通过输水管网输送至茶园各个蓄水池中，每个蓄水池出口安装过滤系统以及智能水表，每个灌溉区域配置手自一体电磁阀。软件系统集成了用水管理和灌溉控制两种功能，一方面，服务器通过智能控制器读取各水表用水信息，从而反映各灌溉区域当前的灌溉状态；另一方面，通过智能控制器进行灌溉控制。两种功能的结合，实现了园区用水计量、用水调度、灌溉控制三方面的有机结合。系统将依据获取的量化传感器数据，比对作物生理生态模型，对灌溉相关设备下达灌溉指令，实现用量有据、轮灌有序、区别配给的决策模式，实现了茶园用水的智能管理。

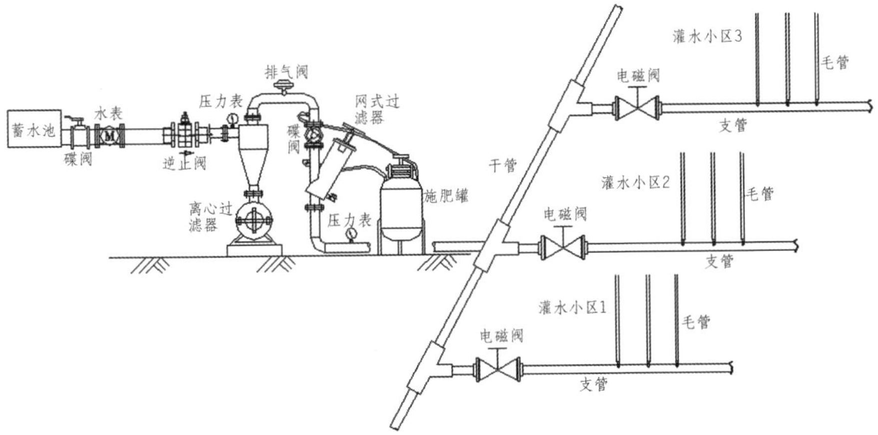

图 5-1　茶园自动化喷灌系统技术结构示意图

2. 茶园环境精准测控

为确保园区各自动化调控系统的运行不受外部环境因素干扰，需要建设气象监测设备，设备根据海拔高低差，分别于 3 块丘陵分区各安装 2 台，于园区中心绿地位置安装 1 台。气象墒情监测站用于监测室外空气温湿度、降雨量、太阳辐射强度、风速、风向、4 层土壤温度及 4 层土壤含水量指标。结合当地气象部门发布的气象预告信息，共同构成气象监测服务子系统，为园区在恶劣环境气候、不利于开展对应农事操作的条件下提供技术指标。

3. 茶园网络及监控全覆盖

为方便园区“移动式”管理，在园区内开展无线覆盖工作，使园区管理人员及农事执行人员可随时随地应用物联网系统记录、填报、咨询农事问题。于种植区域内平均分布安装监控球机，用于监测全园种植状况与重点位置安防情况，记录 24 小时不间断影像依据，为处理突发事件或应急情况提供远程监控手段。

4. 茶园病虫害防治

平均分布安装多功能植保机，配备手持式健康诊断仪。多功能植保机除了为病害防治系统提供空气温湿度环境参考参数外，还具备光学诱捕杀虫功能。手持式设备健康诊断仪，内嵌利用时序数据建立稳定模型，针对不同生育期进行科学建模；同时仪器还充分考虑物候信息，克服了传统光谱测量仪器单时间点测量的不足，能够快速测得归一化植被指数（NDVI）、叶面积指数（LAI）、植被覆盖度（FVC）、叶绿素含量（Cab）、产量（Yield）以及推荐施用氮肥量（Nc），为高效开展农事劳作起到了重要作用。

（三）加工厂房智能化

在原有机械设备条件基础上定制开发自动化程控系统，结合制茶工艺要求定制开发初制和精制茶叶控制模型，并将各独立设备通过连接附件，整合升级为一体化生产线设备，为制茶工艺模型的自动化、智能化茶叶初制生产线的研建，解决茶叶初制标准化生产问题提供技术保障。

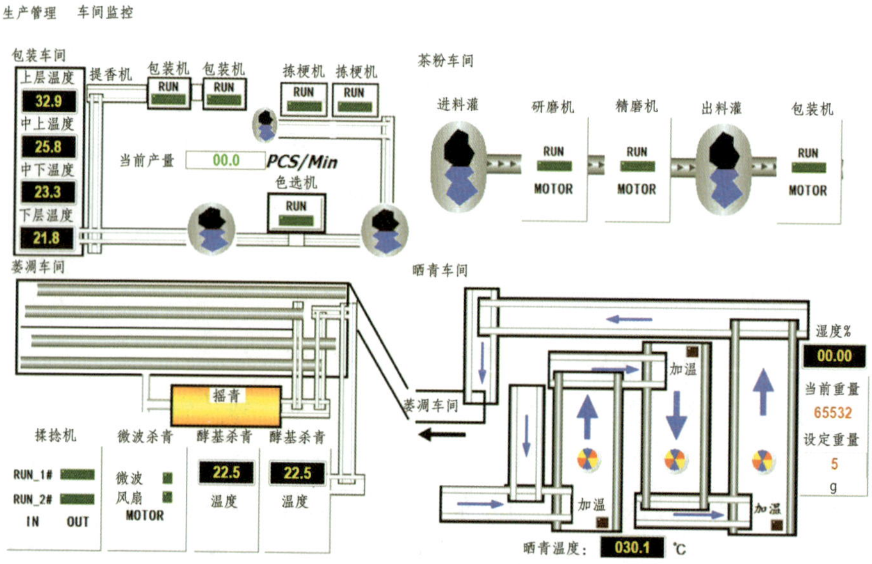

图 5-2　初制和精制茶叶自动化控制系统

1. 茶叶初制生产线智能化升级改造

铁观音茶叶初制生产流程依次为鲜叶采摘、晒青（日光萎凋）、做青（摇青与晾青）、杀青（炒青）、揉捻、整形、烘焙。在机械化生产过程中，应用储青进料设备、萎凋设备、杀青设备、揉捻设备、烘焙设备等机械设备代替传统手工作业。为提高初制效率，统一制茶标准，应用传感器技术、自动化控制技术，将原有的设备进行升级改造，形成一条完整的生产线。

2. 智能化茶叶精制过程信息采集系统

由拣梗设备、色选设备及茶叶提香设备构成，集成应用光学技术、物理学技术、机械学技术及自动化控制技术，实现茶叶品质筛选与提升的全程流水线作业。拣梗设备将经过筛分和风选后的茶梗混合物，通过振动槽板和拣梗轴将较长的茶叶梗运送越过槽沟，使茶叶与茶梗分离，在拣梗的同时也有区分茶条长短的作用；色选设备应用高清晰度全色谱传感器对茶叶进行筛选，通过程控装置，准确开启气动阀门，将低品质茶叶吹入次品槽，保留精品，实现自动化筛选。茶叶提香设备通过红外灯管产生的红外线对精制后的茶叶进行提香和醇化。

3. 茶叶智能化深加工系统

系统由智能化冲击磨浓缩机、涡流微分机、脉冲除尘器、卧式双螺旋混合机、粉碎机、除粉器、单片冲压机、混合机、槽型混合机、热风循环烘箱、摇摆式颗粒机、震动筛分机、深加工粉剂自动化包装系统及配套组件共同组成机组，机组主要由粉碎、除尘、混合、干燥、包装5个功能模块组成。粉碎部分由粗粉碎、细粉碎两步来完成，以提高生产效率和细度。除尘部分采用袋式脉冲除尘器，减少生产过程中的粉尘污染。混合部分为卧式双螺带混合机，混合均匀度高，操作简单。干燥部分选择微波烘干，具有干燥杀菌双功效，且烘干温度低，提高了烘干后的产品质量。包装部分采用了全自动包装机，效率更高，操作简单、智能。整套设备材质选用食品级304不锈钢材质，且从进料到成品出料无须人工操作，并可随时调整，在控制上实现一键操作、实时监测，并可通过手机进行远程监控和操作，完全实现智能化控制。

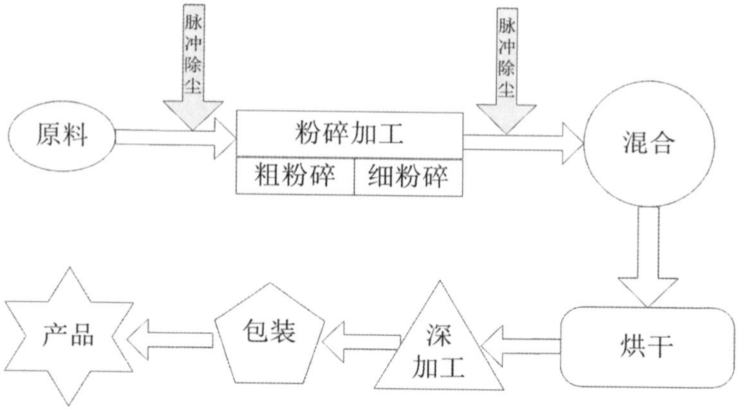

图 5-3　智能化茶叶深加工系统工作流程图

建设园区农业数据中心，搭建数字农业物联网综合管理平台，将项目中建设的各应用系统所采集的农业数据汇总展现。各业务系统数据交互共享，农业数据分为基础数据、专家数据、企业数据、产品数据、土肥数据、环境数据、作物数据等。

形成物联网技术应用集中展示功能，通过丰富的表现手段直观展示茶叶种植过程的视频场景、空气温度、空气湿度、土壤含水量、地温等参数。帮助用户直观感知基地环境信息、生产履历信息、视频场景信息等。依托云服务平台的分布式数据存储系统，形成基于海量时间序列感知数据的挖掘、切片、统计、分析等功能，辅助茶叶种植专家提炼形成基于物联网的作物生长、生产模型、病虫害预警模型等；实现用户通过本系统直接参与茶叶种植，通过操控园区内的控制设备实现生产环境远程调控、用水精准投入等。

庄园有机茶生产技术要点

有机茶是指在原料生产过程中遵循自然规律和生态学原理，采取有益于生态和环境可持续发展的农业技术，在生产中不采用基因工程及辐照技术获得的生物及其产物，不使用合成的农药、肥料及生长调节剂等物质，在生产中不使用食品添加剂，并经专业机构认证的茶叶及相关产品。

（一）资质认证

有机茶产品须按照《有机产品国家标准》（GB/T 19630—2019）中的技术要求进行生产，加工后的产品得到相关认证机构认证，具有完整的产品可追溯体系，健全的生产记录。有机产品认证证书由认证机构根据《有机产品认证管理办法》的规定颁发，有效期为一年，可分为有机产品认证证书、有机转换认证证书两类。结合有机茶产品的生产加工实际情况，有机产品认证证书中详细记录了有机茶园信息、鲜叶产量、有机茶产品名称、加工地址、生产数量等信息。安溪县桃源有机茶场有限公司地处“中国茶叶之乡”安溪县，是一家以有机茶种植和加工为主的综合性企业；占地面积 800 公顷，开辟有机茶园 133.33 公顷，年产“品雅”牌有机铁观音 120 吨，是全国较大规模有机安溪铁观音生产基地。安溪县桃源有机茶场有限公司于 2004 年开始建设，从基地开发开始就全程采取有机管控技术，例如，开发茶园时，保留原有的树木和林带，并在茶园的边界保留和种植树木，使之形成天然的隔离屏障。公司于 2005 年开始申请有机茶认证，并于同年通过认证，至今已经连续十六年通过国家有机茶认证。

（二）茶园管理技术特点

有机茶所有原料要求生长在生态环境良好、远离城市的区域。桃源有机茶园所在区域污染少，气候条件适宜，昼夜温差大，土壤腐殖质多，有机质含量高，营养元素充足，茶树抗性好，茶叶品质优异，为有机茶的生产奠定了良好的基础。桃源有机茶园位于海拔 800～1000 米之间，庄园中林木占 60%，茶树占 40%，自然植被覆盖率高，生物多样性优势明显。安溪县桃源有机茶场有限公司拥有有机茶园 133.33 公顷，其中铁观音品种是最早开始种植的，面积也最多，总计有 80 公顷；以后陆续建设了金观音、金牡丹等乌龙茶茶树良种，其中金观音 20 公顷、金牡丹13.33公顷、梅占6.67公顷，另外黄金桂、本山、毛蟹等乌龙茶良种占了6.67公顷。

（三）茶叶加工技术特点

1. 初制工艺

在茶叶初制加工上，引进一条不落地的智能化、标准化、清洁化、自动化乌龙茶生产线，主要构成的模块及特点如下：第一，做青模块。桃源有机茶厂采用的全自动乌龙茶生产设备，自动完成晒青、晾青、摇青和环境调控作业，毛茶品质优于传统摇晾分置做青，省工节能30%；集成冷热风吹干太阳能晒青，红外线晒青，自动摇青与摊青。这些自动化设备及控制系统使乌龙茶做青实现了智能化、标准化、清洁化、自动化。第二，杀青模块。杀青设备主要有两段，前段为连续式滚筒杀青机，后端配置连续式微波杀青机，该新能源杀青系统已获得国家实用新型专利。第三，包揉造型模块。采用自动揉捻型包揉造型机加工茶叶的成型过程接近于传统工艺，所制的茶叶紧结呈团，叶片较完整，制优率大幅提高，品质高于常规半机械化产品。第四，烘焙模块。采用自动烘干机，按照预先设定的温度和时间进行低温烘焙，最大限度保留了铁观音花香特色品质，且能够有限控制其含水量在5%以下。第五，控制模块。控制模块由触摸屏电脑控制，桃源有机茶厂应用计算机技术、电子技术和传感技术，开发出一套乌龙茶连续做青自动控制系统，可在手动和自动操作间自由切换，供不同操作水平的技术人员使用。

2. 精制工艺

茶叶精制加工主要由茶叶自动拣梗机、色选机、链板式烘干机、全自动包装机组成，通过输送带连接，通过电脑中央控制器，达到智能化控制。

3. 深加工技术

以有机茶为原料，采用超微粉研发技术和茶含片加工技术，让人们从“喝茶”到“吃茶”，满足消费者不同口味的需求。超微茶粉生产线的构成主要有连续式初粉碎机和精粉碎机、重金属挑拣设备、连续式微波干燥设备、全自动粉剂包装机，生产出的茶粉粒度达到800目以上。茶含片生产线主要由粉碎机、槽式搅拌器、粗造粒机、烘焙机、V型搅拌机、细造粒机、压片机和包衣机组成。可依据消费者口味调节茶含片配方，目前桃源有机茶厂已研制出抹茶口味和降三高茶含片两种产品。

有机茶庄园的成效与启示

（一）取得成效

通过茶产业物联网的搭建，实现了茶叶种植、生产、仓储到物流销售全过程的数字化、信息化、自动化与智慧化，采取规范化与精细化的控制，减少中间环节人工的干预，提高茶叶生产效率和质量；降低茶企的用工成本与劳动强度，建设后的用工由原来的98人减少到69人；改变传统茶农生产模式，提高茶园亩产的经济效益，茶园的蚊虫数量减少50%左右。

进一步探索了智慧农业技术集成应用解决方案和产业化模式，通过在产前、产中、产后各环节配备精准环境测控系统、生产过程管理系统、采后商品化处理系统以及农产品质量安全追溯系统，构建了茶叶物联网系统，实现了种植、初精制加工、深加工、仓储物流、销售的数字化。打造了中国智慧化茶庄园的样板，获得“国家数字农业试点项目”“福建省级智慧示范园”“全国商业企业文化优秀成果”“泉州市休闲农业示范点”“泉州市文化产业示范基地”“安溪县金牌茶庄园”等荣誉。

（二）启示

目前，茶产品企业种植加工方式落后，生产效率不高，生产与营销尚未形成联动机制。我国已进入智慧农业快速发展阶段，但中国多数茶企仍然没有意识到智慧化农业能给茶行业带来多大影响，物联网、大数据、云计算、智能化种植与加工管理在茶行业内未能被有效发掘并发挥最大价值。

在建设过程中，数据应用上还存在多处“痛点”。例如，有机肥、病虫害追踪系统拥有的数据并未全部被有效利用，行业内相关信息无法及时获取、共享。移除这些痛点，有赖于打造一个端到端的数据供应链，让数据流动起来，成为“循环农业”的一部分。通过数据供应链，企业可以不断从中获取数据，并利用从数据中获取的信息优化业务决定，提升盈利能力。特别是在盈利管理、风险管理、供应链管理、创新以及合规这五个方面，数据供应链将为企业带来诸多市场价值。目前，中国茶企仍然处于创建数据供应链的早期阶段，应抓紧打造。阿里、京东、网易等互联网公司通过对数字技术和网络平台的积极利用，使得中国打造“智慧农业”已经初具雏形，但是对绝大多数传统茶叶企业而言，打造数据供应链仍然是一个全新且长期的过程，希望能够从以下几个方面进一步完善：

第一，数据整合。创建一个能够支持数据的流动性、可见性和可获得性的数据服务平台。一旦数据源得以开放，要确保其可进入一个集全部数据于单一视图的虚拟数据层，让用户可通过标准化方式与数据平台进行互动。

第二，数据流通。有了获取数据的渠道还不够，还得让数据流动起来，对服务平台上的数据进行优先排序，重要的时限性数据要加速流动。重要的时限性数据存储于优化的缓存装置，从而实现快速传输。“数据库”则可以大量存储非时限性数据。

第三，数据分析。数据挖掘有助于识别隐藏在视觉互动和快速迭代中的问题，帮助用户更快速地获得数据价值。数据分析是数据挖掘的主要工具，须加以有效利用。

参考文献

［1］孙洪民．基于大数据的智慧农业物联网系统研究［J］．南方农

机，2019（23）：83.

［2］翟凌宇，孙凯旋．基于云计算的智慧农业物联网云平台［J］．软件，2020（1）：258—262.

［3］梁晶璇，郑琼娥．安溪茶庄园发展路径探索——以法国酒庄为借鉴［J］．中国茶叶加工，2019（3）：9—13.

［4］谭裴，叶敏，薛伟．一种智慧茶产业物联网平台设计与实现［J］．电信工程技术与标准化，2018（1）：43—47.

五、福建省茶业会展现状分析及对策研究

林琴琴　陈荣生*

摘要：文章定义了茶业会展内涵，通过2018—2020年福建省茶业会展统计结果，分析了福建省茶业会展活动发展现状及特征，提出构建省茶业会展信息服务与管理系统、利用资源优势打响区域茶业会展品牌、茶业会展进行市场化运作等促进福建省茶业会展健康发展等相关对策。

关键词：福建茶业会展　茶业会展经济

20世纪70年代以来，随着国际分工体系的深化和科学技术的进步，国际会展经济蓬勃发展起来。会展经济已成为继旅游、房地产之后崛起的又一个“无烟产业”。它的发展已成为评价一个国家国民经济发展，特别是第三产业发展的重要标志。依托在茶业区域经济体系中的茶业会展，已成为茶业经济发展的重要推动力，对促进区域茶业经济繁荣发展有着重要的意义。

* 林琴琴，闽江师范高等专科学校副教授；陈荣生，闽江师范高等专科学校教授。

茶业会展定义

“会展”是20世纪90年代中期才出现的一个新名词，在美国，会展被简称为“MICE”（Meeting，Incentive，Convention，Event），它包括各种类型的博览交易会、专业会议、奖励旅游和事件活动。关于“会展”的定义，国内外研究者至今未形成统一说法，但基本观点可大致分为两类，即广义会展观和狭义会展观，其分歧主要在于会展概念外延的限定范围上。综合福建省茶业会展情况，对“茶业会展”概念进行界定：茶业会展是指在一定的制度要求下、在一定的时间和空间内进行的一项有组织策划、确定预期目标的物质文化交流活动，包括竞技交流、商品交流和文化交流等，从而形成信息流、物流、资金流等，创造商机，进而直接或间接拉动茶产业发展的一种经济形式。

从组织方看，茶业会展一般由主办单位、承办单位共同完成，甚至包括指导单位、协办单位等。从类型上看，茶业会展一般包括茶业博览会、品牌推广活动、文化节、斗茶赛、品鉴会、论坛、茶话会等。

福建省茶业会展发展现状

从福建省茶业会展活动内容看，福建省茶业会展主要包含茶业博览会、品牌推广活动、文化节、斗茶赛四种类型，此外还有发布会、品鉴会、论坛等其他茶业会展活动类型。其中，斗茶赛在福建全省各地均有举办，在所有会展活动中斗茶赛最为丰富。同时，福建省茶业会展活动往往不是单一活动，还包含其他类型茶业会展主题活动，或几种类型茶业会展活动同时举办，或穿插在其他类型会展活动中。第14届福建省茶业博览会期间，配套举办民间斗茶赛、“武夷山水”品牌推介会、“万里茶道”环中国自驾游集结赛等一系列丰富多彩、精彩纷呈的主题活动；2020“闽茶中国行”活动现场设置了品茗互动区，展示多彩闽茶。

（一）茶业博览会

目前，福建省有影响力的茶业博览会主要有海峡两岸茶业博览会和中国厦门国际茶产业博览会（表 5-3）。海峡两岸茶业博览会 2007 年创办至今，历届由福建省人民政府及有关部委、单位主办，各地市政府承办，截至 2020 年已举办 13 届。海峡两岸茶业博览会在构建福建省茶产业发展平台、打响闽茶品牌、促进海峡两岸农业合作与交流中发挥了重要作用。

中国厦门国际茶产业博览会 2010 年创办至今，2018 年起举办春、秋两届，历届博览会由专业会展公司主办并承办。历经十年发展，中国厦门国际茶产业博览会已成为全球重要的茶产业采购平台和进出口贸易平台，积累了茶行业内数量庞大的海内外采购商，促进了茶业相关贸易连年增长，全面助力中国茶产业转型升级。

（二）茶品牌推广活动

福建省举办的品牌推广活动有区域茶品牌推广活动和县域茶品牌推广活动两种类型。2010 年，福建省在全国率先推出区域茶品牌推广活动——“闽茶中国行”。2010 年创办至今，历届“闽茶中国行”由海峡两岸茶业交流协会、福建日报报业集团、福建省农业农村厅、福建省文化和旅游厅、福建省供销合作社联合社联合主办，《茶道》杂志社承办，是政府、行业、企业及媒体联合推动茶产业发展的茶产业推广平台。目前，“闽茶中国行”已成功走过台湾、上海、河南、北京、南京、青岛、成都、西安、新疆、宁夏、澳门、重庆、呼和浩特、哈尔滨等 14 站。通过“闽茶中国行”，福建省茶产业跨出省界，向全国市场输出茶产品、茶文化和茶品牌，培育了福建省茶产业新的经济增长点，并逐渐树立起全国茶产业发展的标杆。此外，近年来福建省还推出“闽茶海丝行”，携手拓展闽茶在海外的市场占有率。

2005 年，安溪县推出县域茶品牌推广活动——“安溪铁观音神州行”，2013 年更名为“安溪铁观音美丽中国行”，历届“安溪铁观音美丽中国行”由安溪县委、县政府主办，足迹遍布全国。2018年，“安溪铁观音美丽中国行”在第二届中国国际茶叶博览会荣获“中国茶事样板十佳”称号，为推广安溪茶文化、茶品牌，助力安溪茶产业发展起到积极推动作用。

(三) 茶文化节

福建省各地都有举办各具特色的茶文化节，其中持续时间长，影响力较大的有福鼎白茶开茶节、大田中国高山茶文化节、漳平水仙茶开采节、梁野山采茶文化旅游节等。近年新兴的茶文化节有中华北苑贡茶文化节、福州春茶开采节、连江县长龙茶山文化节等。茶文化节对促进当地茶产业发展、集中展示当地茶产业发展成果、拓展国内外市场起到了积极推动作用。

(四) 斗茶赛

福建省举办的斗茶赛有民间斗茶赛和官方斗茶赛两种类型。民间斗茶赛以武夷山为甚，有武夷山天心岩茶村斗茶、茗川世府制茶能手大赛及“南茶飘香”制茶技能大赛等。其中，最有影响力的是武夷山天心岩茶村斗茶赛，举办地点在武夷山天心岩茶村。具有800年斗茶史的武夷山天心岩茶村至今已举办14届武夷山天心岩茶村斗茶赛，2017年“天心岩茶村”商标注册成功，使武夷山天心岩茶村斗茶赛更具品牌影响力，形成独树一帜的斗茶风尚。

福建省举办的斗茶赛多属官方斗茶赛，持续时间长、影响力较大的官方斗茶赛有海峡两岸民间斗茶赛、武夷山“中国茶乡杯”茶王赛、福州茉莉花茶茶王赛、“坦洋工夫”杯斗茶展示会、华安县铁观音茶王赛、尤溪县茶叶鉴评会、“政和白茶”全国斗茶赛、蕉城区“天山绿茶”杯斗茶赛、建阳区斗茶赛、建阳区水仙茶制作技能竞赛、寿宁高山茶斗茶赛、北苑贡茶茶王赛。这些官方斗茶赛为构建区域茶产业交流平台、打造区域茶叶品牌、拓宽区域茶叶销售渠道、拓展国内外茶叶市场等方面发挥了重要作用。

表 5-3 福建省主要茶事会展活动

类型	茶事会展名称	会展次数	会展特色
茶业博览会	海峡两岸茶业博览会	2007 年创办，至今已举办 13 届	构建福建省茶产业发展平台，打响闽茶品牌，促进海峡西岸经济区建设和海峡两岸农业合作与交流等。
	中国厦门国际茶产业博览会	2010 年创办，至今 2018 年起举办春、秋两届	全球重要的茶产业采购平台，同期举办的厦门国际茶叶包装设计展已成为重要的全球茶包装交易平台等。
茶品牌推广活动	闽茶中国行	2010 年创办，至今“闽茶中国行”已成功走过台湾、上海、河南、北京、南京、青岛、成都、西安、新疆、宁夏、澳门、重庆、呼和浩特、哈尔滨等 14 站	构建福建省茶产业发展平台，宣传福建茶文化，服务于茶产业的转型升级，摸索一条助推闽茶产业发展的服务方式。
	安溪铁观音美丽中国行（原名安溪铁观音神州行）	2005 年创办至今	构建安溪县茶产业发展平台，推广安溪茶文化、茶品牌。
茶叶文化节	福鼎白茶开茶节	2010 年创办，至今已举办 9 届	构建福鼎市茶产业发展平台，集中展示福鼎茶产业发展成果，为福鼎市茶产业拓展国内外市场起到积极推动作用。
	大田中国高山茶文化节	2006 年创办，至今已举办 15 届	构建大田县茶产业发展平台，集中展示大田茶产业发展成果，为大田县茶产业拓展国内外市场起到积极推动作用。
	漳平水仙茶开采节	2012 年创办，至今已举办 8 届	构建漳平市茶产业发展平台，集中展示漳平茶产业发展成果，为漳平市茶产业拓展国内外市场起到积极推动作用。
	梁野山采茶文化旅游节	已举办 5 届	构建武平县茶产业发展平台，以茶为媒、以茶兴旅，促进茶旅融合发展。

续表

类型	茶事会展名称	会展次数	会展特色
斗茶赛	海峡两岸民间斗茶赛(原为武夷山市民间斗茶赛)	2001年创办,至今已举办18届	为武夷茶品质的提升、茶文化的推广和茶产业的发展贡献力量。
	“坦洋工夫”杯斗茶展示会	已举办15届	构建福安市茶产业交流平台,创新茶品和制茶工艺,打响红茶品牌,扩大消费群体。
	武夷山天心岩茶村斗茶赛	已举办14届	为天下茶人搭建互动交流平台,为助力武夷茶文化产业健康可持续发展贡献力量。
	武夷山“中国茶乡杯”茶王赛	1999年创办,至今已举办13届	构建武夷山市茶产业交流平台,提升武夷山茶叶品牌影响力和知名度。
	华安县铁观音茶王赛	已举办13届	构建华安县茶产业交流平台,提升华安县茶叶品质和茶农制茶工艺,推动茶产业更快、更好发展。
	福州茉莉花茶茶王赛	2009年创办,至今已举办12届	构建福州茉莉花茶产业交流平台,打造福州茉莉花茶品牌,保护与传承全球重要农业文化遗产和国家级非物质文化遗产。
	尤溪县茶叶鉴评会	2006年创办,至今已举办11届	构建尤溪县茶产业交流平台,提高茶农种茶积极性和制茶水平。
	“政和白茶”全国斗茶赛	2012年创办,至今已举办9届	构建政和县茶产业交流平台,推介政和白茶,打造政和白茶品牌。
	蕉城区“天山绿茶”杯斗茶赛	2007年创办,至今已举办9届	构建宁德市蕉城区茶产业交流平台,打造蕉城茶叶品牌,拓宽茶叶销售渠道。
	北苑贡茶茶王赛	已举办9届	构建建瓯市茶产业交流平台,打造建瓯茶叶品牌,拓宽茶叶销售渠道。

续表

类型	茶事会展名称	会展次数	会展特色
	建阳区斗茶赛	已举办9届	构建建阳区茶产业交流平台，打造“建阳水仙”茶叶品牌，拓展“建阳水仙”国内外市场。
	建阳区水仙茶制作技能竞赛	已举办7届	构建建阳区茶产业交流平台，提高茶叶品质，打造茶叶品牌。
	寿宁高山茶斗茶赛	已举办7届	构建寿宁县茶产业交流平台，提升“寿宁高山茶”公共品牌知名度和美誉度。

从福建省茶业会展活动类型看，各地区开展茶业会展活动政府主导居多，缺乏统筹安排和市场化运作，未能进行区域优势互补，发挥区域茶业自然、经济优势，特色、高效地举办区域茶业会展活动。

福建省茶业会展发展特征

1. “线上”+“线下”会展模式成必然趋势

福建省各类茶业会展陆续开展“线下”与“线上”活动相结合模式，吸引更多人群参与茶事活动。第十二届至十四届海峡两岸茶业博览会突破传统营销模式，运用互联网思维依托百度技术、链接打造“云上茶博会馆、智慧云展区、请到武夷来吃茶展区”，以及“走茶道、鉴茶树、学制茶、观茶艺、赏斗茶、品茶宴、看印象、住茶宿”等线上体验形式，并通过“互联网+斗茶”等线上互动活动，吸引更多人群参与茶事活动。以第十二届海峡两岸茶业茶博会为例，武夷山、福州、上海共同参与“互联网+”斗茶赛，茶博会线上直播互动总曝光量达到1680万，在线参与人数139万，茶博会通过线上媒体宣传推广，展会期间武夷山景区人数同比增长9.3%。茶博会以“线上”+“线下”会展模式传递品牌符号，提升海峡两岸茶业博览会在全球的关注度与影响力，在打造永不落幕的茶博会上取得新突破。此外，2020 年福州春茶开采节通过互联网直播开采节活动，线上直播淘茶等活动；2020“朱子杯”海峡两岸民间斗茶赛全程使用“斗茶赛系统”应用软件，从报名、收样、分样、审评、公示数个环节代替人工作业，极大地提升了赛事工作效率，同时还引入了“永不落幕分会场斗茶”概念，在全国范围内对武夷山茶品牌进行推广。这些茶业会展活动无论是茶业博览会、茶文化节还是斗茶赛，不断突破传统思维模式，利用互联网工具推动了福建省茶品牌推广。

2. 区域茶业会展发展不平衡

从 2018—2020 年福建省茶业会展活动统计数据得出，福建省存在区域茶业会展活动主题雷同现象，茶业会展活动主要集中于斗茶赛类型，未能有效进行三产融合尤其是与当地旅游资源整合，未能有效开发本地茶业会展品牌。各地区茶业发展活动还存在发展不平衡问题：南平作为福建省茶园面积位居第三的茶产区，历年举办的茶业会展活动在举办次数上居首位，茶业会展活动类型最为丰富，除了茶叶博览会、茶文化节、斗茶赛等，还包括品鉴会、推介会等，茶业会展品牌效应明显。宁德作为福建省茶园面积最大的茶产区，历年举办的茶业会展活动相对稳定，会展品牌效应明显，如福鼎白茶开茶节、“坦洋工夫”杯斗茶展示会等，受新冠疫情影响，新兴的茶文化节举办次数下降明显。泉州作为福建省茶园面积位居第二的茶产区，新冠疫情影响下，2020 年茶业会展活动举办次数高于 2018 年，逐渐发挥茶业区域自然、经济环境优势，茶业会展经济优势趋显，会展品牌效应明显，如“安溪铁观音美丽中国行”，泉州市应持续举办“中国茶都（安溪）国际茶业博览会”等茶业会展，发挥茶业会展品牌效应。龙岩茶产区在新冠疫情影响下，2020 年茶业会展活动举办次数仍高于 2018 年，在政府、行业及企业积极推动下，茶业会展经济优势趋显。三明、漳州、福州茶产区 2018—2019 年茶业会展活动举办次数增加，受新冠疫情影响，2020 年茶业会展活动次数明显低于 2018 年，茶业会展经济优势趋弱。莆田区域自然、经济、政治社会环境优势不明显，历年举办的茶业会展活动呈下降趋势。厦门茶叶出口繁盛，集收购、加工、运销于一体，每年举办春、秋两届中国厦门国际茶产业博览会，茶业会展经济优势明显。

2018—2019年，福建省绝大部分地区的茶业会展活动呈增长趋势。由于2020年爆发的新冠疫情影响，除厦门之外的福建其他茶产区的茶业会展活动呈下降趋势。面对后疫情时代，区域茶业会展活动如何组合运作，突出茶业区域特色，更好地促进区域茶产业发展，是政府、行业和企业共同迫切需要解决的重大课题。

表5-4　福建省主要茶业会展活动会展次数（2018—2020）

产区	福建省主要茶事活动会展次数														
	2018					2019					2020				
	茶叶博览会	区域茶品牌推广活动	茶文化节	斗茶赛	其他茶事活动类型	茶叶博览会	区域茶品牌推广活动	茶文化节	斗茶赛	其他类型	茶叶博览会	区域茶品牌推广活动	茶文化节	斗茶赛	其他类型
福州	1	1	2	3	1	0	1	4	1	5	0	1	0	1	1
厦门	2	0	0	0	0	2	0	0	0	0	2	0	0	0	0
宁德	0	0	1	4	3	0	0	4	4	0	0	0	1	5	0
莆田	0	0	1	1	1	0	0	0	1	0	0	0	0	0	0
泉州	0	0	0	2	1	0	0	0	3	4	0	0	1	2	1
漳州	0	0	0	4	1	2	0	0	6	1	0	0	0	4	0
龙岩	0	0	0	1	0	0	0	3	3	1	0	0	2	3	0
三明	0	0	0	2	1	0	0	2	1	2	0	0	1	0	1
南平	1	0	3	10	3	1	0	6	8	4	1	0	3	5	1

备注：其他茶事活动类型包括发布会、品鉴会、论坛、茶话会、颁奖仪式等。

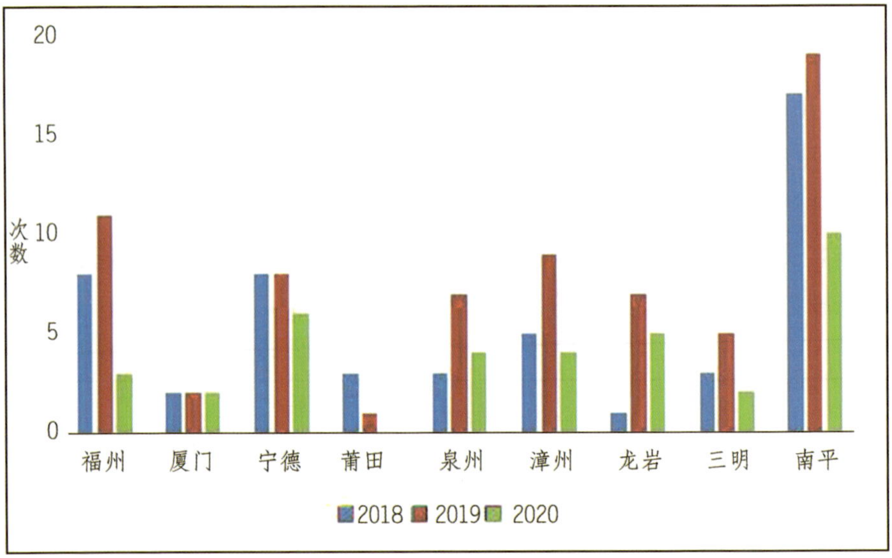

图 5-4 福建省各产区茶业会展活动举办次数（2018—2020）

3. 缺乏现代茶业会展管理手段

目前，福建省茶业会展活动举办方一般有三种构成模式：主办单位＋承办单位模式、主办单位＋承办单位＋协办单位模式、主办单位＋承办单位＋协办单位＋指导单位模式。大多数举办方由主办单位＋承办单位模式构成，因此对福建省茶业会展活动举办方的主办单位和承办单位相关信息进行统计分析（表 5-5）。

从 2018 年至 2020 年福建省茶业会展活动统计数据得出，南平作为福建省茶业会展活动最为活跃的地区，茶业会展活动基本由各级政府主导但呈下降趋势，非政府组织承办居多（如各级茶叶协会、茶业合作社和专业茶业会展公司）并呈上升趋势；福州作为福建省会城市，政府机构或组织主导占 33.3%，非政府组织主导趋势明显，政府机构与非政府组织共同承办趋势明显；厦门茶业会展活动由专业茶业会展公司主办并承办；宁德茶业会展活动由政府机构与非政府组织共同主导呈下降趋势，政府机构或组织主导呈上升趋势，政府机构或组织承办居多呈下降趋势；莆田茶业会展活动基本由非政府组织（如莆田市茶叶协会或专业茶业会展公司）主导并承办；泉州茶业会展活动基本由政府机构与非政府组织共同主导，政府机构或组织主导趋势明显，政府机构与非政府组织共同承办居多呈上升趋势；漳州茶业会展活动由政府机构或组织主导趋势明显，政府机构与非政府组织共同承办居多呈下降趋势，非政府组织（主要是各级海峡两岸茶业交流协会）承办呈上升趋势；龙岩茶业会展活动由政府机构或组织主导呈下降趋势，非政府组织主导趋势明显，非政府机构与非政府组织共同承办居多；三明茶业会展活动由政府机构或组织主导，非政府组织主导趋势明显，非政府组织承办趋势明显。

整体上，福建省茶业会展活动缺乏现代会展管理手段，茶业会展活动由政府主导并承办居多，专业茶业会展公司经营仅占一小部分，部分茶业区域的茶业会展活动政府主导趋势明显，如宁德、泉州、漳州、三明。同时，福建省茶业会展缺乏政府专业管理机构，茶业会展官方统计数据缺失。政府减少对茶业会展活动的行政干预，建立现代茶业会展管理制度，让茶业会展活动走专业化、市场化运作道路是未来茶业会展发展的必然趋势。

表 5-5　福建省主要茶业会展活动组织构成（2018—2020）

产区	年度	主办单位			承办单位		
		政府机构或组织（比例%）	非政府组织（专业会展公司等）（比例%）	政府机构与非政府组织合办（比例%）	政府机构或组织（比例%）	非政府组织（专业会展公司等）（比例%）	政府机构与非政府组织合办（比例%）
福州	2018	0(0.0)	3(37.5)	5(62.5)	1(14.3)	4(57.1)	2(28.6)
	2019	4(36.4)	3(27.3)	4(36.4)	2(22.2)	5(55.6)	2(22.2)
	2020	1(33.3)	1(33.3)	1(33.3)	0(0.0)	1(25.0)	3(75.0)
厦门	2018	0(0.0)	2(100.0)	0(0.0)	0(0.0)	2(100)	0(0.0)
	2019	0(0.0)	2(100.0)	0(0.0)	0(0.0)	2(100)	0(0.0)
	2020	0(0.0)	2(100.0)	0(0.0)	0(0.0)	2(100)	0(0.0)
宁德	2018	1(12.5)	0(0.0)	7(87.5)	2(50.0)	0(0.0)	2(50.0)
	2019	1(12.5)	2(25.0)	5(62.5)	3(60.0)	1(20.0)	1(20.0)
	2020	1(16.7)	1(16.7)	4(66.7)	2(50.0)	2(25.0)	1(25.0)

续表

产区	年度	主办单位			承办单位		
		政府机构或组织(比例%)	非政府组织(专业会展公司等)(比例%)	政府机构与非政府组织合办(比例%)	政府机构或组织(比例%)	非政府组织(专业会展公司等)(比例%)	政府机构与非政府组织合办(比例%)
莆田	2018	0(0.0)	3(100.0)	0(0.0)	0(0.0)	2(100)	0(0.0)
	2019	0(0.0)	1(100.0)	0(0.0)	0(0.0)	1(100)	0(0.0)
	2020	0(0.0)	0(0.0)	0(0.0)	0(0.0)	0(0.0)	0(0.0)
泉州	2018	0(0.0)	0(0.0)	3(100.0)	0(0.0)	0(0.0)	2(100)
	2019	2(28.6)	2(28.6)	3(42.9)	0(0.0)	1(25.0)	3(75.0)
	2020	1(25.0)	0(0.0)	3(75.0)	0(0.0)	0(0.0)	1(100)
漳州	2018	3(60.0)	0(0.0)	2(40.0)	1(20.0)	0(0.0)	4(80.0)
	2019	5(55.6)	1(11.1)	3(33.3)	1(12.5)	1(12.5)	6(75.0)
	2020	4(100)	0(0.0)	0(0.0)	1(16.7)	1(16.7)	4(66.7)
龙岩	2018	1(100)	0(0.0)	0(0.0)	0(0.0)	0(0.0)	1(100)
	2019	6(85.7)	1(14.3)	0(0.0)	0(0.0)	3(42.9)	4(57.1)
	2020	4(80.0)	1(20.0)	0(0.0)	0(0.0)	1(25.0)	3(75.0)
三明	2018	2(66.7)	1(33.3)	0(0.0)	1(33.3)	0(0.0)	2(66.7)
	2019	5(100)	0(0.0)	0(0.0)	2(40.0)	1(20.0)	2(40.0)
	2020	1(50.0)	1(50.0)	0(0.0)	1(33.3)	1(33.3)	1(33.3)
南平	2018	15(88.2)	1(5.9)	1(5.9)	5(33.3)	5(33.3)	5(33.3)
	2019	14(73.7)	3(15.8)	2(10.5)	5(41.2)	6(35.3)	4(23.5)
	2020	6(60.0)	3(30.0)	1(10.0)	5(25.0)	5(62.5)	1(12.5)

福建省茶业会展发展对策建议

1. 构建福建省茶业会展信息服务与管理系统

后疫情时代，福建省茶业会展活动“线上”+“线下”会展模式已成为必然趋势，“线上”会展即虚拟会展能够弥补“线下”会展即实务会展空间、时间限制。福建省应尽快制定虚拟会展管理规章，规范虚拟会展活动，利用互联网技术进行会展信息录入与管理，引入“斗茶赛系统”应用软件，搭建网上会展活动进行网上展览、网上招商、网上论坛，引入“互联网＋斗茶”等，创造“永不落幕的茶业会展”“永不落幕分会场斗茶”，统一、高效、安全、便捷地与实物会展协同发展。福建省应构建全省性的茶业会展信息服务与管理系统，建立茶业会展信息数据库，统计福建省茶业会展数据信息，为政府、组展商、参展商、企业、研究者提供茶业会展精准数据，促进政府、行业、企业及时了解市场需求，促进福建省茶业会展期间、“线上”、“线下”融合发展。

2. 利用资源优势打响区域茶业会展品牌

目前，福建省茶业会展活动已形成一定的茶业会展品牌。如海峡两岸茶业博览会、闽茶中国行、闽茶海丝行、中国厦门国际茶产业博览会等，福州、厦门、武夷山茶业会展中心城市已然形成。福建省要统筹规划，利用茶业会展中心城市辐射作用，不断带动福建省其他区域茶业会展经济。福建省各区域充分发挥资源优势，如泉州、漳州等充分利用其优越的地理优势、完善的城市会展设施和高效的会展服务体系，选择能够促进区域经济发展的茶业会展类型，不断拓展茶业会展活动规模，提升茶业会展品牌的影响力与竞争力，打响区域茶业会展品牌，发展茶业会展经济，推动福建省茶产业健康发展。

3. 茶业会展市场化运作，三产融合发展

目前，福建省茶业会展活动大都在政府主导下进行，缺乏市场化运作。福建省茶业会展应在市场机制前提下，通过专业会展公司，运用现代化的管理手段组织经营茶业会展活动。以茶业会展为依托，融入“互联网＋茶叶”“旅游＋茶叶”“文化＋茶叶”“绿色会展”等新兴业态，发展特色会展经济，调整产业结构，培育茶业会展经济新增长点，尤其是整合区域文化旅游资源，将茶业会展与举办城市文化旅游资源相结合，促进三产融合发展，推动举办城市经济发展，进而带动福建茶产业的整体发展。

参考文献

［1］于海漫，欧小芳. 中国会展业品牌报告（2014）. 中国文化品牌发展报告［M］. 北京：社会科学文献出版社，2014：325.

［2］康海燕，夏淑婷. 茶业会展经济对我国茶业经济发展的影响分析［J］. 福建茶叶，2016（4）：79—80.

［3］陈淼芬，周跃斌. 促进茶业会展经济发展的策略探讨［J］. 茶叶通讯，2011（4）：36—39.

［4］陈志平，刘松萍，余国扬. 会展经济学［M］. 北京：经济科学出版社，2005.

［5］王书翠. 会展业概览［M］. 北京：立信会计出版社，2004：38—47.

［6］海峡两岸茶业博览会概况［EB/OL］. 2016—02—25［2020—10—25］. https：//baike. baidu. com/item/%E6%B5%B7%E5%B3%A1%E4%B8%A4%E5%B2%B8%E8%8C%B6%E4%B8%9A%E5%8D%9A%E8%A7%88%E4%BC%9A/6981913? fr=aladdin.

［7］中国厦门国际茶产业博览会官网［EB/OL］. 2020—10—25［2020—10—25］. http：//www. teafair. com. cn/Cn/.

［8］“闽茶中国行”讲述福建好茶的故事［EB/OL］. 2017—12—07［2020—11—20］. https：//www. sohu. com/a/209058124_671497.

六、福建省茶叶标准化研究现状及发展对策

邓慧莉　邹明忠　张继驰*

摘要：完备的茶叶标准在世界贸易中占据重要的位置，茶叶标准化是提高茶叶质量的保证，是茶产业发展的重要基础，更是可持续发展的重要依据。文章阐述了茶叶标准化概念及茶叶标准体系的分类，分析福

* 邓慧莉、邹明忠、张继驰，闽江师范高等专科学校教师。

建省茶叶标准研究现状并指出茶叶标准化发展过程中存在的问题，并对福建省茶叶标准提出相应发展对策。

关键词： 茶叶 标准 对策 现状

茶叶标准化及茶叶标准体系

茶叶标准化，就是对茶叶栽培、加工生产的整个过程制定、实施相应的标准，促进茶叶的生产和贸易，从而取得最佳的经济效益、社会效益和生态效益，使茶叶产品的卫生与质量符合消费者的需求，以达到提高茶叶生产水平和竞争力的目的。

推进标准化工作，建立完善的茶叶标准体系，提升标准化意识，是保证茶叶质量与安全、创造具有影响力的茶企和茶叶品牌的重要基础。完善茶叶标准体系的过程可以进一步提升效益，提高福建省茶叶的竞争力，实现茶叶可持续发展，是发挥福建省特色茶区的茶叶加工技术、提升茶产业综合竞争力的重要保证。积极抢占茶叶类相关国际标准的制修订权和话语权，对提升福建省茶叶价值、规范茶叶国际贸易意义重大。

我国茶叶标准体系由国家标准体系（茶叶）、全国茶叶标准化技术委员会体系和《茶叶标准体系表》（GH/T 1119—2015）三个部分组成，其中标准体系表包括茶叶通用（包括基础、质量安全、方法、物流等）标准，各茶类（绿茶、红茶、乌龙茶、黑茶、黄茶、白茶、其他类）标准，再加工茶类（花茶、压制茶、袋泡茶、粉茶、速溶茶、调味茶）标准。

福建省茶叶标准研究现状

福建省茶产业持续、稳步发展，同时也极大地带动了与茶产业相关产业的发展，增加了农村劳动力就业、创业机会，全省涉茶人数超过300万，约占全省人口的1/10。

(一) 福建省茶叶标准化发展现状

全国茶叶标准化技术委员会乌龙茶、白茶以及红茶工作组设立在福建省，福建省主要参与负责乌龙茶、白茶和红茶三大茶类相关标准的制(修)订等管理工作，对三大茶类的国家标准也有起草发言权，这在一定程度上推动和发展了福建茶产业标准化工作。

2017 年 10 月，福建省茶产业标准技术委员会（以下简称茶标委）成立，从一定程度上为提高茶叶产品质量、打造福建特色茶产业品牌打下重要基础。面对福建茶产业转型升级、做大做强，茶标委也能提供有力的技术支撑，这对于福建省未来茶产业发展来说是一个崭新的发展平台。

福建省是全国白茶、乌龙茶、红茶、花茶以及茶叶电子商务标准化工作组的秘书处所在地，目前现行有效的茶产业相关地方标准 113 项；开展了 17 个国家级和 41 个省级茶叶类标准化试点示范建设；10 个茶叶类产品获得国家质检总局批准，在产地实施地理标志产品保护，其中武夷岩茶、安溪铁观音、福鼎白茶、坦洋工夫还纳入“中欧 100＋100”地理标志互认互保范围。

(二) 福建省茶叶标准的制定与修订

福建省围绕茶产业的转型升级、绿色生态、高质量发展以及两岸茶产业标准共通等工作，重点开展三产融合、茶叶流通、茶叶电商、茶赛、茶博物馆、茶文化等相关标准的制定。

1. 国际标准与国家标准

2020 年，福建省实时跟踪国内外茶产业标准研制情况，及时更新茶产业标准体系，《乌龙茶》国际标准获立项，提高了福建省茶叶产品在国际上的竞争力；《台式乌龙茶》(GB/T 39562—2020)、《台式乌龙茶加工技术规范》(GB/T 39563—2020) 2 项国家标准发布，标准的实施能够促进规范台式乌龙茶的标准化生产，稳定台茶市场，为两岸茶产业融合发展提供助力，对于两岸农业“发挥优势、合作双赢、促进发展”有着重要意义。另外，福建省还参与制定《乌龙茶第9部分：白芽奇兰》国家标准。

2. 福建省地方标准、团体标准及行业标准

制定与发布《台式乌龙茶 茶树栽培管理技术规范（DB35/T 1908—2020）》、《台式乌龙茶茶树品种》（DB35/T 1907—2020）、《白茶品种》（DB35/T 1909—2020）、《花茶烘青坯加工技术规范》（DB35/T 1910—2020）、《白茶储存技术规范》（DB35/T 1896—2020）、《白茶茶树栽培管理技术规范》（DB35/T 1897—2020）、《山地有机茶园“茶—草—菌”生产技术规范》（DB35/T 1898—2020）等8项省地方标准。

乌龙茶相关标准的完善对指导台式乌龙茶适制品种的选择繁育、栽培管理和推广应用，提高台式乌龙茶品质，提升产业竞争力，促进两岸交流具有重要的作用。《白茶品种》和《花茶烘青坯加工技术规范》两项省地方标准的发布，进一步完善了白茶和花茶标准体系内容，规范品种选育、生产和加工，引领福建茶产业的高质量发展，有利于推动我国茶叶加工的标准化进程。《白茶储存技术规范》《白茶茶树栽培管理技术规范》两项省地方标准的发布，完善了白茶生产相关标准技术规范，引领福建省白茶产业的高质量发展，有利于推动我国白茶标准化进程。同时，《白茶储存技术规范》的标准填补了具有特殊属性的白茶在储存方面没有技术标准的空白。《山地有机茶园“茶—草—菌”生产技术规范》为从事有机茶种植的从业者改善茶园生态、促进茶园提质增效提供了较好的技术和模式参考。

此外，福建省茶产业标准化委员会联合海峡两岸茶业交流协会制定了《地理标志证明商标松溪绿茶》《建阳白茶》等12项团体标准，有效地推动了福建省茶产业高标准、高质量发展。行业标准《花果香型红茶加工技术规程》（GH/T 1296—2020）有利于我国红茶产业的健康发展，对完善我国茶产业标准体系具有一定的推动作用。

福建省茶叶标准化发展中的问题

1. 茶叶质量安全问题

在建立茶叶标准化示范区、推广生态茶园建设的过程中，应进一步提高茶叶产品质量安全水平，并提升闽茶影响力。福建省茶叶质量安全总体呈稳中有升态势，但仍存在农残超标、食品添加剂、有害微生物残留等问题。另外，茶叶稀土超标问题直接制约我国茶产业的发展，影响我国茶叶产品的出口，福建省乌龙茶出口贸易也受到巨大影响。虽然目前已取消《食品安全国家标准，食品中污染物限量》中的稀土限量，但消费者对于稀土问题仍然十分关注，影响茶叶市场的发展。

2. 标准化体系不完善

就目前的标准整体情况看，我国的企业标准、行业标准和国家标准已相对完善，但同时，还应看到现有标准体系的不足之处。福建作为产茶大省，在贯彻落实茶产业相关政策法规、行业、团体标准之外，还牵头或参与制定或修订许多茶叶或茶叶相关标准。同时，福建省在参与制定茶叶标准化体系的过程中仍存在许多问题，标准制定的周期长、更新速度慢，导致现有茶叶标准水平和茶叶进口国的相应标准仍然存在差距。

3. 监督执行力度问题

福建省茶叶质量安全存在问题的部分原因在于茶叶市场不够规范、茶叶标准监督执行力度不够。首先，国内茶叶市场制度不够完善和规范，没有明确的市场监督管理机制，茶叶产品质量大打折扣。由于茶叶生产和销售多采取分散式，准入门槛低，销售者从批发市场或茶农手里直接买入茶叶进行销售，造成茶叶市场产品质量参差不齐。

4. 福建省茶叶出口的贸易壁垒

目前，我国现行有关茶叶的农药残留限量及污染物的限量项目只有50多项，而欧盟有关茶叶的农药残留限量及污染物的限量项目有227

项，日本则更多，有 276 项，差异悬殊。我国茶叶重要出口国的农药残留限量标准仍在不断提升，这将成为福建省茶叶出口最主要的技术性贸易壁垒。

福建省茶叶标准发展对策

1. 健全茶叶标准化管理体系

首先，须建设一套科学性和权威性强的茶叶标准化质量体系。其次，须细分好政府各层级和各部门在茶叶质量安全标准方面的责任，形成高效率、高层次、常态化的管理机制，使各个部门协调负责、人员齐备、各司其职、科学管理、高效运行。最后，要抓住协同创新这一时代命题，通过产、学、研、用融合创新，促进福建茶叶标准化的可持续发展。

2. 完善茶叶质量安全标准化体系

福建省应积极参与福建乌龙茶、白茶、花茶等的相关质量标准的制定和审定工作，在参与茶叶相关国家和国际标准制定过程中积极维护福建茶叶发展的正当权益，并争取在相关茶叶标准制定和修订方面拥有话语权。建立健全与国际接轨的茶叶标准，为我国茶叶出口企业的生产和销售提供参照。以发达国家或者地区茶叶进口标准为参考。通过不断调整，修订和更新现有标准体系，规范我国茶区、茶企和茶农生产，并争取获得相关国际认证，着力提高茶叶标准化水平，生产国际性茶叶产品。

3. 加强茶叶地理标志产品保护

要加大力度进行地理标志保护产品和商标证明等茶叶区域公用品牌的使用管理办法，建立健全严格的茶叶品牌标识使用准入与退出办法，对企业或组织，只要符合规范，可进行标贴发放并授予。进一步加强标识使用企业的监管力度，若企业不规范使用标识，且整改不到位，可进行标识使用权回收。在质量监督抽查中质量不合格的茶企，注销其地理标志产品使用权。进一步加强地标产品保护工作成效，合理引导地理标志产品保护区域内各茶叶企业使用专用标志，强化地理保护专用标志的管理，规范专用标志的使用，发挥地理标志产品保护工作的经济与社会效益。

参考文献

[1] 曹铭. 关于全国茶叶标准化研究 [J]. 商品与质量，2012(11)：319.

[2] 翁昆，沈红. 我国茶叶实现标准化生产的意义 [J]. 中国茶叶加工，2006 (4)：8—9.

[3] 高峰. 福建积极推进茶叶标准化生产 [J]. 中国茶叶，2010(1)：7—9.

[4] 尹祎.《中国茶叶标准化工作》系列讲座之一茶叶标准的分类及其标准体系 [J]. 中国茶叶加工，2020 (1)：68—70.

[5] 赵慧. 福建茶产业发展现状与对策建议 [J]. 发展研究，2018(6)：71—76.

[6] 福建宁德市出口茶叶质量安全示范区通过省级验收 [J]. 中国茶叶，2015 (8)：36.

[7] 张居德. 宁德市茶叶质量安全监管工作的主要措施 [J]. 福建茶叶，2013 (5)：46—47.

[8] 李越，陈喻伟. 基于农残标准立法的茶叶质量安全问题分析[J]. 中国茶叶加工，2015 (5)；69—72.

[9] 曾华. 桃源县茶叶质量安全现状与提升对策 [J]. 茶叶通讯，2015 (2)：62—64.

[10] 高海燕. 关于我国茶叶质量安全标准的探讨 [J]. 广东茶业，2013 (3)：10—12.

[11] 陈荣冰. 加快推进福建茶业标准化　进一步提升茶叶质量安全 [J]. 福建茶叶，2010 (5)：2—5.

[12] 郭燕茹. 我国茶叶质量安全现状、问题及保障体系构建 [J].

林业经济，2014（7）：98—101.

［13］郑国建，陆小磊. 国内外茶叶标准分析研究［J］. 中国茶叶加工，2014（3）：5—10.

［14］郭志毅. 提高当前茶叶质量安全水平的对策思考［J］. 中外企业家，2013（8）：280.

七、安溪县茶产业电子商务高质量发展研究

郑堤姑　孙　丹*

摘要：安溪县在“互联网＋”的背景下，主动抓住电商发展机遇，成功推动了安溪县茶产业的电子商务快速发展。但在安溪县茶产业电子商务发展过程中，也存在茶叶品牌众多、茶叶价格混乱、未形成核心竞争力等问题。本文梳理安溪县茶产业电子商务发展的现状，结合电子商务发展的新零售等特点，为安溪茶产业电子商务高质量发展提出针对性举措。

关键词：安溪茶产业　电子商务　高质量发展

近年来，安溪县不断推进电子商务规范发展，产业发展迅猛。截至2020年4月，全县电商店铺共计12282家，其中，电商企业5635家，主要涉及茶叶、工艺品、食品包装、广告传媒、物流、仓储、网络营销、第三方服务、教育培训等行业。据不完全统计，2019年全县电商零售额达107.92亿元，比增30.54%，年销售额超500万元企业130家，在泉州市网络零售额中排名第4位。电子商务综合服务体系为安溪县茶产业的发展注入了新动力，安溪县茶产业的高质量发展也要依托电子商务平台。

---

* 郑堤姑、孙丹，闽江师范高等专科学校教师。

安溪县茶产业电商发展现状

(一) 安溪县茶产业发展成效

安溪县以品牌发展为核心，致力推动茶产业发展。截至2019年底，全县修复2200公顷茶山生态，推广有机肥替代化肥示范基地6667公顷。获国家现代农业产业园首批认定，出台扶持茶业三产融合发展若干措施，支持茶庄园健康发展。安溪铁观音茶文化系统入选全球重要农业文化遗产预备名单。全县现有茶叶专业合作社1076个（国家级示范社4个，省级示范社41个，市级示范社59个，县级示范社64个），家庭农场602家，茶园生产合作、质量联控比例达48%以上。依托电商产业园以及和多个电商平台开展合作，大力发展电子商务和跨境电商，形成线上线下融合发展的格局。由传统市场向“线上线下融合、国内国外并进”加速转变。打造了“安溪铁观音美丽中国行”（荣获中国茶事样板十佳）等一批堪称业界经典的茶事活动品牌。连续成功举办7届中国茶都安溪国际茶业博览会、3届安溪铁观音大师赛，承办第17届国际无我茶会，不断提升品牌知名度、美誉度。

(二) 安溪县茶产业电子商务发展新特点

安溪县政府加大该县电商发展扶持力度，完善各项服务制度，推出多项优惠措施，提高电商人员专业素质，不断促进该县电商行业发展。多年的发展与积淀使安溪县电商产业成为全国农村电子商务发展的典范，先后获得“省级农村电子商务示范村”“全国十佳电子商务促进乡村振兴案例”“中国淘宝村”等荣誉。电子商务成为安溪县茶产业发展的重要手段，助推了安溪县茶产业的快速发展。

表 5-6 2019 年农产品线上销售 10 强县

排名	县	市	省份	特色产品
1	沭阳县	宿迁市	江苏	花卉、绿植、多肉
2	安溪县	泉州市	福建	茶（铁观音、金骏眉）
3	栖霞市	烟台市	山东	水果（苹果）
4	临安区	杭州市	浙江	坚果（山核桃）
5	丰县	徐州市	江苏	水果（苹果）
6	武义县	金华市	浙江	茶（花果茶）
7	武夷山市	南平市	福建	茶（大红袍、金骏眉）
8	赣榆区	连云港市	江苏	水产品
9	兴化市	泰州市	江苏	调味品
10	福鼎市	宁德市	福建	茶（白茶）

数据来源：根据《中国县域年鉴统计》整理。

如表 5-6 所示，福建省的茶产业电商发展较为快速，特别是安溪县，依托铁观音、金骏眉等特色茶产业，荣登中国农产品销售强县第 2 名。2012 年以来，在安溪县政府的推动下，阿里巴巴、京东等国内龙头电商企业直接入驻安溪，为安溪茶叶电商发展插上翅膀。以安溪当地龙头企业为例，八马茶业在 2018 年的双十一，在各电商平台的销售额累计 1600 多万元，单数高达 146979 单。

（三）直播带货成为安溪茶产业电商发展的新突破口

根据阿里研究院的相关数据，安溪铁观音凭借直播成为 2019 年农产品直播成交量的第九名。在安溪县政府的对外披露新闻中，特别是 2020 年以来，安溪县县长、副县长纷纷走进直播间，开启了直播带货销售茶叶的新模式。2020 年 1 月，安溪县与拼多多携手举办“好茶不贵”——安溪铁观音“新品牌计划”大会。云岭茶叶、魏荫名茶、闽州浓韵汇茶叶、冠和茶叶等首批 8 家龙头茶企与拼多多结成“安溪县茶产业新品牌联盟”，并入驻“安溪铁观音集体品牌馆”。在多次直播活动中，靠着积累的人气和当天火热的直播活动，50 多万网民进入直播间，展馆中的安溪铁观音冠和名茶 GH902 这一茶叶单品销量近 1000 件。2020 年 1—8 月，安溪县累计网络零售额 139.99 亿元，比增 43.4%，茶叶类 31.08 亿元，比增 54.4%，安溪县茶产业顶住了新冠疫情的冲击，利用电子商务模式走出了一条新路。

安溪茶产业电商发展面临的问题

1. 茶叶线上销售价格没有统一标准，市场定价混乱

以淘宝平台为例，输入安溪茶进行搜索，搜索结果显示前 100 页，4800 条，涉及品牌 28 个，品牌参差不齐，价格在 100 元以下的搜索结果有 864 条，价格在 300 以上的仅为 480 条，比起线下销售店，线上高端市场不足。这主要是由于顾客在茶叶产品上对电商平台的信任度不如线下实体店，线上销售的只能是价低量大的普通茶叶，而愿意出高价格的顾客往往选择线下购买。

2. 茶叶品种、企业及品牌众多但用户缺乏黏性

天猫、京东、淘宝、亚马逊、拼多多等已成为茶叶网络销售的重要交易平台。网上茶叶店数量越来越多，但这些茶叶店规模一般较小，且茶叶品牌杂乱，致使茶叶质量难以得到保证，经常发生假冒安溪茶叶的现象，整体对安溪茶叶品牌产生了冲击，在一定程度上引发了品牌信任危机。同时，对于安溪茶叶品牌的统一对外形象仍没有一个比较标准的宣传，受限于电商企业刷单的情况，消费者在网上仍存在无法真实掌握品牌好、质量优的茶叶，部分电商企业买信誉、刷好评，利用非法竞争手段进行推广等，这在一定程度上制约了茶叶企业电商的顺利发展。

3. 网上购买茶叶存在劣币驱逐良币的现象

网络购物不比线下对商品有明确的直观感受，线上购买消费者对于茶叶的信息掌握存在不对称现象，消费者的购买意愿以及支付金额较小。同时，茶叶的市场价格并非完全由市场供给和需求决定，故消费者愿意在网络购买的茶叶价格一般较低，选购时候价格成为主要因素。因

此，质量差、价格低的茶叶成为更多消费者的选择，而质量优、价格高一些的茶叶反而购买人数少，大量的劣质茶叶充斥网络市场。此外，茶叶“添加色素”等违规经营行为以及“减肥”“抗癌”“抗衰老”及“防辐射”等虚假功能描述及虚假宣传事件时有发生，此类频发的欺诈或误导消费者的违法或违规经营行为，进一步拉低了网上购茶的可信度。

安溪县茶产业电商高质量发展路径选择

1. 线上线下融合模式不断创新

新时代消费者对网络购物的复购率主要取决于上次购物的消费体验、产品使用满意度、物流配送效率等。为了进一步提升消费者的购物体验，在促进安溪产业电子商务高质量发展上，必须注重线上线下融合模式的不断创新，以线下实体店销售模式与线上销售模式相融合，让消费者对线上消费具有信任度。同时，针对不同的消费者，分层次打造订单式茶叶，实现新茶产业与新零售的完美结合。

2. 逐步完善配套资源

结合安溪地理位置靠近厦门，但是现有配套不足的情况，可以考虑加强电商产业园等基础设施建设，在人才引进上更加柔性，鼓励优秀人才返乡进行电商创业；在教育和医疗资源上可以借用厦门资源，采用优秀人才特批双城办公模式；在现有政府的“茶十条”上，企业在对人才的培养、柔性使用上多下功夫，利用茶叶行会的资源，在品牌建设、传帮带上争取做出像安溪铁观音一样的茶电商品牌。

3. 国内跨境双平台同发展

在目前跨境电商发展态势较好的情况下，可以考虑有所侧重地发展茶叶跨境电子商务，在具体实施过程中，可以引入培育第三方跨境电商服务商，为茶叶跨境电商大卖家、茶农、茶叶加工商等关键群体提供增值服务。

参考文献

[1] 县长带货直播 为安溪“双铁”拼单 [EB/OL]. 2020—4—28. [2020—9—1]. http: // www. fjax. gov. cn/zwgk/xwzx/axyw/202004/t20200428_2230895. htm.

[2] 吴凯雷. 茶叶企业的电子商务营销研究 [J]. 农业考古，2017 (2)：99—102.

[3] 李银萍. 互联网+时代安溪茶产业发展对策研究 [D]. 集美大学，2018.

[4] 颜谢霞. 跨境电商对茶产业发展的促进作用研究 [J]. 福建茶叶，2018 (6)：26—27.

八、光泽县干坑红茶的发展现状与对策研究

吕 军*

摘要： 光泽县干坑村位于华东屋脊武夷山脉核心地带，是世界红茶的主要发源地之一，盛产小种红茶。本文在专题调研基础上，通过梳理光泽县干坑红茶产业发展现状，分析干坑红茶产业发展优势和存在问题，提出光泽干坑红茶产业发展对策，为提升干坑红茶内在价值，提高干坑红茶在国内外市场关注度，进而推动光泽县干坑红茶产业快速发展提供参考。

关键词： 干坑红茶 优势 发展对策

2019年世界茶饮料市场规模约550亿美元，红茶的消费量在各大茶类中稳居第一，各式奶茶及网销的茶饮的兴起，使年轻一代逐渐成为（红）茶饮消费的主力军，红茶占据茶饮消费主要市场。中国是茶叶原产地，也是世界产茶大国，但目前国内红茶的生产仍无法满足国内消费

* 吕军，光泽县农业农村局。

需求。从我国进口茶叶类型与比例上看，红茶进口份额占总量83%以上，主要来自印度的大吉岭和阿萨姆红茶、斯里兰卡红茶和肯尼亚红茶等。

光泽县干坑地处该县东北部，与江西贵溪、铅山交界，与武夷山市挂墩、桐木接壤，干坑村与桐木村分别位于武夷山脉两侧，生态环境接近，所产红茶属正山小种红茶。光泽县司前乡的干坑林场是小种红茶的主产区，其主产的干坑红茶仍然保留传统的正山小种烟熏制作工艺，品质优异，滋味浓厚甘醇，深受茶人青睐。乾隆二十四年（1759 年）编撰的《光泽县志》第四卷物产篇中对光泽茶叶生产区域和当地茶树就有详细描述。因关注度低等原因，目前干坑红茶尚未被市场广泛认可，其价值被严重低估。

干坑红茶产业发展现状

光泽县地处武夷山脉北麓，武夷山国家公园核心区有约 2 万公顷原始森林和约 6667 公顷缓冲区在光泽县境内。光泽县域面积 22.38 万公顷，人口 16.02 万，与江西省的黎川、资溪、贵溪、铅山县及本省的邵武、建阳、武夷山等市区接壤。光泽县山多地少，山林面积近 20 万公顷，森林覆盖率 78.6%以上，大气环境和水环境质量分别达到国家一级和二级标准。境内适合茶树种植的面积达到 6667 公顷以上，现有茶园近 3400 公顷，重点产茶乡镇司前乡茶园茶山面积 1260 公顷，以生产小种红茶为主。2020 年，光泽县入选中国茶叶流通协会评出的“全国茶叶百强县”。

（一）干坑小种红茶产业的基本情况

干坑区域内茶山分布面积超过 800 公顷，较大连片集中的区域有横坑、陈家排、崩山、官坛、莲花际、大坑等山场，陈家排和横坑的连片面积 134 公顷，海拔 1300 米，是高海拔地区野生小种茶树分布最大的区域，树龄多数长达百年以上，高度普遍 2 米以上。现有注册茶叶企业先农、荣恒等 4 家，合作社 4 家，家庭农场 1 家，家庭式生产加工作坊

75家，但生产规模相对较小，2020年总产量28吨，平均销售价格400元/千克，优质没有实现优价，经典红茶价值被低估。干坑小种红茶部分为县内茶人和居民日常生活消费品，占总量的30%左右，其余主要销往省内福州、厦门、泉州等地及江浙、山东、河北等地区，保留的传统松烟香味红茶仍然受到红茶爱好者的青睐，四川、重庆、广东、广西等地区都有一定的消费群体。

（二）干坑红茶产业发展的优势

1. 干坑自然生态环境条件优越

干坑林场隶属于司前乡政府，以场带村，下辖里溪、干坑、麻树坑、崩山、官坛、雷家、洲上、排上、莲花际等自然村落，区域内有九龙坑、横坑、陈家排、大坑、香炉峰等。干坑森林覆盖率90%以上，是武夷山国家公园核心区的重要缓冲区，次原始森林、毛竹、阔叶林以及野生茶树随处可见，动植物资源非常丰富，生态环境优良，空气和水质均达到国家Ⅰ类标准。平均海拔1000米，年平均温度14.6℃～16.7℃，年降雨量1900—2200 mm，华东屋脊香炉峰位居光泽县司前乡干坑林场，是登山爱好者公认的华东K2线的起点。

2. 干坑茶树资源极为丰富

干坑境内野生茶树资源极为丰富，目前已发现多处树龄达三四百年的野生小种茶树群落，大部分通过自然界鸟类、鼠类及雨水传播自然繁殖，保持了茶树的生物学多样性，表现为茶叶片锯齿明显，节间长，叶长披针形。2010年，干坑小种茶树被福建省列入优异茶树种质资源保护，是制作传统正山小种红茶的原料。干坑雨量充沛，植被茂密，山高林密，山野中常年云雾缭绕，茶树基本处于散射光条件下生长，自然条件极为优越，因而茶叶品质独特，高山韵味浓厚。这些野生茶和人工播种繁衍的茶树分布在竹林下、道路边、水涧旁、石缝中，散乱生长，除了清理杂草以外没有其他生产管理，加上道路崎岖、路途遥远，采摘运输极为困难，因此虽然分布面积广，但产量有限。

3. 干坑红茶人文历史底蕴深厚

干坑地区依托野生小种茶树资源制作红茶历史悠久，据史书记载可以追溯到明末的1510年。《中国茶经》描述正山小种产地“以庙湾、江墩为中心，东至崇安皮坑口，南至建阳黄毛岗，西至光泽司前干坑，北至江西武夷山镇，西南到邵武观音坑，面积约5.56万公顷”。干坑小种红茶明末清初被誉为“天字号”，享誉欧洲，深受达官贵人追捧。陈家排通往桐木、星村的茶马古道依稀可见，干坑红茶过去一般是年前接受定金预定，次年制作完成后再通过古道送到星村交货。

干坑现有正山小种非物质文化遗产传承人吴寿财、陈上荣、肖育平等三位，其中吴氏茶社的老茶农吴寿财是吴氏家族制茶的第九代传人，世世代代在崩山做茶，技艺精湛。横坑百年老厂全部用石头砌成，上下两层，旁边一栋废弃损坏的“青楼”，断垣残壁，记录了历史变迁和岁月的风霜；陈家排茶山边一栋废弃的两层建筑，斑驳陆离中依稀露出繁华时光的端倪；崩山脚下历经几百年风霜的香榧林和随处可见的香榧树，为干坑的植物多样性和历史增添了更翔实的佐证。

（三）干坑红茶产业发展存在问题

1. 交通条件差，基础设施落后

干坑距离光泽县城八九十千米，经过两个乡镇，山路崎岖，蜿蜒曲折，主要通道一是经司前过西口，再到达干坑林场场部；二是经过武夷山国家公园高家水库清溪村过西口再到达干坑林场，虽为水泥硬化路面，但路窄弯曲，加上林业产品运输车辆较多，通行不便，制约了人员进出干坑的积极性，也造成运输成本高，影响了对各界人士的吸引力，导致物产虽丰富但经济效益无法显现。

干坑范围内只有少部分茶山有机耕道通达，大部分为泥石路面，车辆通行困难；偏远的茶山车辆无法到达，唯一的交通工具是摩托车，有的茶山依靠步行。茶山上大小石头散乱分布，条件较好的有简单的步行道，大部分没有便道，管理、采收比较困难。茶叶生产的用地资源紧缺，加工设备比较少。

2. 人才队伍欠缺

家庭式作坊几十家，制茶工艺参差不齐，非物质文化遗产传承人虽有三位，但整体制茶水平不高，而且制茶技术队伍年龄普遍偏大，梯队建设滞后。营销人员以及茶文化旅游相结合的管理团队尚未建立，对干坑资源的开发利用认知清晰的人员队伍有待扩大。

3. 产业规模小，生产标准混乱，效益低

干坑红茶产业缺乏系统、专业、长远的发展规划；茶叶产业规模小，以茶农单家独户自给自足式的作坊式生产为主，生产规模化企业和合作社寥寥无几。家庭作坊式生产的茶农，各自为政，对干坑红茶缺乏统一的维护意识，没有遵照茶叶标准化生产管理，目前只有三家 SC 认证企业，标准化厂房四座。这种以农家副业式为主的生产方式，生产加工比较随意，没有统一的标准化红茶生产模式，且制茶工艺参差不齐，茶叶加工标准化程度不够。因此，干坑红茶的口感有差异，难以做到"优质优价"，经济效益和社会效益低。干坑小种茶的种质资源保护区、干坑小种红茶地理标志等资源没有得到很好地开发利用。

4. 品牌宣传不足

至今，对于干坑小种红茶的品牌宣传少，干坑红茶的知晓率非常低，没有形成统一的区域公用品牌。企业的品牌建设滞后，品牌营销理念较为欠缺，注重于传统观念中的营销，借助互联网等的能力较薄弱，对于借势造势等以及平台经济发展的认识存在较大差距。

品牌建设需要一定的产量和稳定的品质支撑。目前，干坑红茶的品牌打造较为落后，如干坑小种茶的种质资源保护区、干坑小种茶地理标志、干坑的环境优势等资源没有得到很好地开发和利用。

干坑红茶产业发展对策

1. 制订干坑红茶产业发展规划

结合《光泽县茶叶产业发展规划》及配套扶持政策，制订干坑红茶产业发展规划，完善发展布局，保持茶产区生态环境。确定司前乡茶产业发展的指导思想、总体目标、建设项目，用政策扶持和保障措施来推进茶产业向着茶树良种化、产出高效化、生产标准化方向发展，提高名优茶产量，提升茶叶品质。加强《福建省促进茶叶产业发展条例》的宣传贯彻实施力度，扩大市场覆盖面，完善市场营销网络，建立现代化茶园，基本实行茶园标准化治理和机械化作业，引导发展茶文化旅游。

保持茶山面积的适当增长。按照干坑林场区域面积、林地面积等基本保有量，适当地增加茶园面积，恢复毛竹林侵占的茶园，减少毛竹量，干坑茶树总面积维持在1067公顷左右。推行标准化生产管理及追溯制度，加强一品一码的茶叶产品质量追溯体系建设，推行SC认证，加强标准化生产厂房建设。

增加资金投入，加快茶园低产改造和新植。按照《福建省促进茶叶产业发展条例》要求，争取茶叶发展专项资金，重点支持茶树种质资源保护、小种茶的选育与推广、茶叶品牌创建等，促进茶叶产业的健康可持续发展。积极引导完善茶园经营权流转制度。鼓励干坑茶农在自愿、有偿的条件下向茶叶龙头企业流转，统一品牌、统一生产、统一销售。加快茶园基础设施建设，推进茶园更新改造，优化茶园结构，播种小种茶籽，新建茶园步道、机耕道，套种观赏树种和香榧等经济树种。

2. 加大财政投入与融资力度，加强基础设施建设

政府应当结合现有的配套扶持政策，制订干坑红茶产业发展规划，推进当地茶产业向茶树良种化、产出高效化、生产标准化方向发展。用好用活武夷山国家公园的优惠政策，加强主干道、机耕道、茶园便道等基础设施建设，推进茶园更新改造，优化茶园结构，按照《福建省促进茶叶产业发展条例》要求，争取茶叶发展专项资金，加大财政投入与融资力度。从茶树种质资源保护、小种茶的选育与推广、茶叶品牌创建等方向入手，结合山区休闲生态旅游，将茶山的步道纳入国家森林步道的基础设施中。利用优越的生态资源、休闲旅游资源和人文历史资源，促进小种红茶产业与乡村旅游共同发展，重振干坑红茶产业，带动当地乡村振兴。

3. 发挥资源优势，打造公共品牌

打造干坑红茶公共品牌。借鉴台湾农业生产精品化、小众化、订单式理念，引进台湾专业化营销团队，用好“国家地理标志产品”称号，发挥优越的自然生态资源和丰富的茶树资源，打造干坑红茶公共品牌。在《干坑红茶品牌再造方案》的基础上，从品牌 LOGO 识别、外包装样式到产品宣传，拟定推广与行销策略，从海外市场、精致化市场方向切入，加大网络社群宣传，抓住全球跨域电商发展的契机，让干坑红茶以统一的品牌走向世界。

实施品牌带动战略。按照政府引导、市场运作的原则，充分发挥茶行业协会在协调规范茶叶生产、加工、营销方面的作用，整合茶产业优势资源，推动茶企扩大生产规模，规范生产标准，提升整体质量水平。培育一到两家龙头企业，用好干坑红茶品牌。坚持小众化、精品化路线，推进量少优质优价，提升茶叶商品价值，提高经济效益。

4. 深挖茶文化，促进茶文旅融合发展

干坑红茶茶文化底蕴深厚，要大力挖掘，提升品牌和产业发展层次，促进茶文旅融合发展。举办茶事活动，在成功举办 2020 年首届干坑小种红茶品鉴会的基础上，继续推动每年在干坑举办 1～2 次红茶品鉴活动；结合采茶季开展传统制茶工艺观摩学习交流活动等一系列活动。

干坑的茶文旅融合，可利用武夷山旅游资源的辐射效应，发挥干坑优越的生态环境和丰富的茶树资源等优势，享山水乐返、探香炉奇景、品干坑茶香、参盘古之道。可以恢复传统技艺设备“青楼”的建设，在原址上新建青楼，增加传统工艺烟熏茶制作的青楼数量。通过结合干坑红茶作为皇室贡茶的渊源轶事、干坑野生茶树资源、干坑林场当地风土人情、茶人茶事以及干坑作为福建省森林步道终点大本营等，打造一条具有挑战性、神秘性和科普性的干坑红茶旅游线路。还可以通过“同心杯”两岸青年乡村振兴研修营台湾见学馆团队规划设计宣传方案，在海外平台进行宣传推介，带领全世界爱茶之人认识干坑红茶传统的烟熏制茶非遗工艺、稀世野生茶种、人烟罕至森林步道以及红茶文化的源头。引进民间资本兴建与茶、乡村、生态相契合的高端民宿，吸引高端人群深度了解干坑，提升干坑的知名度。

深入研发与茶相关或者当地农特产的衍生品，如松烟熏味佐茶饮的食品。继续推动在干坑举办红茶品鉴等茶事活动，结合采茶季开展传统制茶工艺观摩学习交流活动等，在自然的生态条件下，聆听茶人茶事、品茶品历史，开展春品茗、夏避暑、秋登高、冬踏雪等应季活动。

参考文献

[1] 刘伟宏. 福建茶产业发展现状及对策研究 [J]. 福建广播电视大学学报，2012 (2)：86—89.

[2] 危赛明. 福建茶叶出口现状与发展对策 [J]. 福建茶叶，2007 (3)：27—30.

[3] 张善铮，姚荷玉，张旭. 光泽：生态立县 宜居小城 [J]. 福建史志，2019 (6)：57—60.

[4] 张红. 光泽县茶产业发展现状及对策建议 [J]. 福建农业，2014 (8)：39—40.

[5] 邹新球. 关于正山小种红茶名称的演变及其历史背景 [J]. 福建茶叶，2007 (3)：46—47.

[6] 肖诗达. 福建省茶叶生产现状与发展对策 [J]. 茶叶科学技术，2006 (1)：6—8.

[7] 陈荣冰，林秀贞. 福建省茶产业概况及其发展对策 [J]. 福建农业科技，2009 (2)：89—92.

[8] 李亮节. 基于文化视角的福建茶产业竞争力研究 [D]. 福建农林大学，2011.

附录一：福建省茶产业发展政策（2018—2019）

表 1-1　福建省出台的茶产业发展文件（2018—2019）

标题	文号	发文时间
福建省人民政府办公厅关于推进绿色发展质量兴茶八条措施的通知	闽政办〔2018〕44 号	2018.5.20
永泰县人民政府关于促进茶产业发展的实施意见	樟政〔2018〕12 号	2018.2.22
2018 年泉州市提升现代茶产业发展资金项目申报指南	泉农综〔2018〕56 号	2018.5.17
关于加强产销管理促进茶叶市场健康发展的实施意见		2018.6.12
莆田市现代农业发展专项资金管理办法	莆财农〔2018〕58 号	2018.7.4
周宁县培育“百千万亿”产业推进乡村振兴奖励扶持办法	周政办〔2018〕51 号	2018.7.6
龙岩市推进乡村振兴战略十条措施的通知	岩委发〔2018〕9 号	2018.8.22
屏南县茶业管理局关于打赢脱贫攻坚战三年行动的方案	屏茶〔2018〕16 号	2018.9.7
云霄县茶产业发展县级专项资金补助项目实施方案	云茶〔2018〕1 号	2018.10.18
福建省农业农村厅关于进一步推进茶产业绿色发展的通知	闽农综〔2019〕57 号	2019.4.22
上杭县进一步推进茶产业绿色发展实施方案	杭农〔2019〕164 号	2019.6.11
漳平市农业农村局关于印发《进一步推进茶产业绿色发展实施方案》的通知	漳农〔2019〕134 号	2019.6.19
平和县人民政府关于印发促进平和白芽奇兰茶高质量发展的若干措施的通知	平政文〔2019〕91 号	2019.7.29
三明市加快发展特色现代农业重点产业工作方案	明农〔2019〕176 号	2019.8.22
福建省农业产业化省级重点龙头企业认定和运行监测管理办法	闽农综〔2019〕115 号	2019.9.27

续表

标题	文号	发文时间
“请到南平来吃茶”促进茶旅融合活动方案		2019.9.27
福安市促进产业薄弱村加快发展三年行动计划（2020—2022年）	安委办发〔2019〕33号	2019.12.16

附录二：福建省茶叶相关标准（2018—2019）

表 2-1 福建省出台的茶叶相关标准（2018—2019）

序号	标准级别	标准名称	标准编号	发布时间	实施时间
1	中华人民共和国国家标准	茉莉花茶	GB/T 22292—2017	2017.11.1	2018.2.1
2	中华人民共和国国家标准	茉莉花茶加工技术规范	GB/T34779—2017	2017.11.1	2018.5.1
3	中华人民共和国供销合作行业标准	漳平水仙茶	GH/T 1241—2019	2019.3.21	2019.10.1
4	福建省地方标准	茶庄园建设指南	DB35/T 1857—2019	2019.9.11	2019.12.11

附录三：福建省茶叶展会及茶事活动（2018—2019）

表 3-1 福建茶业展会和茶事活动一览（福州产区）

会展名称	主办单位	承办/协办单位	时间	地点
首届“永泰绿茶”春茶开采节	福州市农业农村局 永泰县人民政府 福州海峡茶业交流协会	承办单位：永泰县农业农村局、永泰县茶业协会	2018.03.31	永泰
首届连江长龙茶山文化节暨2018年“有福之州·最美茶山”颁奖仪式	福州海峡茶业交流协会 福州市农业农村局 连江县人民政府	承办单位：长龙华侨农场 协办单位：连江县农业农村局、长龙镇人民政府	2018.4.20	连江

续表

会展名称	主办单位	承办/协办单位	时间	地点
永泰县举办第二届名优茶鉴评大赛	福州市农业农村局 福州海峡茶业交流协会	承办单位：永泰县农业农村局、永泰县茶业协会	2018.6.22	永泰
第十届海峡论坛·海峡两岸(福州)茶产业交流对接会	福州海峡茶业交流协会		2018.6.5—11	福州
2018年福州茉莉花茶传统窨制工艺传承人、传承大师赛第三窨现场考核	福州海峡茶业交流协会 福州市农学会	承办单位：福建春伦茶业集团	2018.8.13	福州
闽茶中国行	海峡两岸茶业交流协会、福建日报报业集团、福建省农业厅、福建省文化厅、福建省供销合作社联合社	承办单位：《茶道》杂志社 协办单位：内蒙古茶叶之路研究会、内蒙古茶叶流通协会、内蒙古福建商会	2018.8.17	呼和浩特
第二十届中国国际投资贸易洽谈会暨2018中国国际茶产业投资展览会	海峡两岸茶业交流协会 中国国际投资贸易洽谈会组委会 福建省农业农村厅	承办单位：厦门飞驰商务有限公司	2018.9.8—11	厦门
2018年福州茉莉花茶传统窨制工艺传承人、传承大师赛暨福州茉莉花茶茶王赛	福州海峡茶业交流协会 福州市农学会	承办单位：福建春伦茶业集团	2018.10.11—12	福州
第十二届海峡两岸茶业博览会	台盟中央、全国台联、南平市人民政府等13家单位	承办单位：武夷山市人民政府 协办单位：国台办	2018.11.16—18	武夷山

续表

会展名称	主办单位	承办/协办单位	时间	地点
纪念林则徐虎门销烟180周年特制纪念缅宁贡茶发布会	中国香港普洱茶研究会	协办单位：林则徐纪念馆、福建省慈善服务协会、福州市禁毒协会	2019.08.21	福州
晋安区春茶开采文化节	福州市农业农村局 晋安区人民政府	承办单位：福建春伦茶业集团 协办单位：晋安区农业农村局、宦溪镇人民政府	2019.3	福州
第二届永泰春茶开采节	福州市农业农村局 永泰县人民政府 福州海峡茶业交流协会	承办单位：永泰县农业农村局、永泰县同安镇人民政府、永泰县茶叶协会	2019.4	福州
罗源县首届七镜茶文化节	福州市农业农村局 罗源县人民政府	承办单位：罗源县农业农村局、中房镇人民政府	2019.4	福州
连江县长龙第二届茶山文化节	福州市农业农村局 连江县人民政府 福州海峡茶业交流协会	承办单位：长龙华侨农场 协办单位：连江县农业农村局、长龙镇人民政府	2019.4	福州
2019永泰明前茶祭暨“永泰绿”生态战略品牌发布会	福州市农业农村局 永泰县人民政府	承办单位：永泰县同安镇占柄村卢峰茶叶基地	2019.4.4	永泰
福州海峡茶业交流协会会员代表大会暨2019年福州茶界茶话会	福州海峡茶业交流协会		2019.5.12	福州
闽茶中国行	海峡两岸茶业交流协会、福建日报报业集团、福建省农业厅、福建省文化厅、福建省供销合作社联合社	承办单位：《茶道》杂志社	2019.6.14	哈尔滨

续表

会展名称	主办单位	承办/协办单位	时间	地点
福州茉莉花茶新茶品鉴会	福州市农业农村局 福州市总工会	承办单位：福州海峡茶业交流协会、福州海峡茶业工会联合会	2019.8	福州
福清煎茶宋盏文化节及中日茶文化交流活动	福州市农业农村局 福清市人民政府	协办单位：福清市农业农村局、福清市东张镇人民政府、福清市工商联	2019.9	福州
2019福州茉莉花茶茶王赛	福州海峡茶业交流协会 福州市农学会	承办单位：福建春伦茶业集团 协办单位：福州海峡茶业交流协会、福州市农学会	2019.9	福州
第十三届海峡两岸茶业博览会	台盟中央、全国台联、南平市人民政府等13家单位	承办单位：武夷山市人民政府、深圳市华巨臣实业有限公司、武夷山市海峡两岸国际会展有限公司、省委统战部、省委网信办、省台港澳办、省政府新闻办、省工信厅、省民宗厅、省农业农村厅、省商务厅、省文旅厅、省外办、省市场监管局、省供销社、团省委、省妇联、省贸促会、省台盟、省烟草专卖局、福州市人民政府、厦门市人民政府、漳州市人民政府、泉州市人民政府、三明市人民政府、莆田市人民政府、龙岩市人民政府、宁德市人民政府、平潭综合实验区管委会、省海峡商务交流协会	2019.11.16—18	武夷山

表 3-2 福建茶业展会和茶事活动一览（厦门产区）

会展名称	主办单位	指导/承办/协办单位	时间	地点
2018 中国厦门国际茶产业（春季）博览会	厦门会展金泓信展览有限公司	承办单位：厦门会展金泓信展览有限公司	2018.5.10	厦门
2018 中国厦门国际秋季茶博会	厦门会展金泓信展览有限公司	承办单位：厦门会展金泓信展览有限公司	2018.10.18	厦门
2019 中国厦门国际茶产业（春季）博览会	厦门会展金泓信展览有限公司	承办单位：厦门会展金泓信展览有限公司	2019.5.9	厦门
2019 中国厦门国际茶产业（秋季）博览会	厦门会展金泓信展览有限公司	承办单位：厦门会展金泓信展览有限公司	2019.10.10	厦门

表 3-3 福建茶业展会和茶事活动一览（宁德产区）

会展名称	主办单位	承办/协办单位	时间	地点
第七届福鼎白茶开茶节暨中国特色小镇白茶展销会	中国茶叶流通协会、中国国际茶文化研究会、中国茶叶学会、海峡两岸茶业交流协会、中华全国供销合作总社杭州茶叶研究院、中国农业科学院茶叶研究所、浙江大学茶学系、福鼎市人民政府等	承办：福鼎市茶产业发展领导小组	2018.3.29	福鼎市点头镇
蕉城区第九届“天山绿茶”斗茶赛	蕉城区人民政府、宁德市茶业管理局	承办：蕉城区委宣传部、蕉城区总工会、蕉城区茶业管理局、赤溪镇人民政府	2018.4.28	蕉城区赤溪镇
宁德市第八届茶王赛	宁德市第八届茶王赛组委会	承办：宁德市茶业管理局	2018.5	宁德市

续表

会展名称	主办单位	承办/协办单位	时间	地点
中国坦洋工夫茶文化节暨福安市第十三届坦洋工夫斗茶展示会	中国茶叶流通协会、海峡两岸茶业交流协会、福安市人民政府	承办：福安市茶业管理局	2018.5.11—13	福安市
寿宁高山茶第六届斗茶赛暨茶王拍卖会	寿宁县茶业管理局、寿宁县茶业协会		2018.6.2	寿宁县
“鱼戏莲叶品茗周宁”暨周宁县第五届“周宁高山云雾茶”杯斗茶赛	周宁县茶业管理局、周宁县茶叶协会		2018.6.14	周宁县
柘荣民间斗茶赛	柘荣县茶业管理局、柘荣县茶业协会		2018.11.24	柘荣县
全国红茶高峰论坛	全国茶叶标准化技术委员会、福安市人民政府	承办：福安市茶业管理局、福安市茶业协会 协办：全国茶叶标准化技术委员会红茶工作组、福建新坦阳集团股份有限公司	2018.12.23	福安市
第八届福鼎白茶开茶节	中国茶叶流通协会、中国国际茶文化研究会、中国茶叶学会、海峡两岸茶业交流协会、中华全国供销合作总社杭州茶叶研究院、中国农业科学院茶叶研究所、浙江大学茶学系、福鼎市人民政府等	承办：福鼎市茶产业发展领导小组	2019.3.23	福鼎市点头镇
“宁德天山茶”开茶节	蕉城区人民政府、宁德市农业农村局	承办：蕉城区茶业管理局	2019.3.31	蕉城区霍童镇坑头村

续表

会展名称	主办单位	承办/协办单位	时间	地点
第六届“北路杯”斗茶赛	福鼎市斗白茶协会		2019.5.26	福鼎市
福安红茶坦洋工夫文化周暨第十四届“坦洋工夫”杯斗茶展示会	中国茶叶流通协会、海峡两岸茶业交流协会、中国农业国际合作促进会茶产业委员会、福安市人民政府	承办：福安市茶业管理局	2019.5.28	福安市
“第六届周宁高山云雾茶”杯斗茶赛	周宁县茶业管理局、周宁县茶业协会		2019.5.28	周宁县
寿宁高山茶第七届斗茶赛暨茶文化节	海峡两岸茶业交流协会、寿宁县人民政府	承办：寿宁县农业农村局、寿宁县茶业管理局、寿宁县文体和旅游局、寿宁县茶业协会、寿宁县电商办	2019.6.25	寿宁县
中国·福鼎白茶特色小镇（点头）第二届民间斗茶赛	海峡两岸茶业交流协会、宁德市海峡茶业交流协会、福鼎市茶业协会	承办：福鼎市点头镇茶业协会	2019.6.29—30	福鼎市点头镇
首届中国长寿之乡·柘荣茶王赛	柘荣县茶业局、柘荣县茶叶协会主办		2019.7.5—6	柘荣县

表 3-4 福建茶业展会和茶事活动一览（莆田产区）

会展名称	主办单位	指导/承办/协办单位	时间	地点
铁观音争霸赛暨莆田市茶叶商会 2018 茶文化发展论坛	莆田市茶业商会	协办单位：安溪县感德庆芸茶叶合作社、安溪农民讲师团、安溪县民间斗茶交流协会、安溪县祥华乡茶叶协会、儒家茶叶、莆田市紫砂商会、莆田市一桶江山食品有限公司、荔城区硕硕食品商行、华盛祥酒业、福建华瑞食品有限公司、莆田郭氏酒业、灵子舞蹈队等	2018.1.8	莆田

续表

会展名称	主办单位	指导/承办/协办单位	时间	地点
2018年福建秋季冠军照明杯王茶赛	福建省茶叶学会、中国中小商业企业协会管理创新分会	承办单位：莆田市茶叶协会 协办单位：冠军时代（福建）照明股份有限公司、安溪县茶叶协会、武夷山市茶业同业公会、福鼎市茶业协会、漳平市茶叶协会、永春县茶叶同业公会、福建省水仙茶战略合作联盟、武夷山市茗川世府茶叶农民生态专业合作社、武夷山茶知网络信息技术有限公司	2018.12.15	莆田
莆田2018首届“妈祖圣地　岩茶飘香”斗茶节暨武夷山茶文化发展论坛活动	莆田市茶叶商会	承办单位：武夷山大宗茶资源交易有限公司、武夷山市茗川世府生态茶叶农民专业合作社、莆田市一桶江山食品有限公司、莆田市琴筝研究会、1971文创园、南洋燕窝行 协办单位：武夷学院茶与食品学院、南平市茶叶学会	2018.12.29	莆田、武夷山
“正国香”杯茶赛	福建省茶叶学会	承办单位：莆田市茶叶协会 协办单位：武夷山市茶业同业公会、安溪县茶业发展促进会、福建省水仙茶战略合作联盟、漳平市茶叶协会、永春县茶叶同业公会、武夷山茶知网络科技有限公司协办	2019.11.30	莆田

表3-5　福建茶业展会和茶事活动一览（泉州产区）

会展名称	主办单位	承办/协办单位	时间	地点
2018安溪开茶节暨第二届安溪铁观音大师赛	海峡两岸茶业交流协会、中国茶叶流通协会、安溪县政府、福建农林大学安溪茶学院		2018.4.20	安溪

续表

会展名称	主办单位	承办/协办单位	时间	地点
2018年秋季永春县茶王赛	永春县人民政府、泉州市茶叶学会	承办单位：永春县农业局、永春县茶叶同业公会	2018.12.14	泉州
2019安溪开茶节暨第三届安溪铁观音大师赛	海峡两岸茶业交流协会、中国茶叶流通协会、安溪县政府、福建农林大学安溪茶学院		2019.4.20	安溪
首届“世界红茶交流会”	坡顶山红茶		2019.10.12	泉州
第17届国际无我茶会、“一带一路”安溪铁观音发展高峰论坛开幕式暨第三届安溪铁观音大师赛颁奖仪式	福建农林大学	承办单位：福建农林大学安溪茶学院和安溪县茶业管理委员会	2019.10.16—20	安溪
“闽豫一家亲”2019秋季安溪铁观音万人品鉴会	安溪县委宣传部、安溪县农业农村局、安溪县文化和体育旅游局、安溪茶业管理委员会、河南省茶叶协会、河南省茶叶集团、安溪县茶业发展促进会	承办单位：京泽花园茶城、安溪县西坪镇人民政府、安溪县虎邱镇人民政府、安溪县龙涓乡人民政府、福建省安溪县云岭茶业有限公司协办，安溪河南茶业发展促进会、神州韵茶业有限公司	2019.10.26	郑州
2019年秋季永春县“侨联杯”茶王赛	永春县人民政府	承办单位：永春县农业局、永春县归国华侨联合会、永春县茶叶同业公会	2019.11	永春

续表

会展名称	主办单位	承办/协办单位	时间	地点
第二届中国茶产业T20峰会暨中国茶产业创新模式高峰论坛	中国茶产业联盟	承办单位：安溪县茶业管理委员会、福建农林大学安溪茶学院协办，中国茶产业联盟轮值主席单位八马茶业股份有限公司、安溪县农业农村局、安溪县市场监管局、云岭茶业等	2019.12.21	安溪

表3-6 福建茶业展会和茶事活动一览（漳州产区）

会展名称	主办单位	承办/协办单位	时间	地点
南靖土楼茶2018年春季茶王赛	南靖县人民政府	承办单位：南靖县农业农村局、南靖县海峡两岸茶业交流协会	2018.5	南靖
第十届海峡论坛·第五届海峡（漳州）茶会	海峡两岸茶业交流协会、漳州市人民政府、福建省农业厅、福建省供销合作社联合社、福建省农业科学院、福建省闽台交流协会、台湾茶叶学会	承办单位：漳州市农业农村局、漳州市委台办、漳州市海峡两岸茶业交流协会、漳州市旅游投资集团 协办单位：漳州市相关县（市、区）人民政府、福建农林大学、福建省茶业协会、各设区市海峡茶业交流协会、海峡两岸茶业交流协会青年分会、台湾茶协会、台湾区制茶工业同业公会、台湾特等茶王文化协会、漳州市台商协会	2018.6.8—10	漳州
南靖土楼茶2018年秋季茶王赛	南靖县人民政府	承办单位：南靖县农业农村局、南靖县海峡两岸茶业交流协会	2018.11	南靖
华安县第十一届（2018年）茶王赛	华安县人民政府	承办单位：华安县农业农村局、华安县海峡两岸茶业交流协会	2018.11.4—6	华安

续表

会展名称	主办单位	承办/协办单位	时间	地点
诏安八仙茶（秋季）茶王赛	漳州市农业农村局、漳州市海峡两岸茶业交流协会、诏安县人民政府、诏安县八仙茶产业发展领导小组	承办单位：诏安县农业农村局 协办单位：诏安县茶叶协会	2018.11.5—6	诏安
漳州古城茶叶展	漳州市海峡两岸茶业交流协会	指导单位：漳州市农业农村局	2019.1.13—18	漳州
南靖土楼茶2019年春季茶王赛	南靖县人民政府	承办单位：南靖县农业农村局、南靖县海峡两岸茶业交流协会 协办单位：漳州通美云水谣庄园有限公司	2019.5	南靖
华安县2019年春季乌龙茶（浓香型）茶王赛	华安县人民政府	承办单位：华安县农业农村局、华安县海峡两岸茶业交流协会	2019.5.22—24	华安
第十一届海峡论坛·第六届海峡（漳州）茶会	海峡两岸茶业交流协会、漳州市人民政府、福建省农业农村厅、福建省供销合作社联合社、福建省农业科学院、福建省闽台交流协会、台湾茶叶学会	承办单位：漳州市农业农村局、漳州市台港澳办、漳州市海峡两岸茶业交流协会、漳州市旅游投资集团 协办单位：漳州市相关县（市、区）人民政府、福建农林大学、福建省茶业协会、各设区市海峡茶业交流协会、海峡两岸茶业交流协会青年分会、台湾区制茶工业同业公会、台湾茶输出业同业公会、台北市茶商业同业公会、台湾茶协会、台湾特等茶王文化协会、台湾冠军茶王工艺师协会、漳州市台商协会	2019.6.14—16	漳州
诏安县首届八仙茶制茶技能大赛	诏安县总工会、诏安县农业农村局	承办单位：诏安县茶叶协会	2019.10.16—17	诏安

续表

会展名称	主办单位	承办/协办单位	时间	地点
南靖土楼茶2019年秋季茶王赛	南靖县人民政府	承办单位：南靖县农业农村局、南靖县海峡两岸茶业交流协会	2019.11	南靖
第十一届海峡两岸农博会·第二十一届花博会暨诏安八仙茶秋季茶王赛	漳州市农业农村局、漳州市海峡两岸茶业交流协会、诏安县人民政府、诏安县八仙茶产业发展领导小组	承办单位：诏安县农业农村局、诏安县茶叶协会	2019.11.3—5	漳州
2019年漳州市“水仙花杯”茶王赛	漳州市人民政府	承办单位：漳州市海峡两岸茶业交流协会、漳州市农业农村局	2019.11.18	漳州
华安县2019年秋季茶王赛	华安县人民政府	承办单位：华安县农业农村局 协办单位：华安县海峡两岸茶业交流协会	2019.12.10—12.12	华安

表3-7　福建茶业展会和茶事活动一览（龙岩产区）

会展名称	主办单位	承办/协办单位	时间	地点
首届中国客家绿茶茶王赛	武平县委、县人民政府	承办单位：武平县农业农村局、武平县茶叶协会 协办单位：武平县商务局、武平县旅游局、武平县文体广新局、各乡（镇）党委及政府、平远县茶叶协会、会昌县茶叶协会、蕉岭县茶叶协会、上杭县茶叶协会、寻乌县茶叶协会、福建梁野山农业开发有限公司	2018.5.11	武平

续表

会展名称	主办单位	承办/协办单位	时间	地点
梁野山采茶文化旅游节	桃溪镇人民政府	承办单位：武平县茶叶协会、武平县梁野绿茶叶专业合作社 协办单位：武平县妇女联合会、共青团武平县委、武平县新宝茶叶有限公司、福建省富源山茶叶有限公司	2019.3.23	武平县桃溪镇
漳平水仙茶开采节	漳平市茶叶协会 漳平市水仙茶行业协会		2019.4.6	漳平市南洋镇
“茶香两岸·相约漳平”两岸青年茶文化交流活动	漳平台湾农民创业园管委会	承办单位：龙岩市青年创新创业服务中心、新视听文化传媒 协办单位：漳平台创园管委会、龙岩人才集团龙岩市青年企业家协会	2019.4.10	漳平
2019年漳平市春季茶王赛	漳平市农业农村局	承办单位：漳平市人民政府、南洋乡人民政府及漳平市农业农村局、漳平市茶叶协会	2019.5.20	漳平市
“海晟·通仙”杯漳平水仙茶秋季茶王赛	龙岩电视台	承办单位：南洋镇人民政府、漳平市农业农村局、漳平市茶叶协会、漳平市水仙茶行业协会	2019.11.21	龙岩
2019·漳平水仙茶文化节	漳平市人民政府	承办单位：龙岩农业发展有限公司、龙岩市新农人协会	2019.11.23	漳平市南洋镇
2019年“红古田”杯茶王赛	龙岩市农业农村局	承办单位：武平县农业农村局、武平县茶叶协会 协办单位：武平县商务局、武平县旅游局、武平县文体广新局、各乡（镇）党委及政府、平远县茶叶协会、会昌县茶叶协会、蕉岭县茶叶协会、上杭县茶叶协会、寻乌县茶叶协会、福建梁野山农业开发有限公司	2019.12.18	龙岩

表 3-8　福建茶业展会和茶事活动一览（三明产区）

会展名称	主办单位	指导/承办/协办单位	时间	地点
“高山茶杯”民间斗茶赛	三明市茶叶学会	承办单位：大田县茶叶局、吴山镇人民政府、大田县茶叶学会	2018.1.12—13	大田
尤溪县第十届届茶叶鉴评会	尤溪县人民政府	承办单位：尤溪县农业农村局	2018.5.22—23	尤溪
“茶香金湖杯”斗茶赛	三明市农业农村局、泰宁县人民政府	承办单位：泰宁县农业农村局、三明市茶叶学会、泰宁县茶叶协会	2018.12.30	泰宁
2019 闽台茶旅房车打卡赛	福建省台港澳办、福建省茶叶学会等联合主办	承办单位：福建省茶叶学会《茶缘》杂志社、福州人多多景区管理有限公司	2019.2.11	三明 2 个站点（两岸 20 多个县市的 40 多个茶文化代表性景点）：大田县屏山乡茶美人景区、泰宁金湖茶园
“茶香金湖”采茶节	泰宁县梅口乡政府	指导单位：福建省文化和旅游厅 承办单位：福建省广播影视集团、泰宁旅游管委会、泰宁县文体和旅游局 协办单位：三明品牌景区营销中心、各县（市、区）文体和旅游局、县委宣传部、县机关党工委、共青团泰宁县委、杉城镇人民政府、新桥乡人民政府、梅口乡人民政府	2019.4.21	泰宁
尤溪县第十一届茶叶鉴评会	尤溪县人民政府	承办单位：尤溪县农业农村局	2019.6.20—21	尤溪

续表

会展名称	主办单位	指导/承办/协办单位	时间	地点
第十四届中国高山茶文化节	大田县委、县政府	承办单位：海峡两岸茶业交流协会 协办单位：大县委县人民政府主办，福建省茶业协会、福建省茶叶学会、三明市海峡茶业交流协会、福州市大田商会、《茶道》杂志社	2019.11.2	福州
第十五届海峡两岸（三明）林博会茶文化活动	中国林业产业联合会及中国林产工业协会	承办单位：三明市农业农村局、三明市海峡茶业交流协会	2019.11.6—10	三明

表 3-9　福建茶业展会和茶事活动一览（南平产区）

会展名称	主办单位	承办/协办单位	时间	地点
“政和白茶”全国品鉴会	中共政和县委、政和县人民政府	承办单位：政和县茶业管理中心	2018.2.27—2018.2.29	政和
“政和白茶”北京语言大学推介会	政和县人民政府	承办单位：政和县人民政府	2018.5.20	北京
武夷山市第14届春茶评比暨“互联网＋武夷斗茶”活动	武夷山市茶业局	支持单位：南平市农业农村局、中国国际贸易促进委员会南平市支会 承办单位：武夷山市茶业同业公会、微茶网 协办单位：武夷学院茶与食品学院、中共武夷山市委宣传部、武夷山市农业农村局、武夷山市市场监督管理局、武夷山市科学技术协会、武夷山市广播电视台	2018.6—11	武夷山

续表

会展名称	主办单位	承办/协办单位	时间	地点
2018年星村镇“联学联建”茶旅融合共建片（茗川世府）制茶能手大赛	武夷山市茶业局、星村镇党委、镇人民政府、发展改革和科技局党委、茶业同业公会党委	承办单位：黄村村党总支部、黄村村委会、武夷山市茗川世府生态茶叶农民合作社 协办单位：武夷山茗川世府农业综合开发有限公司、武夷影业集团、星村镇“联学联建”茶旅融合党建共建片（曹墩村、朝阳村、洲头村、红星村、程墩村、桐木村）、福建武夷峰食品有限公司	2018.6.30—7.1	武夷山市星村镇黄村村
武夷山市第15届春茶评比赛活动	武夷山市人民政府	承办单位：武夷山市茶业局 协办单位：武夷山市市场监督管理局、武夷山市农业农村局、武夷山市科学技术协会、武夷山市融媒体中心、武夷山市茶业同业公会	2018.7—8	武夷山
建阳区第八届斗茶赛	南平市建阳区人民政府	承办单位：建阳区农业农村局	2018.7	建阳
2018年邵武首届碎铜茶斗茶大赛	邵武市农业农村局、邵武市商务局、邵武市旅游局、邵武市和平镇人民政府	承办单位：邵武市茶业协会、福建丝路国际会展有限公司	2018.7.23	邵武
第七届政和白茶全国斗茶赛	政和县茶产业领导小组	承办单位：政和县茶业管理中心、政和县供销社、政和茶业协会	2018.8.7—9	政和
第八届北苑贡茶茶王赛	中共建瓯市委、建瓯市人民政府	承办单位：建瓯市农业农村局、北苑贡茶协会	2018.8—9	建瓯
中华北苑贡茶文化节	中共建瓯市委、建瓯市人民政府	承办单位：建瓯市农业农村局、东峰镇人民政府、北苑贡茶协会	2018.9	建瓯市东峰镇
喊山节	东峰镇人民政府	承办单位：北苑贡茶协会、东峰镇茶叶协会	2018.9	建瓯市东峰镇

续表

会展名称	主办单位	承办/协办单位	时间	地点
武夷山茶叶交易会暨“仙店杯”民生茶斗茶赛	中共兴田镇委员会 兴田镇人民政府	承办单位：武夷山市兴田镇茶叶协会、武夷山市兴田镇仙店村委会 协办单位：武夷山市科学技术协会、武夷山香江茶人小镇、武夷山中华职业学校、武夷山市仙店人家农民茶叶专业合作社	2018.11.2—3	武夷山市兴田镇仙店村
武夷街道第三届宽庐杯茶王赛	武夷街道党工委、办事处	承办单位：武夷街道岩茶协会、宽庐茶业有限公司	2018.11.9—13	武夷山市武夷街道
2018“朱子杯”海峡两岸民间斗茶赛暨“好茶仓杯”第二届武夷岩茶优质商品茶评比大赛、武夷山市民间品茶师大赛	海峡两岸茶业博览会组委会	承办单位：武夷山市茶业同业公会党委、武夷山市茶业同业公会、深圳市华臣实业有限公司 协办单位：南平市海峡茶业交流协会、武夷山市茶叶局、武夷山市文体局等	2018.11.14—18	武夷山
第十二届海峡两岸茶业博览会	台盟中央、全国台联、台湾农会、台湾区制茶工业同业公会、台湾区茶输出业同业公会、台湾省茶商业同业公会联合会、台湾茶协会、中国茶叶流通协会、海峡两岸茶业交流协会、中国国际茶文化研究会、中华茶人联谊会、华侨茶业发展研究基金会、南平市人民政府	支持单位：国台办 承办单位：武夷山市人民政府 协办单位：省委统战部、省台港澳办、省政府新闻办、省工业和信息化厅、省民宗厅、省农业农村厅、省商务厅、省文化和旅游厅、省外办、省市场监督管理局、省供销社、省妇联、团省委、省贸促会、省台盟、省烟草专卖局、福州市人民政府、厦门市人民政府、漳州市人民政府、泉州市人民政府、三明市人民政府、莆田市人民政府、龙岩市人民政府、宁德市人民政府、平潭综合实验区管委会	2018.11.16—18	武夷山

续表

会展名称	主办单位	承办/协办单位	时间	地点
2018“武夷正岩核心村天心村民间斗茶节”	武夷街道党工委、武夷街道办事处、天心村党支部、天心村委会	协办单位：海峡两岸茶叶交流协会、福建省茶叶学会、南平市台湾同胞联谊会、武夷学院、武夷山风景名胜区旅游管理服务中心、武夷山市茶叶局、武夷山茶知网络信息技术有限公司、立辉包装	2018.11.18—20	武夷山市武夷街道天心村
第十二届“中国茶乡杯”茶王赛	星村镇人民政府	承办单位：星村镇人民政府、安溪华祥苑茶业有限公司 协办单位：武夷山市茶业局、武夷山市农业农村局、武夷山市科学技术协会、武夷山市茶业同业公会	2018.11.23—24	武夷山市星村镇
第二届“政和白茶”全国品鉴会	政和县茶产业领导小组	承办单位：政和县茶业管理中心	2019.2.13	政和
政和白茶开茶节	政和县茶产业领导小组	承办单位：东平镇人民政府、政和县茶业管理中心	2019.3.31	政和
兴田镇南岸村首届“南茶飘香”制茶技能大赛	南岸村党支部南岸村委会	承办单位：南岸村丛林生态茶业农民专业合作社 协办单位：武夷山三仰峰茶业科技有限公司、武夷山仙店人家茶叶农民专业合作社	2019.4—17	武夷山市南岸村
建阳区第七届水仙茶制作技能竞赛	南平市建阳区人民政府	承办单位：建阳区农业农村局	2019.4.28	建阳
“政和白茶”北京语言大学推介会和清华大学“政和白茶”品鉴会	政和县人民政府	承办单位：政和县茶业管理中心、政和县品牌办、清华大学茶文化研究协会、清华大学闽文化研究协会、清华大学对外交流协会	2019.5.19	北京

续表

会展名称	主办单位	承办/协办单位	时间	地点
政和茶竹福州推介会	政和县人民政府	承办单位：政和县人民政府	2019.6.22—2019.6.23	福州
全国白茶感观评审沙龙	中国茶叶学会	承办单位：政和县人民政府	2019.7.9—11	政和
2019年茗川世府制茶能手交流大赛	武夷山市茶业局、星村镇党委、镇人民政府、发展改革和科技局党委、茶业同业公会党委	承办单位：黄村村党总支部、黄村村村委会、武夷山市茗川世府生态茶叶农民合作社。 协办单位：武夷山茗川世府农业综合开发有限公司、武夷影业集团、星村镇“联学联建”茶旅融合党建共建片（曹墩村、朝阳村、洲头村、红星村、程墩村、桐木村）	2019.6.30—7.3	武夷山
第九届北苑贡茶茶王赛	中共建瓯市委、建瓯市人民政府	承办单位：建瓯市农业农村局、北苑贡茶协会	2019.8—9	建瓯
中华北苑贡茶文化节	中共建瓯市委、建瓯市人民政府	承办单位：建瓯市农业农村局、东峰镇人民政府、北苑贡茶协会	2019.9	建瓯市东峰镇
邵武市第二届中国农民丰收节暨碎铜茶斗茶大赛	邵武市农业农村局、邵武市和平镇人民政府	承办单位：邵武市茶业协会、邵武市进士碎铜茶有限公司	2019.9.23	邵武
武夷山茶叶交易会暨“仙店杯”民生茶斗茶赛	中共兴田镇委员会 兴田镇人民政府	承办单位：武夷山市兴田镇茶叶协会、武夷山市兴田镇仙店村委会 协办单位：武夷山市科学技术协会、武夷山香江茶人小镇、武夷山中华职业学校、武夷山市仙店人家农民茶叶专业合作社	2019.11.2—3	武夷山市兴田镇仙店村

续表

会展名称	主办单位	承办/协办单位	时间	地点
2019“朱子杯”海峡两岸民间斗茶赛(第十六届武夷山市民间斗茶;第二届武夷岩茶优质商品茶大赛;2019武夷山市民间品茶师大赛;“互联网+武夷斗茶”活动)	海峡两岸茶业博览会组委会	承办单位:武夷山市茶业同业公会、深圳华巨臣实业有限公司 协办单位:南平市海峡茶业交流协会、武夷山市文体新局、武夷山市茶叶局 执行单位:武夷山市海峡国际会展有限公司、武夷山市电子商务有限公司	2019.11.14—18	武夷山
第十三届海峡两岸茶业博览会	台盟中央、全国台联、台湾农会、台湾区制茶工业同业公会、台湾区茶输出业同业公会、台湾省茶商业同业公会联合会、台湾茶协会、中国茶叶流通协会、海峡两岸茶业交流协会、中国国际茶文化研究会、中华茶人联谊会、华侨茶业发展研究基金会、南平市人民政府	支持单位:国台办 协办单位:省委统战部、省台港澳办、省政府新闻办、省工业和信息化厅、省民宗厅、省农业农村厅、省商务厅、省文化和旅游厅、省外办、省市场监督管理局、省网信办、省供销社、省妇联、团省委、省贸促会、省台盟、省烟草专卖局、福州市人民政府、厦门市人民政府、漳州市人民政府、泉州市人民政府、三明市人民政府、莆田市人民政府、龙岩市人民政府、宁德市人民政府、平潭综合实验区管委会;承办单位:武夷山市人民政府	2019.11.16—18	武夷山
2019“武夷正岩核心村天心村民间斗茶节”	武夷街道党工委、武夷街道办事处、天心村党支部、天心村委会	协办单位:海峡两岸茶叶交流协会、福建省茶叶学会、南平市台湾同胞联谊会、武夷学院、武夷山风景名胜区旅游管理服务中心、武夷山市茶叶局、武夷山茶知网络信息技术有限公司	2019.11.18—20	武夷山

续表

会展名称	主办单位	承办/协办单位	时间	地点
第十二届“中国茶乡杯”茶王赛	星村镇人民政府	承办单位：星村镇人民政府、安溪华祥苑茶业有限公司 协办单位：武夷山市茶业局、武夷山市农业农村局、武夷山市科学技术协会、武夷山市茶业同业公会	2019.11.23—24	武夷山市星村镇
第八届政和白茶全国斗茶赛	海峡两岸茶业交流协会	承办单位：中共政和县委、政和县人民政府	2019.12.26—28	政和
中华北苑贡茶文化节	中共建瓯市委、建瓯市人民政府	承办单位：建瓯市农业农村局、东峰镇人民政府、北苑贡茶协会	2019.9	建瓯市东峰镇
喊山节	东峰镇人民政府	承办单位：北苑贡茶协会、东峰镇茶叶协会	2019.10	建瓯市东峰镇

附录四：福建省茶叶图书著述（2018—2019）

表 4-1 福建省茶叶图书著述

作者	书名	出版社	出版时间
杨江帆、叶乃兴	《难忘茉莉——百年茶厂的匠心之路》	海峡文艺出版社	2018.1
屈峰	《乌龙茶产业竞争力研究》	中国农业出版社	2018.11
陈荣生	《福建茶产业发展报告（2018）》	福建科学技术出版社	2018.11
林荣溪、陈德进	中国铁观音：深度解读传奇茶叶的内外世界	华中科技大学出版社	2019.1
福建省人民政府新闻办公室	《坦洋工夫》（八闽茶韵丛书）	福建科学技术出版社	2019.6

续表

作者	书名	出版社	出版时间
福建省人民政府新闻办公室	《福鼎白茶》（八闽茶韵丛书）	福建科学技术出版社	2019.6
福建省人民政府新闻办公室	《天山绿茶》（八闽茶韵丛书）	福建科学技术出版社	2019.6
福建省人民政府新闻办公室	《福州茉莉花茶》（八闽茶韵丛书）	福建科学技术出版社	2019.6
福建省人民政府新闻办公室	《武夷岩茶》（八闽茶韵丛书）	福建科学技术出版社	2019.6
福建省人民政府新闻办公室	《正山小种》（八闽茶韵丛书）	福建科学技术出版社	2019.6
福建省人民政府新闻办公室	《漳平水仙》（八闽茶韵丛书）	福建科学技术出版社	2019.6
福建省人民政府新闻办公室	《永春佛手》（八闽茶韵丛书）	福建科学技术出版社	2019.10
福建省人民政府新闻办公室	《平和白芽奇兰》（八闽茶韵丛书）	福建科学技术出版社	2019.10
福建农林大学、福建省政协农业和农村委员会、中国乌龙茶产业协同创新中心	《丝路闽茶香——东方树叶的世界之旅》	福建人民出版社	2019.9
《南平茶志》编纂委员会	《南平茶志》	福建科学技术出版社	2019.9
福建省人民政府新闻办公室	《福建茶话》（八闽茶韵丛书）	福建科学技术出版社	2019.10
危赛明	《中国白茶史》	中国农业出版社	2019.12
杨江帆	《茶产业文化汇编》	福建科学技术出版社	2019.12
福建省人民政府新闻办公室	《安溪铁观音》（八闽茶韵丛书）	福建科学技术出版社	2019.12

附录五：福建省茶科研项目（2018—2019）

表 5-1　福建省国家级茶科研相关项目

立项编号	项目名称	负责人	依托单位	项目类别
31800587	CsMAPK3 和 CsbZIP8 及其互作在茶树抗寒响应中的作用研究	曹红利	福建农林大学	国家自然科学基金青年项目
31870683	决定茶树 EGCG 含量的关键生态因子及其调控机制研究	林金科	福建农林大学安溪茶学院	国家自然科学基金资助项目
2018L3013	福建省特色茶树用地分类识别与应用技术创新平台建设	焦金涛	武夷学院数学与计算机学院	国家科技项目备案
2019L3012	茶园水土流失防控新模式与景观营造关键技术研发与应用		武夷学院生态与资源工程学院	国家科技项目备案
18BXW028	闽台茶文化海上丝绸之路传播研究	蔡清毅	厦门理工学院	国家社会科学基金一般项目
CARS—19	国家现代农业（茶叶）产业技术体系建设专项（乌龙茶加工）	孙云	福建农林大学	农业部
CARS—19	国家现代农业（茶叶）产业技术体系建设专项（乌龙茶育种）	陈常颂	福建省农业科学院茶叶研究所	农业部
CARS—19	国家现代农业（茶叶）产业技术体系建设专项（东部病虫害防控）	吴光远	福建省农业科学院茶叶研究所	农业部

表 5-2　福建省科技计划茶科研项目

立项编号	项目名称	负责人	依托单位	项目类别
2018J01445	茶生物质/纳米银分子组装抗菌材料的研究	龚新怀	武夷学院生态与资源工程学院（环境与建筑工程系）	自然科学基金项目

续表

立项编号	项目名称	负责人	依托单位	项目类别
2018J01589	茶树新梢发育过程苦味主效物质合成与代谢的转录调控机制分析	陈志丹	福建农林大学安溪茶学院	自然科学基金项目
2018J01701	茶树芽叶紫化与茶叶香气品质形成分子机制研究	郭玉琼	福建农林大学园艺学院	自然科学基金项目
2018J01712	茶小绿叶蝉唾液介导的茶树诱导防御与特种“美人茶”品质形成的机制	王杰	福建农林大学农学院	自然科学基金项目
2018N0013	茶渣蛋白饲料品质提升关键技术应用研究与示范	张晨	福州大学生物科学与工程学院	引导性项目
2018N0030	武夷岩茶做青气场及理化转化精细调控关键技术研究与应用	王芳	武夷学院茶与食品学院	引导性项目
2018N0066	历史名茶“高山斜背茶”原生态茶园建设与品质提升	苏秋芹	龙岩市农业科学研究所	引导性项目
2018N1001	茶叶质量安全管控技术在扶贫开发重点县应用示范	刘纪恒	福建安溪铁观音集团股份有限公司	引导性项目
2018N2004	大武夷茶产业技术研究院建设	张　渤	武夷学院茶与食品学院	科技平台建设
2018N3017	政和白茶远红外仿生萎凋关键技术研究与示范	杨丰	福建省隆合茶业有限公司	区域发展项目
2018R0007	福建省茶产业生态系统人口—产业—生态协同演化机理及稳态模拟研究	华志芹	福建农林大学安溪茶学院	软科学项目

续表

立项编号	项目名称	负责人	依托单位	项目类别
2018R1012—1	福建典型茶区茶园土壤地力提升与高效施肥技术集成研究	尤志明	福建省农业科学院茶叶研究所	公益类科研院所专项
2018R1012—2	茶园土壤微生物群落结构对减氮施肥模式的响应研究	王峰	福建省农业科学院茶叶研究所	公益类科研院所专项
2018R1012—3	茶树新梢中糖苷类醇系香气前体含量相关的分子标记发掘	王让剑	福建省农业科学院茶叶研究所	公益类科研院所专项
2018R1012—4	白茶饼物理特性与风味品质评价	陈键	福建省农业科学院茶叶研究所	公益类科研院所专项
2018R1012—5	茶鲜叶萎凋过程中糖苷类香气前体代谢转化机制研究	项丽慧	福建省农业科学院茶叶研究所	公益类科研院所专项
2018R1012—6	茶树新品种春闺乌龙茶香气成分分析及关键呈香成分鉴定	钟秋生	福建省农业科学院茶叶研究所	公益类科研院所专项
2018R1012—7	紫红芽茶树品种红茶超干发酵及配套加工技术研究与示范	邬龄盛	福建省农业科学院茶叶研究所	公益类科研院所专项
2018R1018—5	福建白茶农药残留现状分析与风险评估	韦航	福建省农业科学院农业质量标准与检测技术研究所	公益类科研院所专项
2018R1025—6	内吸性杀虫剂诱导茶树挥发物对小绿叶蝉为害的影响研究	陈峰	福建省农业科学院植物保护研究所	公益类科研院所专项
2018S0019	印楝—茶树—圆叶决明立体间套作控制茶园有害生物关键技术研究与示范推广	王静辉	南靖县泓净茶叶专业合作社	星火项目
2018S0049	优质白茶全自动复式萎凋及配套加工技术开发与示范推广	陈颖	福建省大沁茶业有限公司	星火项目
2018S2016	政和白茶优质高效绿色加工技术集成与示范	金心怡	福建政和瑞茗茶业有限公司	福建省科技特派员后补助项目

续表

立项编号	项目名称	负责人	依托单位	项目类别
2018Y0002	福建省茶叶寒冻害气象指数保险产品设计研究	陈家金	福建省气象服务中心	引导性项目
2018Y0054	顾及地形起伏的太阳辐射快速模拟技术及其在茶叶种植中的应用	陈楠	数字中国研究院（福建）	引导性项目
2018Y9029	绿茶提取物（EGCG）治疗 Duchenne 型肌营养不良症的机制研究	胡君	福建医科大学附属协和医院	科技创新联合资金项目
2019I0020	海峡两岸乌龙茶与红茶种质资源收集与创新利用	黄毅彪	武夷学院茶与食品学院	对外合作项目
2019I1010	高香型红茶新品种引进及产业化关键技术研究与示范	林影	福建新坦洋集团股份有限公司	对外合作项目
2019J01100	宿根连作铁观音茶树根系分泌物与特异微生物互作关系研究	李艳春	福建省农业科学院农业生态研究所	自然科学基金项目
2019J01413	乌龙茶“部分发酵”过程中关键性代谢产物的变化规律	黄艳	福建农林大学安溪茶学院	自然科学基金项目
2019J01664	铝胁迫下茶园土壤氮循环微生物的响应机理研究	胡云飞	福建农林大学安溪茶学院	自然科学基金项目
2019J01826	适于武夷学院茶树种质资源圃的 DNA 条码开发	聂传朋	武夷学院茶与食品学院	自然科学基金项目
2019J01833	基于迁移学习的小样本茶叶病虫害自动识别技术研究	余文森	武夷学院数学与计算机学院	自然科学基金项目
2019J06013	茶多酚对红曲黄酒传统酿造过程中关键酯类香气组分和高级醇合成的双向调控机制	吕旭聪	福建农林大学国家菌草工程技术研究中心	自然科学基金项目

续表

立项编号	项目名称	负责人	依托单位	项目类别
2019N0023	利用夏秋茶鲜叶原料生产优质红白茶关键技术研究与示范	冯花	武夷学院茶与食品学院	引导性项目
2019N0064	适制漳平乌龙茶饼的新品种筛选及加工工艺创新	李春维	龙岩市农业科学研究所	引导性项目
2019N3009	茶叶加工关键节能技术集成创新与产业化	陈加友	福建佳友茶叶机械智能科技股份有限公司	区域发展项目
2019N3010	“金花”佛手紧压茶加工关键技术研究与应用	谢良坡	永春县魁斗莉芳茶厂	区域发展项目
2019N3011	QbD指导下的茶浓缩液生产关键技术示范性研究	宋景政	大闽食品（漳州）有限公司	区域发展项目
2019N5007	芽叶白化茶树种质资源的挖掘鉴定与选育创新	孙威江	福建农林大学安溪茶学院	高校产学合作项目
2019N5013	武夷岩茶晒青萎凋做青一体机及智能学习与品质控制系统研究	杨君	武夷学院机电工程学院（电子工程系）	高校产学合作项目
2019R0125	践行习近平精准脱贫思想以茶产业带动闽东乡村振兴研究	夏良玉	宁德师范学院马克思主义学院	创新战略研究项目
2019R1021—3	基于NB—IOT的福建茶园生态环境监测系统研究	李兆雄	福建省农业科学院农业生态研究所	公益类科研院所专项
2019R1029—1	“茶菌”融合循环增值利用关键技术研究与集成应用	张文锦	福建省农业科学院茶叶研究所	公益类科研院所专项
2019R1029—2	顺昌等地方茶树种质资源深化鉴定与利用	陈芝芝	福建省农业科学院茶叶研究所	公益类科研院所专项
2019R1029—3	茶叶提取的膜分离及其体外抗氧化活性研究	杨军国	福建省农业科学院茶叶研究所	公益类科研院所专项

续表

立项编号	项目名称	负责人	依托单位	项目类别
2019R1029—4	茶大灰象甲自然流行白僵病病原种群特征的分子解析	王定锋	福建省农业科学院茶叶研究所	公益类科研院所专项
2019R1029—5	白茶风味品质评价与工艺耦合调控研究	陈林	福建省农业科学院茶叶研究所	公益类科研院所专项
2019R1032—9	橘皮膳食纤维与茶多酚稳定复合物的制备及应用	王琦	福建省农业科学院农业工程技术研究所	公益类科研院所专项
2019S0007	茶园农药化肥零增长绿色技术集成与示范	吴尔炎	福建汇和茶业发展有限公司	星火项目
2019S0029	乌龙茶设施优化覆盖技术集成示范	刘火城	福建哈龙峰茶业有限公司	星火项目
2019S0041	九龙大白茶规模繁育及标准化种植加工技术集成示范推广	陈国爱	福建湛峰茶业有限公司	星火项目
2019S0051	低风险茶树育苗防控生产技术体系建设与示范	林步雄	福安市双峰茶果农业专业合作社	星火项目
2019S0053	老白茶加工关键技术研究与示范	张金川	福建省馥益堂茶产业有限公司	星火项目
2019Y0045	武夷岩茶关键危害因子的安全性评价及健康风险评估	李少华	武夷学院茶与食品学院	引导性项目
2019Y0062	福建省茶叶气候品质认证关键技术研究	高建芸	福建省气象科学研究所	引导性项目
2019Y0064	茶叶中虱螨脲等6种农药残留的检测技术研究与应用	陈硕	福建省食品药品质量检验研究院	引导性项目
2019Y6001	泰宁高山茶园生态改造技术	韩彦	福建晟境农业有限公司	引导性项目
2019Y6003	正山小种红茶节能环保加工装备与清洁化生产工艺的示范与推广	梁天雄	武夷山市骏德茶厂	引导性项目

数据来源：福建省科技厅。

表 5-3 福建省社会科学规划茶科研项目

立项编号	项目名称	负责人	依托单位	项目类别
FJ2018JDZ056	福建茶文化背景下石材产品行业转型升级策略研究	王刚	厦门理工学院	基地重大项目
FJ2018YHQ2003	中国传统茶道同生态学存在共鸣	吴鸿雅	华侨大学	应用研究后期资助项目
FJ2018C062	武夷山制茶史研究	叶国盛	武夷学院	青年项目
FJ2018B148	闽西民间歌舞“采茶灯”的文化生态与表演形态研究	邓捷	三明学院	一般项目
FJ2018X013	闽东畲茶品牌的构建与传播在乡村振兴实践中的效能研究	陈赞琴	宁德师范学院	西部扶持项目
FJ2018X014	后扶贫时期闽东茶旅综合体扶贫绩效优化研究	林翠生	宁德师范学院	西部专项项目
FJ2019B095	福建茶叶区域品牌生态系统成长机理及对策研究	林春桃	福建商学院	一般项目
FJ2019C028	中日韩历代茶器美学对比研究	陈丹妮	武夷学院	青年项目
FJ2019JHKP012	新编中国茶文化史	周东平	厦门大学	科普专项项目

数据来源：福建省社会科学界联合会。

附录六：福建省茶叶制作技艺代表性传承人（2018—2019）

本书收录了福建省文化和旅游厅网站收录的2018—2019年福建省国家级、省级传承人名单。

表 6-1 福建省国家级传承人

序号	传承人	性别	项目类别	项目名称	级别	批次	申报地区
1	陈成忠	男	传统技艺	花茶制作技艺（福州茉莉花茶窨制工艺）	国家级	第五批	福州

表 6-2 福建省省级传承人

序号	传承人	性别	项目类别	项目名称	级别	批次	申报地区
1	黄月萍	女	传统技艺	绿茶制作技艺（七境茶制作技艺）	省级	第四批	福州
2	傅天甫	男	传统技艺	花茶制作技艺（福州茉莉花茶窨制工艺）	省级	第四批	福州
3	高愈正	男	传统技艺	花茶制作技艺（福州茉莉花茶窨制工艺）	省级	第四批	福州
4	林振传	男	传统技艺	白茶制作技艺	省级	第四批	宁德
5	吴辉木	男	传统技艺	红茶制作技艺（涂岭红红茶制作技艺）	省级	第四批	泉州
6	陈文山	男	传统技艺	福建乌龙茶制作技艺（清源山茶）	省级	第四批	泉州
7	王启灿	男	传统技艺	乌龙茶制作技艺（铁观音制作技艺）	省级	第四批	泉州
8	高碰来	男	传统技艺	乌龙茶制作技艺（铁观音制作技艺）	省级	第四批	泉州
9	王德露	男	传统技艺	福建乌龙茶制作技艺（永春佛手茶）	省级	第四批	泉州
10	梁骏德	男	传统技艺	红茶制作技艺（正山小种红茶制作技艺）	省级	第四批	南平
11	江元勋	男	传统技艺	红茶制作技艺（正山小种红茶制作技艺）	省级	第四批	南平
12	叶昌飞	男	传统技艺	工夫茶制作技艺（政和）	省级	第四批	南平
13	余步贵	男	传统技艺	白茶制作技艺（政和）	省级	第四批	南平
14	杨丰	男	传统技艺	白茶制作技艺（政和）	省级	第四批	南平

附录七："海丝国际杯"2020 年首届茶王赛王中王、茶王获奖名单

表 7-1 "海丝国际杯"2020 年首届茶王赛王中王名单

王中王		
送样人	公司名称	奖项
钟水兴	武夷山六尚茶业有限公司	水仙王中王
黄正华	武夷山南湖生态茶业有限公司	大红袍王中王
李诗化	安溪县南故香家庭农场	浓香型铁观音王中王
吴清军	福建省誉丰国心茶业有限公司	清香型铁观音王中王
林文敬	福建省安溪君臣茶叶有限公司	红茶王中王

表 7-2 "海丝国际杯"2020 年首届茶王赛茶王名单

茶 王		
送样人	公司名称	奖项
徐荣英	添成（武夷山）茶业有限公司	肉桂茶王
江玲	武夷山市谷魁茶业有限公司	水仙茶王
季素英	武夷山市其云岩茶有限公司	大红袍茶王
朱连桂	漳州华桂兴茶业有限公司	白芽奇兰茶王
林炳峰	漳平市南山家庭农场	闽南乌龙（其他）茶王
陈坚煌	好天茶业工作室（幼香茗茶）	浓香型铁观音茶王
王天升	安溪日月升茶业	清香型铁观音茶王
黄炉平	福建省海上茶香茶业有限公司	红茶茶王
陈泽全	柘荣县恒馨老茶农业发展有限公司	白茶茶王

主要参考文献

［1］赵慧．福建茶产业发展现状与对策建议［J］．发展研究，2018（6）：71－76．

［2］杨如兴，何孝延，张磊等．福建茶树品种选育现状及其对茶产业的推动作用分析［J］．福建农业学报，2017（8）：909－916．

［3］陈薇宇．福建乌龙茶品种推广应用研究［D］．福建农林大学，2016．

［4］林春桃，苏宝财．福建绿茶生产成本收益波动研究［J］．福建茶叶，2020（3）：16－17．

［5］廖泽明，黄雅雯，郭雅玲．福建红茶产业优势与发展思考［J］．福建茶叶，2017（3）：1－3．

［6］危赛明．白茶的产区和品质特征［J］．中国茶叶加工，2019（3）：77－78．

［7］梅宇，梁晓．2019中国茉莉花茶产销形势分析报告［J］．茶世界，2019（9）：10－19．

［8］陈加友，江进福，陈英勇等．安溪县茶叶加工机械产业发展探析［J］．福建农机，2018（4）：13－16．

［9］甘宁，孙长应，张正竹．我国茶叶加工机械研究进展［J］．中国茶叶加工，2018（2）：31－37．

［10］谢向英．基于地理标志品牌成长的福建茶产业发展研究［J］．福建农林大学学报（哲学社会科学版），2011（6）：25－28．

［11］苏峰．加快智慧茶业建设，促进产业升级助推乡村振兴［J］．农业工程技术，2020（3）：40－42．

［12］于海漫，欧小芳．中国会展业品牌报告（2014）．中国文化品

牌发展报告［M］. 北京：社会科学文献出版社，2014：325.

［13］康海燕，夏淑婷. 茶业会展经济对我国茶业经济发展的影响分析［J］. 福建茶叶，2016（4）：79－80.

［14］陈森芬，周跃斌. 促进茶业会展经济发展的策略探讨［J］. 茶叶通讯，2011（4）：36－39.

［15］吴凯雷. 茶叶企业的电子商务营销研究［J］. 农业考古，2017（2）：99－102.

［16］李银萍. 互联网＋时代安溪茶产业发展对策研究［D］. 集美大学，2018.

［17］颜谢霞. 跨境电商对茶产业发展的促进作用研究［J］. 福建茶叶，2018（6）：26－27.